# 人民调解的『枫桥经验』

汪世荣 朱继萍 著

法律出版社
LAW PRESS · CHINA

西北政法大学和诸暨市司法局合作课题成果
陕西省『三秦学者』创新团队支持计划『西北政法大学基层社会法律治理研究创新团队』成果

**图书在版编目(CIP)数据**

人民调解的"枫桥经验"/汪世荣,朱继萍著. --
北京:法律出版社,2018(2023.2重印)
ISBN 978-7-5197-2736-9

Ⅰ.①人… Ⅱ.①汪… ②朱… Ⅲ.①民事纠纷-调解(诉讼法)-研究-中国 Ⅳ.①D925.114.4

中国版本图书馆CIP数据核字(2018)第221864号

**人民调解的"枫桥经验"**
**RENMIN TIAOJIE DE "FENGQIAO JINGYAN"**

汪世荣　朱继萍 著

策划编辑 马丽娟
责任编辑 马丽娟
装帧设计 鲍龙卉

**出版发行** 法律出版社
**编辑统筹** 法治与经济出版分社
**责任校对** 李景美
**责任印制** 吕亚莉
**经　　销** 新华书店

**开本** 710毫米×1000毫米 1/16
**印张** 18.75　**字数** 298千
**版本** 2018年9月第1版
**印次** 2023年2月第3次印刷
**印刷** 固安华明印业有限公司

地址:北京市丰台区莲花池西里7号(100073)
网址:www.lawpress.com.cn
投稿邮箱:info@lawpress.com.cn
举报盗版邮箱:jbwq@lawpress.com.cn

销售电话:010-83938349
客服电话:010-83938350
咨询电话:010-63939796


**书号**:ISBN 978-7-5197-2736-9　**定价**:69.00元

凡购买本社图书,如有印装错误,我社负责退换。电话:010-83938349

# 序

被誉为“东方经验”的人民调解，是以中国的“和合”理念为文化背景，吸收了中国传统的民间调解的精华，并在中国革命和社会主义建设过程中形成、发展和完善的非讼解纷方式。作为推进中国基层社会治理弥足珍贵的“本土创新”和“中国经验”，人民调解发轫于苏维埃时期、形成于陕甘宁边区政府时期，经过抗日战争、解放战争的战火洗礼与1949年之后的社会主义建设和改革开放时期，在中国的社会治理方面发挥了极其重要的作用，现为中国社会治理的基本制度内容。党的十九大提出要打造共建共治共享的社会治理格局，这为人民调解在新时代的创新发展提出了新的要求，也为学术界在新时代的研究展示了新的视界并提出了新的任务。

“枫桥经验”是中国基层社会治理的典型经验，人民调解是“枫桥经验”中的重要内容、基本环节和长效的工作机制。为助力“枫桥经验”在不同历史时期的创新发展，诸暨市人民调解形成了很多颇具特色的做法，成果斐然且成效显著。西北政法大学与诸暨市早自2005年就开始“枫桥经验”及其创新发展的合作研究，至今已持续13年，形成了丰硕的研究成果。为系统梳理、全面总结、提炼提升并发展创新人民调解的“枫桥经验”，西北政法大学与诸暨市司法局合作开展了人民调解的“枫桥经验”研究项目。项目主持人、西北政法大学校长助理、西北政法大学中华法系与法治文明研究院院长汪世荣教授带领项目组全体成员对诸暨市的人民调解工作进行了为期一年的实地考察、调研访谈、查阅档案、收集材料、座谈和研讨，形成了“人民调解的‘枫桥经验’”的研究成果，即本书呈现给大家的内容。

20世纪60年代初，诸暨枫桥的干部群众在农村开展社会主义教育运动以改造社会对立面人群时，形成了“一个不杀，少捕人，矛盾不上交，发动和依靠群众，重点开展说理斗争，就地将‘四类分子’改造成为新人”的经验。1963年，毛泽东同志亲笔批示“各地要仿效，经过试点，推广去做”，“枫桥经验”从此作为典型经验被推向全国。在经历了1963年阶级斗争背景下的政治斗争和社会改造的经验、1965年开创帮教违法人员工作之先河的经验、1978年率先摘除“四类分子”帽子的经验、20世纪80～90年代社会治安综合治理之典范的经验，以及21世纪以来创新社会治理的经验之后，“枫桥经验”保持并续写了作为全国典型或标杆的辉煌地位和实践历史。2003年11月，时任浙江省委书记的习近平同志在浙江纪念毛泽东同志批示“枫桥经验”40周年大会上明确提出，要牢固树立“发展是硬道理、稳定是硬任务”的政治意识，充分珍惜“枫桥经验”，大力推广“枫桥经验”，不断创新“枫桥经验”，切实维护社会稳定。2013年，习近平总书记就坚持和发展“枫桥经验”作出重要指示，要求各级党委和政府充分认识“枫桥经验”的重大意义，发扬优良作风，适应时代要求，创新群众工作方法，善于运用法律思维和法治方式解决涉及群众切身利益的矛盾和问题，把“枫桥经验”坚持好、发展好，把党的群众路线坚持好、贯彻好。

“枫桥经验”能够延续55年，是因为它能根据不同历史时期的目标和任务要求，始终坚持和贯彻党的群众路线、不断创新群众工作方法。正是在这个过程中，充分发挥基层人民调解组织的作用为诸暨人民所关注和实践并成为“枫桥经验”的重要探索，人民调解因而融入“枫桥经验”之中，从而形成了人民调解的“枫桥经验”。人民调解的“枫桥经验”是诸暨人民在党的领导下关于基层社会治理所进行的有益探索和实践，它不仅赋予了“枫桥经验”以特色性，而且促进了其创新性，更在诸暨的基层社会治理中发挥了重要的作用。基于新时代中国特色社会主义建设的要求，对人民调解的“枫桥经验”进行梳理、总结、提炼并深入研究，既能在充分认识和发挥人民调解在我国基层社会治理中的作用基础上推动中国特色基层社会治理模式的构建，也能彰显出我国的基层社会治理的特色并创新和发展新时代的“枫桥经验”。

西北政法大学是全国法治人才培养和人文社会科学研究的重要基地，也是陕西省重点建设的高水平大学、一流学科建设高校及全国法学高等教育“立格联盟”和西安高水平有特色高校“长安联盟”的成员单位。学校具有光荣的红色基因，其前身是中国共产党1937年在延安创办的陕北公学。建校81年来，学校形成了“政治坚定、实事求是、勇于创新、艰苦奋斗”的老延大优良传统，铸就了“严谨、求实、文明、公正”的校训，凝练了“法治信仰、中国立场、国际视野、平民情怀”的育人理念。长期以来，西北政法大学重视并致力于对我们党领导人民基于中国的国情民情所进行的社会治理伟大实践以及所构建的原创性制度进行科学总结并形成理论成果，立志为形成中国特色的社会主义法治理论体系和推动中国特色社会主义法治实践做出贡献，形成了“创新学术、关注现实、注重实践、坚持问题导向、积极服务国家战略和地区经济社会发展需求”的优良传统。与诸暨市司法局合作的《人民调解的“枫桥经验”》课题研究的完成，是西北政法大学坚守并践行“立足本土实际，探解中国问题”优良传统的又一次体现和取得的优秀成果。

是为序。

西北政法大学校长　杨宗科

2018 年 9 月 15 日

# 目　录

# 导论：人民调解的“枫桥经验”研究综述

人民调解作为“枫桥经验”的重要组成部分，在社会治理方面发挥了极其重要的作用，并逐渐成为人民调解研究中的热点。学界和实务界对此不断整理研究，从关注实践问题到关注实践基础上的价值问题，逐渐形成一些具有学理和实践价值的本土经验研究成果。本书通过回顾2008—2017年相关研究成果，从人民调解的制度建构和人民调解的理论视野两个方面出发，对相关研究成果进行综述，并加以评析，进而思考如何不断发展新时代“枫桥经验”，为学界开展人民调解的“枫桥经验”专题研究提供学术参考。

## 一、人民调解的研究历程

根据学界研究的数量、深度及是否具有明确的问题意识，我们将21世纪关于人民调解的研究大体以2008年为界，分为2008年之前和2008年之后，并分别予以考察。

### （一）2008年之前

2000—2007年，学界主要围绕人民调解委员会的法律地位、人民调解协议书的性质、人民调解与民事诉讼制度衔接等主题展开研究。罗华较早地注意到了人民调解制度所发生的重大变化，分析人民调解制度的现状、变化及其价值内涵，认为借助人民调解与诉讼机制的衔接，并通过法院司法确认人民调解协议增强法律约束力，公正和效率得以更好地实现。[1] 秦国荣认为，人民调解制度作为“我国所特有的为法律所确认和规定的专门排解民间纠纷的群众性自治制度”，是我国法律制度体系的重要组成部分。人民调解制度下的人民调解委员会具有法定组织体系和职能权限、工作任务范围、原则、程序和纪律。人民调

---

〔1〕 参见罗华：《论人民调解制度的现状、变化及其价值内涵》，载《理论与改革》2002年第6期。

解协议具有特定的法律效力。[1] 韩波将人民调解制度的变化称为“后诉讼时代的回归”,认为人民调解与诉讼机制的有效衔接,既能保障当事人程序选择权,也能缓解法院压力,促进我国纠纷解决体系的完善。[2]

(二)2008 年之后

2008 年至今十年,人民调解研究领域主题更加广泛。相关研究不仅涵盖人民调解与其他纠纷解决机制衔接、人民调解制度运行机制、制度变迁等,而且专门有研究涉及农村[3]、城市社区[4]、少数民族地区[5]的人民调解制度,还有调解制度比较研究和人民调解制度案例研究。人民调解与其他纠纷解决机制的衔接问题是研究的重点。夏妍通过对比司法调解、行政调解和人民调解的优劣,认为通过庭前调解机制的建立、诉讼中委托调解制度、司法对调解协议效力确认等途径,有利于实现人民调解和司法调解对接,积极运用行政调解和人民调解的“双调”机制,调处行政事项执法过程中引发的纠纷,达到以调促和的良好效果。[6] 胡辉以人民调解协议程序运行为研究对象,对人民调解协议的司法确认程序、程序启动后当事人的撤回权、审理方式、确认期限等进行研究。[7]

随着人民调解制度的实践,其自身存在的机制弊端和运作缺陷也更多地暴露出来。2010 年《人民调解法》的出台对人民调解制度予以一定完善,但并非一劳永逸地解决了所有问题。让人欣喜的是,针对人民调解制度运行中所出现



---

[1] 秦国荣:《人民调解制度:法律性质、文化成因及现代意义分析》,载《兰州大学学报》2004 年第 3 期。

[2] 韩波:《人民调解:后诉讼时代的回归》,载《法学》2002 年第 12 期。

[3] 参见孙永军:《人民调解在农村纠纷解决中的功能分析——基于安徽省巢湖市的实证研究》,载《西部法学评论》2011 年第 5 期;胡辉:《人民调解协议之司法确认程序再探——以程序运行为中心》,载《广西社会科学》2012 年第 5 期;王俊娥:《论农村人民调解过程中的力量博弈》,载《甘肃政法学院学报》2014 年第 3 期。

[4] 参见胡洁人:《群体性纠纷的“救生艇”——新型城市社区人民调解工作室研究》,载《法治论坛》2009 年第 2 期;葛翔:《人民调解的现在和未来——现代城市社会结构中人民调解之功能调适》,载《法学杂志》2011 年 S1 期。

[5] 参见丁晓钟:《宁夏少数民族地区人民调解工作实践与思考》,载《人民调解》2014 年第 4 期;沈子华:《新疆城市社区人民调解制度的改革实践与创新》,载《新疆社科论坛》2017 年第 1 期。

[6] 参见夏妍、齐蕴博:《论人民调解、司法调解、行政调解的有效衔接》,载《河北师范大学学报》(哲学社会科学版)2010 年第 5 期。

[7] 参见胡辉:《人民调解协议之司法确认程序再探——以程序运行为中心》,载《广西社会科学》2012 年第 5 期。

的问题,一些学者开始了反思性的研究,对新时期人民调解制度转型进行探索。例如,周望认为,人民调解的理论研究并没有促使人民调解实践走出低谷。人民调解制度要真正实现现代转型,根本在于破解国家化与非国家化、制度化与非制度化、专业化与非专业化三大症结,并实现三对关系的平衡。他认为,人民调解工作过多的政治负载掩盖了其本来的法律面相,致使人民调解的定位偏离了纠纷解决的实质。人民调解的良性发展必须实现国家权力和民间自治的互动。人民调解的制度化一方面可能提高调解工作的规范性,但另一方面也可能削弱调解的本来优势,压缩调解的伸缩空间,无法解决调解人员的稳定性问题。人民调解工作更需要着眼于纠纷解决,逐渐化解制度化与非制度化的紧张。需要通过"内部升级"和"外部引入"相结合的方式,不断提升专业化水平。[1] 侯怀霞认为,当前社会发展日益多元化的背景下,人民调解要向非诉讼纠纷解决机制(alternative dispute resolution,ADR)回归,参与到社会管理体制现代转型的进程中,调整传统人民调解的定位,解决人民调解的行政化、司法化和多元化问题,实现人民调解制度的长效运行。[2]

## 二、人民调解的"枫桥经验"的实证性研究

新时期枫桥经验的核心内容是以调解为主的综合治理。"小事不出村、大事不出镇、矛盾不上交"不仅是"枫桥经验"的一大亮点,也是人民调解工作中最突出的特点。在化解矛盾纠纷的过程中,调解成为主导方式,在实践当中取得了良好的治理效果。一些研究成果从组织建设、工作范围、机制方法、功能作用四个方面,对枫桥人民调解工作近十年的实践进行了研究。

### (一)调解组织建设研究

王秋杰等将调解队伍建设、专业性调解组织以及多元化人员参与的多级联动格局称为人民调解的"枫桥经验"精髓,认为枫桥调解工作的顺利进行得益于其良好的调解组织建设。第一,建立不同层次的调解组织,构建多元调解队伍,

---

〔1〕 周望:《转型中的人民调解:三个悖论——兼评〈人民调解法〉》,载《社会科学》2011 年第 10 期。

〔2〕 参见侯怀霞:《人民调解的现代转型:必要、可能与前景》,载《郑州大学学报》(哲学社会科学版)2016 年第 4 期。

增强合力。通过专兼职结合、教育培训等方式,不断加强枫桥人民调解队伍建设。在专业性较强的领域增设专职人民调解员,并将相关费用纳入财政保障,不断吸纳优秀专职人民调解员建立调解志愿者队伍,以充实基层调解力量,实现了专业人民调解员与调解志愿者互相配合的工作局面。第二,促进人民调解队伍的专业性建设。依托法院、公安、劳动保障、工商、妇联等部门,组建了法院诉前调解、交通事故纠纷、劳动争议、消费纠纷和婚姻家庭纠纷等数个专业调解委员会,并在珍珠、袜业、衬衫、五金等支柱产业行业中也不断探索建立行业调解组织。人员调解的专业化,也有利于矛盾纠纷化解的彻底性,促进了人民调解的权威性和公信力的提升。[1]

在人民调解的组织建设方面,目前诸暨市建立了市调解工作指导中心和市调解总会"一官一民"的管理组合,充分发挥专业化社会组织的作用。将各类人民调解委员会作为诸暨市人民调解总会下设的群众组织,并且由市人民调解总会进行直接管理,有利于充分发挥各类调解的合力,确保了人民调解的群众性、自治性和民间性。着力构建一个以传统村(居、社区)人民调解为基础,专业、行业调解为依托,行政调解、司法调解、仲裁调解、信访调解等多种调解相互配合、分工合作的多元化矛盾纠纷调解工作格局。



(二)调解工作领域研究

关于行业调解,主要有道路交通事故、医疗纠纷和婚姻家庭纠纷三个主要领域。狠抓人民调解员队伍建设,建立专业的调解程序,是其主要特点。

在刑事和解、劳动争议等具体领域,有学者展开专门研究。本课题组薛永毅认为,诸暨市人民调解组织介入刑事和解的案件以轻伤害案件和交通肇事案件为主,近年来调解类型有所拓展,主要集中在轻伤害案件、交通肇事案件和未成年人、在校生等特殊人群犯罪案件类型。诸暨市人民调解组织介入刑事和解的范围相对比较广泛,并不局限于诉讼阶段,同时建立了启动评估、提前介入、审查监督、跟踪帮教、联席通报等一系列完善的刑事案件和解相关配套机制。[2]

---

〔1〕 参见王秋杰、刘子川:《"枫桥经验"语境下大调解机制的完善》,载《广州市公安管理干部学院学报》2013 年第 2 期。

〔2〕 参见薛永毅:《人民调解组织介入轻微刑事案件和解的"诸暨实践"——基于浙江省诸暨市检察院刑事和解的实证分析》,载《山东科技大学学报》(社会科学版)2018 年第 1 期。

宋娟研究劳动争议方面的人民调解工作，她认为，“枫桥经验”的基本内涵和精神实质与劳动人事争议调解工作所坚持的源头治理的思路以及“预防为主、基层为主、调解为主”的工作方针是一脉相承的。[1] 王振麒等也提倡将“枫桥经验”应用到劳动争议化解当中，通过完善企业内部劳动争议协商解决机制、建立人力资源和社会保障部门主导的调解工作部门联动机制，提高调解工作规范性水平、探索社会化调解工作，以破解当前劳动争议调解组织所面临的社会公信力不高、调解工作规范化不强、人民调解员队伍建设滞后、人力资源和社会保障部门主导作用不突出，以及强制、违法调解等问题。[2]

### （三）调解机制与方法研究

诸暨市的人民调解形成了一套比较完善和有效的工作运行机制。戴雨薇对人民调解运行机制进行了解读。首先，搭建诉调对接的平台。在立案审查环节，对纠纷进行初步筛选，对于事实清楚、法律关系明确、争议不大的相邻、小额债务、物业等纠纷，向当事人发送《调解劝导书》，详细讲解诉前调解的优势和步骤，进而引导当事人接受人民调解。其次，完善诉调对接机制，对群体性劳资纠纷及突发性纠纷，探索人民法庭与公安、劳动、司法行政等站所的快速联调机制。此外，建立双向联络制，各人民调解委员会中分别有一名枫桥法庭联络员，负责向法院提供信息，反馈情况，保持联络。人民调解委员会还在法院立案庭设立专门的人民调解联络员，随时针对当事人遇到的法律适用、业务问题予以指导和帮助。人民调解委员会不断接受法院方面的日常培训指导，旁听法院庭审，不断提高人民调解员的法律素质和工作水平。此外，人民调解委员会同法院诉调对接的基础也不断牢固，对接渠道不断畅通。[3] 总之，人民调解委员会通过法院不断获得充足案源，也使自身工作优势得以发挥，推动非诉纠纷解决机制良好运行。

余钊飞等总结了枫桥镇的“镇村联动式”调解模式。该模式主要是通过建

---

〔1〕 参见宋娟：《学习借鉴“枫桥经验”将劳动人事争议就近就地化解在基层》，载《中国劳动》2014年第3期。

〔2〕 参见王振麒、向春华：《以“枫桥经验”创新劳动人事争议预防调解制度》，载《中国社会保障》2013年第12期。

〔3〕 参见中共绍兴市委党校、绍兴市“枫桥经验”研究会：《“枫桥经验”与新城镇社会管理创新研究》，中国社会科学出版社2013年版，第75页。

立诉前劝导机制、逐级纠纷分类调解、“镇、社区、村”三级联动调解来实现纠纷解决。建立有效联动机制,实现相互配合,信息共享,避免重复劳动,保证矛盾纠纷的迅速调处,其实际就是通过建立立体化的调解组织来实现民间纠纷的快速解决。[1]

在调解实践中不断运用法治方法来化解纠纷,是人民调解的“枫桥经验”的特色的时代特征。尹华广以诸暨市联合人民调解委员会、诸暨市医疗纠纷人民调解委员会(以下简称诸暨市医调委)、诸暨市道路交通事故纠纷人民调解委员会(以下简称诸暨市交调委)的调解实践为对象,进行“枫桥经验”与调解法治化研究。他认为,随着改革开放的深入,社会上的一些机制性、体制性矛盾凸显,而公众的民主意识、法治意识明显增强。在此大背景下,单纯运用传统的调解方式已不能很好地解决矛盾纠纷。调解法治化的方式既能够满足解决纠纷的需求,又能够满足公众民主法治意识增强的需求,还能够满足我国法治发展的长远需求。诸暨市三大专业调解委员会的运行实践中不断实现了调解主体法治化、调节手段法治化、调解依据法治化、调解结果法治化、调解目标法治化。[2]

王秋杰等主张,构建人民调解、行政调解与司法调解有机结合的大调解机制,有利于从更宏观的层面处理社会矛盾,提供和谐稳定的社会发展环境。人民调解、行政调解、司法调解是一个相互联系的整体,“必须加强人民调解、行政调解、司法调解三个方面相互之间的连接,最终形成功能互补、统一协调的大调解运作机制”。完善大调解机制必须借鉴“枫桥经验”蕴含的调解制度精髓,健全调解衔接机制、成立专业性调解组织、打造专业化调解队伍和提供经费支持。作者主张制定统一的综合性调解法,健全调解衔接机制,“形成统一协调、良性互动、功能互补、程序衔接的运作机制,力争形成最大的调解合力”;成立专业性调解组织,坚持因地制宜原则;打造专业化调解队伍,严把选拔关,加强教育培训,实行奖惩考核制度;提供经费保障,免去调解人员的后顾之忧。[3]



---

〔1〕 参见余钊飞、谢绍华:《“镇村联动式”调解模式研究——以浙江省诸暨市枫桥镇的实践为例》,载《法制与社会》2009 年第 31 期。

〔2〕 参见尹华广:《“枫桥经验”与调解法治化研究》,载《行政与法》2015 年第 2 期。

〔3〕 参见王秋杰、刘子川:《“枫桥经验”语境下大调解机制的完善》,载《广州市公安管理干部学院学报》2013 年第 2 期。

尹华广将人民调解的“枫桥经验”置于“大调解”机制下农村社会管理创新的层次来观察。“大调解”把人民调解工作做在行政调解、司法调解、仲裁、诉讼等方法前，立足预警、疏导，对矛盾纠纷做到早发现、早调解，是农村社会管理创新的重要方法。“枫桥经验”以“大调解”推进农村社会管理创新的实践主要表现为：构建调解网络，构建“大调解”平台与机制，建立以调解人为品牌的专业调解中心。[1]

（四）调解功能作用研究

孙浙丽结合枫桥人民调解实践，从基层社会矛盾化解、维稳模式重塑、群体性事件预防三个方面总结枫桥人民调解工作的功能。在基层社会治理方面坚持走群众路线，有效培育了基层社会的民间自治力量，大量的社会自治组织参与基层社会治理，在矛盾纠纷化解中发挥了积极作用。一方面，来自基层的自治力量本来就生活在当地的社会环境中，容易形成一种天然的亲和力，其核心成员都是来自当地的民众，更加容易把握住当地的风俗人情和传统习惯，在调解社会矛盾时让当事人更容易产生信任和共鸣。另一方面，来自各行各业的民间组织成员整体上更加地多元化，他们来自社会的各个领域，能给社会矛盾纠纷的化解提供更多的专业性支持。枫桥人民调解工作是社会矛盾的预防和调解整体机制的关键一环，同其他基层职能部口“相互合作、上下配合、多措并举解决社会矛盾纠纷”，发挥了重要作用，有效地预防了群体性事件的发生，在具体问题的解决上达到良好的效果。[2]

王金霞认为，人民调解的“枫桥经验”的作用在于在化解矛盾纠纷、维护基层社会秩序。她论证了“枫桥经验”和现代治理理论的契合，尤其是在精致化方向上的契合，可以给“枫桥经验”的成功提供一个富有解释力的说明。推广“枫桥经验”的重要内容之一，就是推广“枫桥经验”背后所蕴含的普遍化的现代治理技术。枫桥镇已经先后建立了镇、管理处、村（居、企）三级人民调解组织网络，形成了人民调解工作体系，并建立了“镇村联动”工作机制。枫桥经验的优



[1] 参见尹华广：《“枫桥经验”：以“大调解”推进农村社会管理创新的实践与启示》，载《常州大学学报》（社会科学版）2013 年第 2 期。

[2] 参见孙浙丽：《诸暨市土地纠纷化解中的“枫桥经验”及对社会治理创新的影响》，南京农业大学 2015 年硕士学位论文，第 13 ~ 15 页。

势在于其基层调解或底层调解，调解委员会中的调解员或人民调解员、纠纷信息员对纠纷双方当事人知根知底，底层的人民调解员构成了“地方性知识”的载体，这是底层调解最大的优势所在。正是这些地方性知识，使最佳化治理变得可能。[1]

## 三、人民调解的“枫桥经验”的规范性研究

将人民调解的“枫桥经验”放置到多元纠纷解决机制、社会治安综合治理、基层社会治理、中国特色法治等中国法治话语体系中予以观察和诠释，是人民调解“枫桥经验”的规范性研究的特点。

### （一）人民调解的“枫桥经验”是基层社会治理的重要经验

郭星华等认为，人民调解的“枫桥经验”是我国基层社会治理的宝贵财富。就具体的基层社会纠纷事实而言，法律诉讼的解决方式是合法的，但未必是最佳的。“枫桥经验”中坚持“小事不出村、大事不出镇、矛盾不上交、就地解决”的做法，体现了“大事化小与小事化了”的调解理念，其主旨在于日常生活的民事纠纷能调则调，尽可能地通过调解的方式来解决纠纷，避免把民事纠纷激化。从“枫桥经验”化解矛盾纠纷的实践情况来看，基层社会的大量纠纷皆是根据道德、习俗、习惯、人情，通过调解的方式解决的。调解在主观上弥合了受损的社会关系，得到了社会共同体的认同，客观上整合了基层社会的秩序。通过调解的方式解决基层的矛盾纠纷，促进基层治理的和谐和秩序。[2]



### （二）人民调解的“枫桥经验”反映了中国特色的法治图景

第一，民间法视角。祁雪瑞关注到人民调解的“枫桥经验”在民间法和国家法的融通中推动了中国特色的法治生成。纠纷解决机制的形成有赖于多种纠纷解决渠道的共同作用，人民调解是民间纠纷解决的主要途径。在人民调解员的参与下，实现了民间法与国家法彼此融通，共同推动纠纷解决活动中的价值合意形成。人民调解的“枫桥经验”在其方法中吸收了民间法的精粹，并且坚持“以人为本，源头治理”的原则和理念，诠释了“内生”规则优于“外来”规则的治

---

〔1〕 参见王金霞：《从枫桥经验看基层社会的精致化治理》，载《法大研究生》2015 年第 2 期。

〔2〕 参见郭星华、任建通：《基层纠纷社会治理的探索——从“枫桥经验”引发的思考》，载《山东社会科学》2015 年第 1 期。

理规律。[1]

第二，软法视角。韩永红从软法的角度讨论"枫桥经验"与法治之间的关系。软法作为在社会中实际起作用并指导人们行为的社会规范，在枫桥人民调解工作中得到了充分的运用。[2]

第三，传统法视角。本课题组王斌通注意到"枫桥经验"对"乡贤调解"这一优秀传统文化资源的调动，认为乡贤调解是多元纠纷化解机制的重要方式，也是乡贤参与基层社会治理的基本职能之一。目前的人民调解基础上的乡贤调解与传统民间调解框架下的乡贤调解在历史积淀、文化传统、治理功能等方面一脉相承，又有所发展。以人为本、崇尚和谐、调处息争、睦邻友善这些中华优秀传统文化特别是乡贤文化中的合理因素，经由政策引导、群众自觉，在"枫桥经验"中不断得到新的创造性转化和发展。在此基础上，他主张乡贤调解作为创新"枫桥经验"及基层社会治理的传统文化资源，应该把追求善治作为价值目标，把坚持德法并举作为路径，健全多元化纠纷解决机制，实现基层社会治理的法治化。[3]

戴雨薇认为，"枫桥经验"与中国特色法治模式存在一致性，主要表现在对公权力的警惕与慎用、对人权的尊重与关怀、对正当程序的重视与践行、对社会主义法治精神的弘扬与实践等方面。[4]

谌洪果认为，"枫桥经验"与中国特色的法治发展模式具有某种内生性，意味着"枫桥经验"具有自己的原创性，并且又能在很大范围内推广。"枫桥经验"与现代中国法治具有一种相辅相成的生成关系，具体而言，它与中国特色的法治模式之间具有三大特性，即内生性、衍生性和共生性。诸暨"枫桥经验"的做法很典型地展现了中国的一种法治本土资源，集中形成了法治建设的本土传统与现代制度文明的内在统一。[5]

---

〔1〕 参见祁雪瑞：《纠纷解决机制：民间法与人民调解及枫桥经验》，载《民间法》2014 年第 2 期。

〔2〕 参见韩永红：《本土资源与民间法的生长——基于浙江"枫桥经验"的实证分析》，载《中共浙江省委党校学报》2008 年第 4 期。

〔3〕 参见王斌通：《乡贤调解：创新"枫桥经验"的传统文化资源》，载《山东科技大学学报》（社会科学版）2018 年第 2 期。

〔4〕 参见戴雨薇：《"枫桥经验"与中国特色法治模式关系探讨》，载《公安学刊》2013 年第 3 期。

〔5〕 参见谌洪果：《"枫桥经验"与中国特色的法治生成模式》，载《法律科学》2009 年第 1 期。

## 四、人民调解的"枫桥经验"研究的反思和展望

### (一)反思

总体来讲,相关研究尚未形成足够的学术积累。通过对中国知网(CNKI)近十年与人民调解的"枫桥经验"研究直接相关的论文数量进行统计,可以看到仅有20余篇相关论文,而且主要的研究成果是在2009年以后发表的。不少以社会管理、基层治理为主题的"枫桥经验"研究文献或多或少对人民调解实践有所涉及,但以专题论文或者专著、专章形式的研究,则鲜有人涉足。细读之后,发现相关研究存在以下问题:

第一,局限于地方性知识。从近十年有关人民调解的"枫桥经验"的文献来源以及研究人员的分布看,人民调解的"枫桥经验"的研究具有明显的地域性。首先,研究参与者与发表阵地具有明显的地方性。相关论文主要发表在浙江省内的刊物。研究者中,浙江省内高校、科研院校的专家和学者占绝大多数,如卢芳霞、戴大新、余钊飞、吴锦良等。其次,相关研究的学术视野具有明显的地方性。如何在系统总结经验基础上,又超出地方视野,发掘其实践经验及背后理论运作的一般规律,推广到全国其他地方的社会基层治理之中,是该项研究飞跃的关键所在。超越"地方性知识"所限,需要在对之探索的过程中继续在细致、扎实、系统梳理和总结的基础上,以更为宏观的学术视野进行深入的研究。



第二,对人民调解实践的理论总结与提升不足。总体而言,人民调解的"枫桥经验"的实践是走在了理论研究的前面,理论研究明显滞后于实践。实证性研究与规范性研究的评价有别,前者的结论需要诉诸经验,后者却不依赖于经验。从诸暨市人民调解的工作实践来看,取得良好的社会治理效果,调解工作越来越专,与时俱进化解纠纷,人民调解在枫桥的探索和实践不断焕发出蓬勃活力。在2017年,诸暨市共受理矛盾纠纷12293件,调处12293件,成功调处12021件,成功率达97.79%,标的达到39832.34万元,预防纠纷1358件,防止民转刑4件24人,防止群体性上访6件47人。[1] "有纠纷找调解"的观念已深入人心。各类调解组织及其运行对人民调解制度的发展创新也影响深远,很多

---

〔1〕 参见诸暨市司法局:《诸暨市"多核驱动"打造公共法律服务"诸暨模式"》,载中国绍兴网:http://www.sx.gov.cn/art/2017/11/24/art_9761_1179629.html,最后访问日期:2018年2月20日。

成功做法对我国人民调解制度和理论更新提供了有益思路。例如,如何对人民调解进行重新定位?人民调解和其他各种调解的外部关系是怎样的?众所周知,诸暨除了行政调解、司法调解、人民调解“三调联动”之外,近年来又发展出互联网内部组织调解、在线调解、律师调解、仲裁调解、专业调解等。但是,对上述新情况和新问题,学术界关注甚少,不仅对调解工作已有经验的挖掘不够,而且缺乏类型化和前瞻性的研究。

(二)展望

党的十九大报告强调要打造“共建共治共享”的社会治理格局,“完善党委领导、政府负责、社会协同、公众参与、法治保障的社会治理体制,提高社会治理社会化、法治化、智能化、专业化水平。加强预防和化解社会矛盾机制建设,正确处理人民内部矛盾”。未来人民调解“枫桥经验”的研究,应当立足我国关于城乡社区治理的整体部署,继续探索人民调解制度发展的新方向,深化人民调解研究的新视野。

第一,探索人民调解的内外部关系,以及政府推动和群众自治双轮驱动机制。政府推动是人民调解“枫桥经验”成功的保障,例如,通过调解资源整体布局和多方联动的机制。但是,群众自治却是“枫桥经验”的精髓所在。群众性、自治性是人民调解的基础定位,自治型的人民调解应当成为人民调解中国经验的方向。推动社会治理重心向基层下移,发挥社会组织作用,实现政府治理和社会调节、居民自治良性互动是新时代我国推动实现国家治理体系和治理能力现代化的一个重要环节。在此背景下,不断深挖人民调解“枫桥经验”背后所蕴含的法理,探讨政府推动和群众自治之间的公私协力、矛盾冲突的解决机制,可能是未来我国人民调解制度和理论创新的着力点之一。

第二,寻找法律治理与传统治理方式的平衡。人民调解“枫桥经验”既积极运用教化治理、政治治理的方式,在讲信修睦的道德教化基础上注入了新的政治教化的内容,也注重运用法治思维和法治方式,强调案结事了,以问题彻底解决为导向,以法律为基本标准。既运用国家法律作为调解基本准绳,同时也将村规民约、人情风俗等资源融合到调解工作当中,实现善治。未来研究应当着重探索其沟通正式制度与非正式制度,国家法和民间法实践的法理、情理和智慧。

第三，发掘中国特色法治样本的意义。

首先，重视调解工作在社会矛盾预防化解体系中的重要作用，构筑分工合理、权责明确、优势互补、协调联动的调解体系；坚持调解方式的多元化，依法调解，运用法治思维和法治方式化解矛盾，同时也要注重方式方法的灵活多样；全面整合调解资源，特别是在司法改革、司法行政体制改革的大背景下，统筹现有司法行政内外部资源，充分发挥律师、公证员、基层法律服务工作者等专业优势；重视“专群力量”结合，积极借助社会力量和专业力量参与调解，善于运用现代科技手段开展工作，提高工作实效。

其次，深入挖掘调解模式和运作机制等问题对基层法治研究的典型意义。研究者既需要看到诸暨市人民调解运作实践当中调动了哪些资源，还要看到这些资源在实践中是如何转化、调配、使用的，同时也需要看到人民调解工作涉及的各方主体在意识观念上的转变。在研究过程中，研究者应该通过更细微的角度观察基层社会治理的现状，更加准确地思考中国特色社会主义法治的机制和面貌。在这种意义上，人民调解“枫桥经验”为人民调解理论和制度创新提供了一个分析样本，也为我们进一步思考中国特色社会主义法治、关注新时代基层社会治理的重点和难点，提供了一个值得思考的课题。

# 第一章　人民调解的“枫桥经验”的形成、发展与创新

作为中国特色社会主义建设过程中形成并不断发展完善的纠纷解决方式，人民调解发轫于第二次国内革命战争时期，[1]经过抗日战争、解放战争的战火洗礼和1949年之后社会主义革命与建设，现为我国社会治理的基本制度内容，对经济社会的稳定发展具有重要意义并发挥了重要作用。人民调解的“枫桥经验”是诸暨市政府在党的领导下，以枫桥地区的探索实践为典型和示范，带动诸暨市其他乡镇、企事业单位、行业和领域，建立并不断创新和完善人民调解制度，以预防和化解民众之间的矛盾和纠纷，通过营造有序和良好的社会发展氛围，为形成、塑造并发展“枫桥经验”服务的历史实践。作为“枫桥经验”的基本内容、重要方面和工作机制，人民调解在诸暨形成了很多特色做法，成果斐然且成效显著，为探索我国人民调解制度的发展和完善做出贡献的同时，也丰富了“枫桥经验”的内容，助力着“枫桥经验”实现不同历史时期的目标和任务，为“枫桥经验”不断续写新篇章、创造新辉煌贡献着力量。

## 一、人民调解及其在诸暨的历史发展

### （一）人民调解的概念

论及人民调解，人们下意识想到的是人民调解委员会的活动，即人民调解委员会通过说服、疏导等方法，促使当事人在平等协商基础上自愿达成调解协议，解决民间纠纷的活动。[2] 此乃通常意义上的理解和认识，也即狭义的人民调解。它是中国共产党人自第二次国内革命战争时期以来打造和锤炼的化解

〔1〕 参见韩延龙：《试论抗日根据地的调解制度》，载《法学研究》1980年第5期。

〔2〕 参见我国《人民调解法》第2条的规定。

矛盾、解决纠纷的基本模式和手段，中华人民共和国成立之后得以规范化和制度化，成为我国组织和发动民众自我化解社会矛盾纠纷的基本制度。在这种意义上谈论人民调解时，人们经常不禁要追溯中国的民间调解，诸暨市司法局于2016年所编《诸暨司法行政志》关于诸暨市人民调解部分就遵循这种思路。首先介绍的是古时诸暨的民间纠纷调解，如：民间纠纷多由族长、耆绅调解评议，官府曾在县衙前的三思桥立碑劝导互为忍让、宁事息讼，提倡地方调解，勿进衙告状；民国时期，诸暨民间有调解组织息讼会，由当事人出“茶果费”，邀请地方士绅调解；小东等13乡曾有联合自治会组织调解民间纠纷；等等。[1] 不可否认，人民调解委员会的调解可追根溯源到民间调解，且仍带有民间调解的色彩，但作为一种法律化且组织化的国家建制，“民办官助”的特点使它已不同于完全自治的民间调解。[2] 本书在“枫桥经验”的视野下所探讨和分析的人民调解，是诸暨市政府在党的领导下，为有效地化解矛盾纠纷和维护社会和谐稳定，在夯实人民调解委员会调解基础地位的前提下，动员和组织国家和社会各方力量，将人民调解委员会的调解与行政调解、司法调解、检察工作、仲裁工作、信访工作相衔接，与社会组织或团体、专业机构或队伍、行业组织及其人员，以及志愿者相互配合，以此建构的以人民调解委员为主干，包括行政机关、司法机关、仲裁机构、社会团体和组织、志愿者等多元主体参与的化解社会矛盾纠纷体系之中所涵盖的各类调解活动。显然，在这种意义上探讨人民调解，重点关注的



---

〔1〕 上述关于诸暨古时民间纠纷调解的介绍来源于诸暨市司法局于2016年1月所编《诸暨司法行政志》(未公开刊行)。

〔2〕 根据国家权力介入的程度，人民调解的制度建构在新中国可以说是经历了由“准官方”向“民办官助”的发展过程。根据1954年《人民调解委员会暂行组织通则》的规定，人民调解委员会要在基层人民政府与基层法院指导下进行工作，只有人民中政治面貌清楚、为人公正、联系群众、热心调解工作者才能当选为调解委员会委员，人民法院对基层调解委员会违背政策法令的调解应予以纠正或撤销。又根据司法部2002年制定的《人民调解工作若干规定》第15条的规定，人民调解员一般由本村民区、居民区或者企事业单位的群众选举产生，但还可由村民委员会、居民委员会或者企事业单位聘任或有关负责人兼任，乡镇、街道人民调解委员会委员由乡镇、街道司法所(科)聘任。上述这些内容规定表明，人民调解由于国家权力的介入程度较深，具有“准官方”的性质。2010年出台的《人民调解法》为突出人民调解委员会的群众性和自治性对上述制度模式进行了调整，如关于人民调解员聘任条件不再要求政治面貌清楚、关于人民调解委员会委员的产生要求由基层自治组织或企事业单位的职工大会、职工代表大会或者工会组织推选产生，但仍保留了政府部门和人民法院对人民调解工作的指导，尤其是赋予了人民调解经司法确认可获得司法执行力。这些仍然使人民调解委员会调解并非纯粹的民间调解，但与之前制度设计相比较可以说已经转向了“民办官助”。

是人民调解委员会的调解,但又不限于此,虽涉及完全自治的民间调解,却不将它作为“视觉中心”,此乃人民调解的广义认识。本书中的阐述或分析,将根据语境或狭义或广义地使用“人民调解”一词,容易混淆之处将用人民调解委员会调解之表述指代狭义的人民调解。

(二)人民调解在我国的形成和历史发展

以人民调解委员会形式组织和开展的人民调解,主要是在抗日战争时期的陕甘宁边区孕育和生长的。陕甘宁边区的调解包括了民间自行调解、群众团体调解、政府调解和法院调解四种形式:民间自行调解,是人民群众不经过专门调解机构自行解决纠纷;群众团体调解,是依靠群众组织来解决群众之间的纠纷;政府调解,是在基层人民政权主持下调解民间纠纷;法院调解,是在法院审理过程中经过法院调解达成的调解协议。这四种调解形式被统称为“人民调解”,用以“区别于国民党反动政府推行的反人民调解”。[1] 陕甘宁边区的人民调解并不仅仅是用来解决纠纷的,还承载了通过调解来改造社会的重托,因而是解决边区社会问题的基本手段。在这一制度的实施过程中,国家始终处于指导和控制地位,但对民间调解创造出来的有效经验也充分吸纳,以服务于国家的政治目的。[2] 中华人民共和国成立之后,在总结解放区和新中国社会主义改造时期人民调解工作经验的基础上,政务院于 1954 年 2 月 25 日出台了《人民调解委员会暂行组织通则》来统一规范全国的人民调解委员会的调解工作。自《人民调解委员会暂行组织通则》颁行后,全国的人民调解工作有了很大发展,人民调解委员会不仅在数量上而且在质量上都有了发展和提高。但 1957 年下半年,人民调解委员会及其调解工作逐渐为调处组织和调处工作所代替,工作重点不是调解民间纠纷而是约束、处理和改造“大法不凡、小法常犯”的所谓不良分子,以至于不少地方在 1958 年公社化之后干脆将调处委员会和治保委员会合二为一,这种做法到 1961 年之后才得以纠正。[3] “文化大革命”中,我国的人民调解制度遭受了极大的破坏,改革开放之后才开始全面恢复和迅速发展。关于人民调解在改革开放之后的发展,学界一般认为它大概可分为三个阶段,

〔1〕 韩延龙:《我国人民调解工作的三十年》,载《法学研究》1981 年第 2 期。

〔2〕 参见侯欣一:《陕甘宁边区人民调解制度研究》,载《中国法学》2007 年第 4 期。

〔3〕 参见韩延龙:《我国人民调解工作的三十年》,载《法学研究》1981 年第 2 期。

即20世纪80年代的高峰期、20世纪90年代的衰落期和21世纪以后的复兴与完善期。[1] 关于这三个阶段之分，有学者对1981—2011年人民调解调处民间纠纷的数量变化及其在人民调解和民事诉讼受案之和中所占比例变化等做了统计分析，可谓提供了强有力的支持。以后者的统计分析为例：20世纪80年代，人民调解所调解的纠纷在人民调解和民事诉讼受案之和中所占比例，最高为1981年的92%，最低为1990年的75%；20世纪90年代，最高为1990年的75%，最低为1999年的51%；2000—2010年，又从52%逐渐恢复到57%。[2] 由这一数据变化可见人民调解在改革开放之后的确呈现出明显的阶段性特点。

（三）人民调解在诸暨的历史发展

改革开放之前，人民调解在诸暨的发展情况与全国相同，经历了中华人民共和国成立初期的制度建设时期、"文化大革命"间的瘫痪期以及之后的逐渐恢复期。1950—1954年，诸暨的乡镇都已建立了调解委员会，在区和城关镇也设立了人民调解员执行调解事宜。1954年之后，诸暨开始贯彻《人民调解委员会暂行组织通则》的规定，设立各级调解组织。1958年6月，全县64个乡镇调解委员会全部改名为调处委员会，848个农业社（村）建立了调处小组，1961之后又复名为调解委员会。从那时到1965年，诸暨的人民调解发展较为迅速，如全县的基层调解组织从1962年的827个发展到1263个，调解干部也从4534人发展到5597人。"文化大革命"开始后，全县调解组织瘫痪，1973年之后才逐步恢复。

改革开放之后到20世纪90年代初期，在与全国一样正经历由恢复步入高峰之时，诸暨的人民调解恰逢融"打、防、教、管、建"于一体的社会治安综合治理的"枫桥经验"形成之契机，因而呈现出迅猛发展之势。1981年，诸暨组建了县司法局，并将管理人民调解工作作为司法局的主要任务。在司法局开展的有重



〔1〕 人民调解在改革开放以来的发展大概分为三个阶段，这在学术界似乎已取得共识，但阶段划分的具体时间以及称谓略有不同。如有学者认为，20世纪70年代后期人民调解开始全面恢复，20世纪90年代中期达到高峰期，之后为下降期，到21世纪之后重建。参见范愉：《当代中国非诉讼纠纷解决机制的完善与发展》，载《学海》2003年第1期。也有学者认为，1978—1992年是人民调解制度的复苏期，1993—2002年是人民调解制度的低迷期，2003—2015年是人民调解制度的复兴期。参见刘青：《我国人民调解制度变迁研究：1978—2015》，湘潭大学2016年博士学位论文。

〔2〕 参见周琰：《人民调解制度发展研究》，载《中国司法》2013年第2期。

点地调整和整顿基层调解委员会以及在乡镇建立调解办公室等措施的积极推动下,诸暨的人民调解委员会截至1991年发展到1453个,涉及乡镇、行政村、居民委员会、企事业单位等;同期,人民调解委员会调解纠纷的总数为10.4万件。之后二十年的数据统计表明,这段时期可以说是诸暨人民调解发展的辉煌时期。[1] 究其原因,国家在改革开放初期针对人民调解出台了一系列专门或相关的“助推”规定,涉及宪法、法律、法规、规章以及规范性文件。[2] 加之中国的民主和法制建设刚刚开始,司法在民事审判中的权威尚没有建立,解决纠纷的效果有限,如此情形下,尽管中国随着改革开放的发展已经开始了从熟人社会向陌生人社会的转型,但这个过程进展缓慢且又存在上述因素,人们在发生矛盾纠纷时诉诸人民调解的惯性依赖没有遭遇太大的挑战。更重要的是,在诸暨,关于社会治安综合治理的“枫桥经验”要求依靠群众、就地化解矛盾纠纷和一般治安案件,将人民调解委员会的建设及其调解工作置于重要地位,这对诸暨的人民调解委员会建设及其调解工作的发展是有力的推动。

20世纪90年代至21世纪初期,与人民调解在全国陷入低迷期相反,诸暨的人民调解因“枫桥经验”却开展得有声有色且不断创新和发展。这段时期,为了满足“枫桥经验”在社会治安综合治理方面建立部门协同和村镇联动的机制来预防矛盾、通过人民调解来化解矛盾的需要,诸暨对人民调解委员会及其工作进行了全覆盖的规范化、制度化和标准化建设,并因地制宜地创新出调解工作的很多机制和方法。1996年,诸暨以开展“基层建设年”为契机,成立了“人民调解协调中心”,以加强基层调解委员会的标准化建设,对镇乡调解工作实行规范化管理,形成了市、镇(乡)、片、村四级调解网络。2000年,诸暨在35个镇乡全部建立调解中心,形成镇乡有调解中心、办事处有调解小组、村里有调解委员会、村民小组有联络员的纵向到底、横向到边的调解组织网格,将调解组织的

[1] 如1992—2001年诸暨人民调解委员调解的纠纷总数仅为3.37万件,2002—2012年虽增加为5.64万件,但也远远低于1981—1991年这段时期。文中所用数据统计来源于诸暨市司法局于2016年1月所编《诸暨司法行政志》(未公开刊行)。

[2] 例如,1978年5月第八次全国司法工作会议要求尽快恢复和健全基层人民调解组织,1980年全国人大常委会批准并重新公布了《人民调解委员会暂行组织通则》,1982年《民事诉讼法(试行)》确认了人民调解的法律地位,1982年《宪法》将人民调解委员会调解民间纠纷规定为国家的基本制度;关于行政法规与规章,1989年国务院出台《人民调解委员会组织条例》,1990年司法部根据《人民调解委员会组织条例》规定颁布了《民间纠纷处理办法》,规定了人民调解委员会调解民间纠纷的程序。

触角彻底伸进了人民基层、深处和内部，组成了全面覆盖、不留死角的调解协调网络。[1] 2003年，诸暨开展以"五有四落实"（有标牌、有印章、有标识、有程序、有文书；落实组织、人员、报酬、制度）为标准的工作检查。关于人民调解委员会的工作方法，1984年，枫桥镇调解委员会摸索出"六个优先、六个心"的工作方法，又于1988年进行了防纠纷发生、防民转刑、防非正常死亡的"三防"试点，促进人民调解工作实现从单纯处理型向主动预防型转变、从平息一般纠纷向防激化转变、从和事佬调解方法向依法调解和提供法律帮助转变，也即所谓"三转变"，等等。

2008年之后，随着"枫桥经验"的发展，在工作机制和方法创新的同时，诸暨的人民调解委员会的调解模式也步入创新发展的时期。尤其是2010年以后，作为全国35家社会管理创新综合试点单位之一，诸暨市开始探索并积极构建"大调解"体系，一方面夯实人民调解委员会在大调解体系中的基础作用，在纵向上形成社会矛盾纠纷"大调解"体系建设领导小组领导的、市人民调解工作中心指导的市、镇、村三级人民调解网络，在横向上则建立健全市联合人民调解委员会以及各专业性、行业性人民调解委员会，另一方面则进一步完善人民调解委员会调解与司法调解、行政调解、检察工作以及仲裁、信访工作的衔接互动。2015年，诸暨在健全基层人民调解组织的基础上加强社会化调解组织建设，推进乡贤志愿者、新闻媒介、仲裁员等多元力量参与人民调解，并开展政府购买服务、调解类社会组织孵化等社会化运作，又于2016年加强人民调解志愿者队伍建设。2017年，诸暨市司法局构建以人民调解为基础，由政府、社会和专业力量共同参与的"人民调解+"专家、品牌、志愿、联动、互联网模式。同年，诸暨市人民法院成为浙江省开展律师调解试点工作的试点法院，对全市参加律师调解的律师有组织、分批次开展平台运用以及律师调解工作的动员和培训。

时至今日，诸暨人民调解已经由单一调解向多元调解发展，正在打造以人民调解委员会调解为基础，行政调解、司法调解、律师调解以及在"人民调解委员会+"专家、品牌、志愿、联动、互联网过程中形成的多类调解相互衔接或者配合，传统方法与现代方式结合的高效化解矛盾纠纷的体系、机制和方法，以充分



[1] 因为工作出色、成效显著，司法部转发了《浙江省诸暨市高标准建立镇乡调解中心》的经验。

发挥人民调解在基层社会治理中的作用。



## 二、人民调解的"枫桥经验"及其特色之维

人民调解在诸暨的发展与其在全国的发展情况并不完全同步,尤其是改革开放之后。之所以出现这种情况,是因为诸暨的人民调解已经融入"枫桥经验"之中,成为实现"枫桥经验"目标和任务的重要工作机制,为"枫桥经验"的历久弥新不断创新和发展。

### (一)人民调解与"枫桥经验"

"枫桥经验"形成于1963年,本是中国农村开展社会主义教育运动以改造社会对立面人群的地方经验。运动开展之初,中央对运动有一个比较明确的方针,即除了对行凶报复、杀人、抢劫、防火、投毒等民愤很大的现行犯必须立即逮捕外,对有一般破坏活动的"四类分子"基本上采取"一个不杀,大部不捉"的方针,因为这些人中的绝大多数是能够被人民群众采取正确的方式改造为新人的。尽管后来提出了"以阶级斗争为纲"的基本路线,但浙江省委仍要求对待"四类分子"(地主分子、富农分子、反革命分子和坏分子四类人的统称)要依靠群众实事求是地调查排队,表现好坏以是否守法为标准而不是以个人或家庭历史和出身作为检验评价的唯一标准。1963年6—10月,浙江省委枫桥工作队政法组在枫桥地区的7个公社开展社会主义教育运动对敌斗争阶段试点时,坚决执行中央和省委的指示,贯彻不打人、不捕人、矛盾不上交的原则,充分发动群众和依靠群众开展说理斗争,制服了那些被认为是非捕不可的"四类分子"。这种做法得到了毛泽东的肯定,被总结为捕人少、矛盾不上交、依靠群众、以说理斗争的形式把绝大多数"四类分子"就地改造成新人的"枫桥经验"。之后,因毛泽东亲笔批示"要各地仿效,经过试点,推广去做","枫桥经验"成为全国经验。[1] 应当指出的是,在"枫桥经验"形成之初,因为是面对和处理"敌我矛盾"的经验,作为解决人民内部矛盾的人民调解是不可能有太大作为的。但此阶段"枫桥经验"采取的是说理斗争的形式,这为"枫桥经验"从解决敌我矛盾转向化解人民内部矛盾之后,人民调解能够介入乃至融入其中埋下了伏笔。



---

〔1〕 参见汪世荣主编:《枫桥经验:基层社会治理的实践》,法律出版社2008年版,第1~2页。

20世纪80年代,“枫桥经验”在完成对“四类分子”基本改造的任务后,转向探索融打、防、教、管于一体的社会治安综合管理建设。为及时打击、预防和减少违法犯罪以维护社会治安,枫桥地区发动和依靠群众施行群防群治,探索出“小事不出村,大事不出镇,矛盾不上交”,就地解决和消化纠纷矛盾及一般治安问题的成功经验,并推向全国。[1] 正是在此阶段,诸暨的人民调解开始走上融入“枫桥经验”的实践历程。因为要就地化解矛盾纠纷,预防和减少违法犯罪现象,维护社会治安,如何充分发挥诸暨的基层人民调解组织的作用开始为人们关注并成为此阶段“枫桥经验”的重要探索。[2] 这之后,无论是作为社会管理创新的排头兵还是社会治理社会化、法治化、智能化和专业化的先行者,尽管不同时期的目标和任务有所不同,但发动和依靠群众,立足预防化解矛盾,稳定地实现社会治理的要求却始终是激荡在“枫桥经验”之中的主旋律。为了唱响主旋律,诸暨市委、市政府在不同时期根据“枫桥经验”创新发展的需要多次发文要求创新和发展诸暨的人民调解工作。由于诸暨市委的重视和领导,诸暨市政府积极组织和推动,法院和检察院大力配合,诸暨人民热情参与,诸暨的人民调解不仅融入“枫桥经验”之中,而且成为其中的重要内容、基本环节和长效的工作机制。



诸暨的人民调解在改革开放之后成为“枫桥经验”的有机组成部分之后,随“枫桥经验”历久弥新而不断发展壮大,形成了人民调解的“枫桥经验”。所谓人民调解的“枫桥经验”,就是指诸暨人民在党的领导下,为顺利实现不同时期“枫桥经验”的目标、要求和任务,将人民调解委员会的调解作为基础和主干,不断探索、创新和发展多元主体参与其中以有效化解矛盾纠纷的模式、机制和方法,构建多元化社会矛盾纠纷化解体系的经验。这里应当说明的是,人民调解的“枫桥经验”的形成,最初是枫桥地区人民的探索和实践,但之后的发展已不限于枫桥,包括了诸暨市其他地方在枫桥典型引领和示范带动下就人民调解所

---

〔1〕 之所以被认为是成功经验,是因为从1980—1989年,枫桥区刑事案件年均发案率占总人口的万分之2.96,年均捕人数占总人口的万分之1.46,刑事案件大幅下降。参见卢芳霞:《“枫桥经验”50年辉煌成就》,载《观察与思考》2013年第10期。

〔2〕 如1980年,诸暨司法局的简报提出要运用“枫桥经验”重视调解工作。参见诸暨市公安局关于“枫桥经验”的档案材料:《枫桥经验大事记》(1963—1992年),转引自谌洪果:《“枫桥经验”与中国特色的法治生成模式》,载《法律科学》2009年第1期。

做的各种有益探索和成功实践。

（二）人民调解的“枫桥经验”的特色之维

从形成以至之后的发展来看，诸暨的人民调解因打上了“枫桥经验”的烙印，其特色相当明显，体现在架构、形成及其发展诸方面，具体如下：

1. 人民调解的“枫桥经验”是以人民调解委员会的调解为基础和主干所形成的

“枫桥经验”是中国基层社会治理的经验，立足基层、抓基础始终是其坚守，重视并充分发挥人民调解委员会在基层社会治理中化解矛盾纠纷的前端性作用是其特色之一，并因此形构了人民调解的“枫桥经验”的基本格局，即夯实传统村（居、社区）人民调解委员及其调解工作的基础地位。为此，诸暨市不断健全完善和改进各级人民调解委员会的组织、工作机制和方法的建设，并在各乡镇设立了直属司法所用以加强对基层人民调解委员会工作的指导，还进行了拓展和深化人民调解委员会调解的各种探索实践。经过改革开放以来持续不断的努力，诸暨市的基层人民调解委员会建设及其调解工作方面走在了全国前列，人民调解与其他调解形式对接或配合所形成的新模式也发展很快。据最新统计，诸暨市现有742家人民调解委员会，有专、兼职人民调解员3536名，并形成市调解工作指导中心和市调解总会“一官一民”的管理组合。通过发展人民调解委员会并将人民调解委员会的传统模式与现代模式相结合，预防并及时化解矛盾纠纷，诸暨的人民调解为实现“枫桥经验”创造稳定的社会治理环境要求发挥了相当大的作用。图1－1是2011—2017年诸暨市人民调解委员会调解成功的纠纷数量与诸暨市人民法院审结的民商事案件数量所作对比，以及诸暨市人民调解委员会调解的纠纷在这两者之和中所占比例。[1] 从图示可以看出，由于夯实了基层人民调解委员会及其调解工作的基础地位并发挥其主干作用，诸暨市人民调解在化解社会矛盾纠纷方面占了半壁江山，且高于同期全国平均

〔1〕 需要说明的是，诸暨市关于人民调解委员会受理的纠纷数量统计是以达成调解协议的为准，包括达成协议后起诉的纠纷，但不包括调解后不能达成调解协议的纠纷。因为这种统计标准，诸暨市人民调解案件的执行率相当高，据司法局提供的2011—2017年全市分乡镇人民调解委员会调解数据统计，在97%—99%浮动。另外，这也表明诸暨市人民调解委员会实际受理的纠纷数量比官方统计的要多。本图所提供的是诸暨市人民调解达成了协议且已履行的案件，也即调解成功的纠纷统计。

比例。[1] 更为突出的是,在夯实人民调解委员会及其调解的基础地位前提下发展人民调解,也使诸暨的人民调解成为全国独树一帜的特色调解之一。[2]

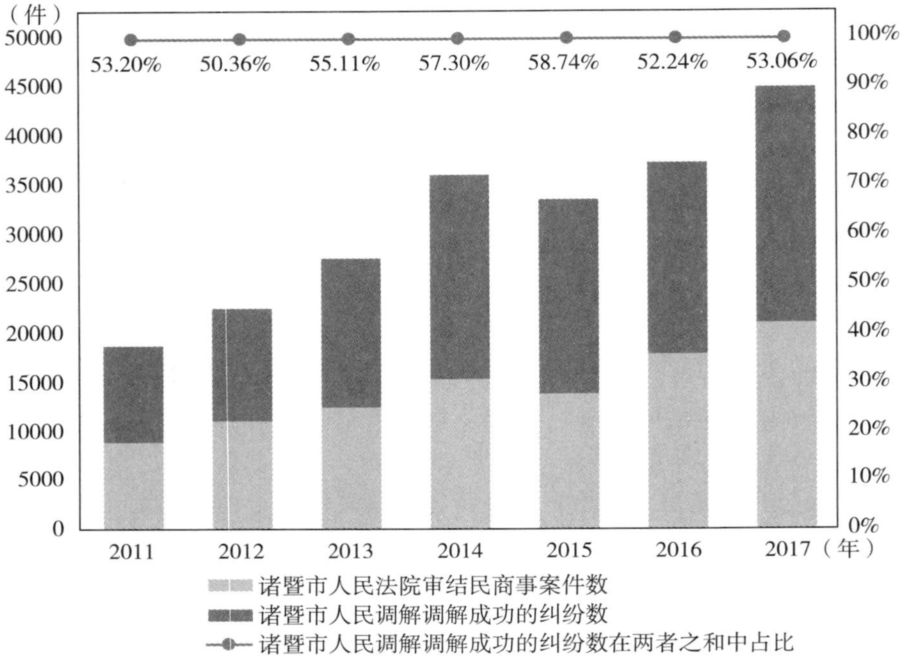


**图1-1　诸暨市人民调解调解成功的纠纷与诸暨市人民法院审结的民商事案件数量对比(2011—2017)**

2. 人民调解的“枫桥经验”是在诸暨市党委领导下,政府负责推动、社会协同、公众参与合力作用之下所形成的

没有社会协同与公众参与,人民调解的“枫桥经验”不可能形成,毕竟人民调解是动员和发动群众、用群众的力量和智慧来解决民间纠纷的制度建构。然

〔1〕 同期全国平均比例,如2013年为54.8%,2014年为51.7%。该比例计算所依据的数据来源于刘青的《我国人民调解制度变迁研究:1978—2015》(湘潭大学2016年博士学位论文)一文提供的统计数据。

〔2〕《法制日报》曾发表文章将诸暨的人民调解作为与江苏南通模式、上海模式并列的三大典型模式之一,认为它代表了传统的调解模式。张蓬、周望:《人民调解的典型“模式”及其完善》,载《法制日报》2013年6月26日,第12版。

而,在人民调解的“枫桥经验”的形成过程中,诸暨市党委的领导与政府的负责推动显然在其中发挥了更关键和重要的作用。也就是说,我国人民调解制度的“民办官助”特点中的“官助”一面在诸暨人民调解体系的形成和发展中表现得尤为突出。具体表现如下:

(1)2008年以来诸暨市就人民调解体系的建构发布了很多重要的规范性文件,这些规范性文件主要是诸暨市委、市政府联合发布或者是诸暨市政府发布的,如2008年《关于建立人民调解与民事诉讼衔接联动机制的工作意见》、2012年《关于成立诸暨市社会矛盾纠纷“大调解”体系建设领导小组的通知》、2013年《关于加强行政调解工作的意见》、2014年《关于进一步加强新形势下人民调解工作的意见》和《关于加强社会化调解体系建设的实施意见》、2015年《关于加强“大调解”体系建设有效化解社会矛盾纠纷的实施意见》和《关于建立健全行政调解与人民调解衔接机制的意见》、2016年《关于建立人民调解志愿者队伍 大力开展志愿服务活动的实施意见》等。此外,诸暨市社会矛盾纠纷“大调解”体系建设领导小组调解办公室、诸暨市司法局与检察院、法院、公安局也联合发布了许多涉及人民调解的模式、运作等的重要规范性文件。在这些规范性文件的指导下,有关部门积极组织和大力推动,诸暨市人民调解的体系才得以形成并运转。

(2)为了推动诸暨市社会矛盾纠纷多元化解人民调解体系的建构,诸暨市委、市政府2012年成立了社会矛盾纠纷“大调解”体系建设领导小组并设立领导小组办公室,同时在司法局设立全额拨款的事业单位——市调解工作指导中心,负责领导小组办公室日常工作的同时指导管理诸暨市人民调解组织建设,并对市调解总会负责业务指导和组织开展矛盾纠纷排查调处等。各镇乡(街道)、相关部门(单位)也要求成立相应的组织机构,由党政一把手担任“大调解”工作的第一负责人,指导协调和包案化解重大矛盾纠纷。这些举措都保证了诸暨市委、市政府对人民调解体系、机制和工作建设的整体部署和具体任务能够得到有效贯彻,使人民调解体系建设工作得以迅速推进。

(3)为保障人民调解工作的顺利开展,从各方面提供大力的支持,尤其是经费或设施方面的支持。例如,除了要求财政落实人民调解工作的指导经费、人民调解委员会补助经费和人民调解员补贴经费以外,诸暨市还要求镇乡(街道）、村（居、社区）、企事业单位和其他组织要为人民调解委员会解决好工作场所、办公设施，以及行业主管单位和社会团体要为其设立的行业性、专业性人民调解组织提供办公条件和必要的工作经费等。[1]

由上所述可见，如果没有诸暨市委、市政府及其相关部门的积极组织和大力推动并提供充分的支持和保障，仅依靠社会和公众的力量，诸暨市的多元化解社会矛盾纠纷的人民调解体系不可能构建并形成，更不可能有如此迅猛发展之势。当然，诸暨市人民调解的建设和发展之所以能得到当地党和政府从领导、组织、推动和保障各环节和各方面所提供的大力支持，也是实现"枫桥经验"的目标、任务和要求的政治需要。为此，诸暨市人民调解工作不仅要在纠纷矛盾发生之时及时出面解决纠纷，还要求将纠纷矛盾尽可能地消灭在萌芽状态，也即加强预防，更要从根本上消灭矛盾纠纷，因而注重调解协议的履行。

3. 人民调解的"枫桥经验"是诸暨人民在党的领导下基于当地的风土民情不断创新发展的实践

没有创新，诸暨的人民调解不可能发展，更不可能成为人民调解的"枫桥经验"。人民调解的"枫桥经验"最初是诸暨人民基于当地矛盾纠纷的特点，根据不同时期社会治理的问题和解决要求，在人民调解的工作方法或方式上所做的创新。如前所述，枫桥镇调解委员会在1984年摸索出"六优先，六个心"工作法，1988年进行"三防"试点。1993年，诸暨市推广枫桥紫薇村抓"四前"的经验，即"组织建设走在工作前、预测工作走在预防前、预防工作走在调解前、调解工作走在计划前"，实行人民调解的"四前"工作法。1999年，诸暨市人民调解工作实行"分级调处，归口落实"的分归制度，建立"联村干部包村、村调解干部保户"的工作模式。又如，诸暨市的品牌调解室——"老杨调解中心"的杨光照调解员，根据矛盾纠纷类型在新时期发生的改变，在继承发扬"枫桥经验"的"情感、感受法""换位思考法"的基础上，又总结出"依法疏导法""案例举例法""联动调节法"等5种方法，形成了"调解七法"。[2] 再如，诸暨直埠镇对重大疑难



---

〔1〕 在"枫桥经验"的发源地枫桥镇，由于综治经费是按需支取，没有上限，关于人民调解委员会的办公经费、办公条件、调解补贴等保障也相当充分。参见尹华广：《"枫桥经验"：以大调解推进农村社会管理创新的实践与启示》，载《常州大学学报》（社会科学版）2013年第2期。

〔2〕 参见金春华：《老片警杨光照眼中的枫桥经验——调解就要挖掉矛盾"根"源》，载《浙江日报》2015年12月1日，第15版。

信访问题，由镇大调解平台牵头协调，镇调解委员会组织实施，实行“点单式”调解；[1]专业调解委员会从专家库选择专家实行“1+1”组合轮流“坐堂会诊”，发挥专业优势提出客观评估意见，来保证人民调解的专业性等。

案例：2015年4月14日凌晨2时许，诸暨市王家井镇沿山新村潮坑自然村郭某家一民房三楼发生火灾，造成3死4伤的惨剧。起火原因是免费住用该房的田某夫妇及其朋友将“热得快”直接放在水桶中烧水所引发的。事发后，王家井镇党委、政府当即成立由镇主职领导、班子成员、机关工作人员、村干部、镇调解委员会和相关人员参加的维稳组、协调组、后勤保障组，明确分工，开展善后处理协调工作。一开始，面对死者家属的激动情绪，负责协调的调解委员会调解员以稳为先，做好解释工作；之后，死者家属向户主郭某漫天要价，乱套标准，人民调解员摆事实、讲法律；到最后，当双方就赔偿数额的差距越来越小时，人民调解员及时打感情牌，运用动之以情、晓之以理、换角色、换位思考等方式，进行了十余次的“背对背”和“面对面”的工作，以真诚感动对方。经过了十几个日日夜夜的调解，协调组终于帮助死者家属和郭某就赔偿达成了最终协议。

之后，诸暨市人民调解在建立多元的社会矛盾纠纷解决探索中关于工作机制以及制度建构也开始不断创新。如2008年，诸暨市建立诉前（联合）人民调解委员会，形成人民调解与民事诉讼衔接联动的机制；2012年诸暨市人民法院出台《关于加强人民调解业务指导工作的若干规定》，要求法院业务庭与各派出法庭选任经验丰富、业务水平高的法官担任联合人民调解委员会及镇乡（街道）人民调解委员会的业务指导员，定期巡回指导，并参与对人民调解委员会处理纠纷的总结与分析，适时向有关部门、单位发出司法建议；2013年，为指导人民调解工作，诸暨市人民法院利用现代网络管理系统，在立案大厅负责人陈法官的带领下，成立了由全院青年法官组成的法官指导调解QQ群。又如，2008年

---

〔1〕 例如，信访当事人赵某因征地纠纷与所在村发生矛盾，多次赴省、京上访，给当地党委、政府带来极大困扰。为此，直埠镇调解委员会在镇领导的支持下，利用大调解平台，告知赵某由其从33名镇人民调解员中自行挑选5名人民调解员作为本次调解的“老娘舅”，而赵某选的5人均是原或现市党代表、人大代表、离退休村主职干部。同时，镇调解委员会还邀请镇法律顾问、国土所、司法所、派出所等大调解力量，对典型农村土地承包暨征地矛盾纠纷进行公开评议，最终解开赵某的心结，取得较好的社会效果。参见《直埠镇三措并举提升涉访矛盾纠纷化解率》，载诸暨市政府门户网站：http://www.zhuji.gov.cn/art/2017/4/27/art_1382713_12625551.html，最后访问日期：2018年3月4日。

诸暨建立了浙江省首家医疗纠纷人民调解委员会，以应对医疗纠纷，虽然在全国要晚于山西、苏州和陕西等地，但是，因其制度设计及其运行效果相当好，尤其是创造性地在全市设立医疗风险保证金，[1]诸暨市医调委成为人们关注并分析的全国典范之一，[2]并对我国医疗纠纷的人民调解制度短时间完成由地方试点到全国铺开起了催化剂的作用。

在创新人民调解的方法和机制的同时，诸暨的人民调解模式、形式及其队伍建设也开始了由传统向现代的转型。诸暨市人民调解模式转型自2008年建立诉前（联合）人民调解委员会就已开始。2012年之后，为建立社会矛盾纠纷的“大调解”体系，诸暨市加强了人民调解委员会与司法调解、行政调解、检察工作、仲裁工作、信访工作的衔接，和与志愿者队伍、社会组织或团体的互动。诸暨市13家行业性、专业性人民调解委员会，[3]“警调对接”“检调对接”“诉调对接”等26个调解工作室，以枫桥“老杨调解中心”、暨阳“江大姐调解室”、璜山镇“老朱调解工作室”、枫桥“娟子工作室”等为代表的30个品牌调解室，培育社会组织所设立的6家人民调解委员会，以及枫桥调解志愿者联合会、枫桥孝德文化研究分会组织的“孝娘舅服务团”、牌头镇的“乡贤帮忙团”、江藻镇的“詹大姐帮忙团”等人民调解志愿者队伍陆续建立或成立，并不断发展壮大。除创新模式、拓宽形式外，为了弥补人民调解员权威性、专业性、职业性等方面的不足，诸暨市在人民调解员队伍建设方面除了加强日常培训工作外，还建立专职、兼职与志愿者相结合的模式，积极吸纳医学、法学等方面的专家以及社会名流和贤达人士作为兼职人民调解员参加人民调解工作。例如，医疗纠纷调解委员



---

〔1〕 诸暨市医调委所建立的医疗风险保证金制度解决了当时制约医调委调解效果的主要瓶颈——医疗纠纷调解后的及时赔付问题。有了这笔医疗风险保证金，当事人在医疗纠纷调结后凭借调解协议书和医调委开出的支票即可在市卫生局领取赔偿金，大大提高了调解效率，也增强了调解效果。而且，根据“少赔少交”的原则，医院当年的风险金余额可持续存入下一年度，这也能调动医院方面防范医疗事故风险的积极性，增强他们的责任心。

〔2〕 参见刘加良：《医疗纠纷人民调解的实践模式及其启示》，载《政治与法律》2012年第6期。

〔3〕 诸暨市13家行业性、专业性人民调解委员会（含成立时间）具体如下：联合人民调解委员会（2008）、医疗纠纷人民调解委员会（2008）、劳动争议人民调解委员会（2010）、婚姻家庭纠纷人民调解委员会（2010）、道路交通事故人民调解委员会（2012）、消费纠纷人民调解委员会（2012）、总商会人民调解委员会（2013）、学生伤害纠纷人民调解委员会（2014）、环境保护人民调解委员会（2015）、物业纠纷人民调解委员会（2017）、江西商会人民调解委员会（2017）、电力纠纷人民调解委员会（2017）、装修业协会人民调解委员会（2017）。

会从医院、法院退休人员中聘任具有医学、法学等方面专业知识、热心人民调解工作的同志担任专职人民调解员，专门从事医疗纠纷的调解，还聘请了所辖区镇乡（街道）的27名司法所长作为兼职人民调解员参与、协助医疗纠纷调解工作。



## 三、新时代人民调解的“枫桥经验”的创新发展

人民调解的“枫桥经验”是诸暨人民在党的领导下关于基层社会治理所进行的有益探索和实践，它不仅赋予“枫桥经验”以特色性并促进了其创新性，更在诸暨的基层社会治理中发挥了重要的作用。党的十九大召开之后，中国进入了中国特色社会主义建设的新时代。关于社会治理，党的十九大提出要打造“共建共治共享”的格局，“加强社会治理制度建设，完善党委领导、政府负责、社会协同、公众参与、法治保障的社会治理体制，提高社会治理的社会化、法治化、智能化、专业化水平。加强预防和化解社会矛盾机制建设”，以及“发挥社会组织作用，实现政府治理和社会调节、居民自治良性互动”，这为人民调解的“枫桥经验”的创新发展提出了新的要求。

### （一）新时代与人民调解的“枫桥经验”的创新发展



对党的十九大关于社会治理的目标建设和任务要求，浙江省作出了积极回应，提出社会治理要全方位，综合治理与重点专项整治必须相结合，并要求在社会治理的社会化方面打造共建共治共享的社会治理格局，在社会治理法治化方面要将社会治理纳入法治化轨道，在社会治理专业化方面要善用专业组织源头化解社会矛盾，在社会治理智能化方面要用智慧提升社会治理效能等。[1]

不断创新发展是人民调解“枫桥经验”的特色。党的十九大关于社会治理的要求为人民调解的“枫桥经验”在新时代的创新发展提供了机遇并指出了方向。围绕党的十九大关于社会治理的目标任务和浙江省委的部署，诸暨市关于人民调解的“枫桥经验”提出了“一网三化”打造新时代矛盾纠纷多元化解新格局的构想：所谓“一网”，是指要构建立体式纠纷化解网络，如建立以市级人民调解委员会为龙头、27个镇级人民调解委员会为主导、533个村级人民调解委员

〔1〕 参见蓝蔚青：《社会治理现代化的浙江经验》，载《今日浙江》2017年第23期。

会为基础的调解组织网络，实现警调对接、检调对接、诉调对接等多调联动一体化协同，推行“互联网＋调解”模式全方位推行等；所谓“三化”，是指法治化、专业化与社会化，如调解工作应当与法治宣传、法律服务、判例相结合，让矛盾纠纷当事人在接受调解中学法、懂法、守法，在专业化方面要拓展专业性调解组织建设、组建职业化的人民调解员队伍、制定标准化调解流程，在社会化方面要放权社会组织管理调解、引导社会组织参与调解、探索建立调解志愿队伍等。[1]应当指出的是，上述这些体现了诸暨市根据新时代党和国家关于社会治理的要求，发展人民调解的“枫桥经验”的具体安排和行动计划，其中既有对现有制度的进一步加强和完善，也有对现有制度进行的创新。前者如建立以人民调解委员会为龙头的调解组织网络，实现多调一体化协同，依法调解并通过调解进行法治宣传等；后者如全方位推行“互联网＋调解”模式、放权社会组织管理调解等。

（二）新时代人民调解的“枫桥经验”的创新发展面对的问题

无论是制度的加强和完善还是创新，鉴于前述人民调解的“枫桥经验”的特色，诸暨要从打造共建共治共享的社会治理格局的视野出发，在社会化、法治化、智能化与专业化方面推动新时代人民调解的“枫桥经验”的创新发展，显然要正视诸暨目前在这四个方面所面临的以下问题：



1. 关于人民调解的“枫桥经验”的社会化创新发展

除了市调解工作指导中心这一官方组织来管理指导人民调解工作外，诸暨市于 2012 年又成立市调解总会这一民间社会组织，以团结和教育人民调解员以及从事人民调解、行政调解、司法调解等管理指导工作的专门人员，又于 2015 年出台《关于加强社会化调解体系建设的实施意见》，要求发展社会化的调解组织，如基层人民调解委员会、行业性和专业性人民调解委员会、仲裁组织等，提出要推进多元化社会力量，如乡贤、志愿者、新闻媒介、仲裁员，参与人民调解，以及建立社会化运作机制，如建立教育培训基地、加强业务指导、实现大调解社会化运作等，并于 2016 年发布《关于建立人民调解志愿者队伍　大力开展志愿服务活动的实施意见》。应该说，诸暨市在人民调解的社会化方面已经做出了

〔1〕 参见《我市“一网三化”打造新时代矛盾纠纷多元化解新格局》，载诸暨市政府门户网站：http://www.zhuji.gov.cn/art/2018/2/27/art_1382711_15654184.html，最后访问日期：2018 年 3 月 10 日。

很多努力，这也体现在人民调解的“枫桥经验”之中。然而，如前所述，诸暨市创新和发展人民调解的“官助”色彩较为浓厚，其利在于能使诸暨的人民调解迅猛发展起来并形成人民调解的“枫桥经验”，但弊端也已呈现出来，最为明显的就是诸暨目前在推进新时代人民调解“枫桥经验”的社会化创新方面总显得有些放不开手脚。以市调解总会为例，市调解总会成立之初由原市人民代表大会常务委员会主任担任会长，秘书长与副秘书长也都是政府官员，[1]无论是组建还是组织都带有较强行政色彩，且至今仍基本没摆脱这种状态。如何使其回归专业性民间社会组织的定位，这对诸暨来说似乎还是一道难题。此外，诸暨的人民调解一直以来存在经费不足、人民调解员后继乏人的问题。按照《人民调解法》的规定，人民调解工作不允许收费，人民调解工作所需经费应当由县级以上政府给予必要的支持和保障，村民委员会、居民委员会和企事业单位也应当为人民调解员开展工作提供办公条件和必要的工作经费。从诸暨市基层人民调解委员会的情况来看，不少村（居）民委员会自身就没有经费来源，更难以保障人民调解员的报酬以及其他必要的经费。诸暨市为了调动人民调解员的积极性，自 2008 年起在全市实行人民调解“以奖待补”考核机制，最初的奖励金额较低，后根据社会经济发展的情况适当提高了奖励金额，[2]但这似乎并没有充分调动起人民调解员开展工作或更多人投身人民调解工作的积极性。2014 年 6 月 25 日，浙江省政府出台《关于政府向社会力量购买服务的实施意见》，并在发布的《公共法律服务产品指导目录（第一批）》中将“人民调解”列入可购买的服务，这对解决人民调解的上述问题显然有非常重要的意义。2015 年诸暨市也出台了《政府向社会力量购买服务的实施办法（试行）》，但 2017 年所发布的《诸暨市政府向社会力量购买服务指导目录（2017 年度）》（诸财预〔2017〕77 号）中却没有将“人民调解”列入可购买的服务。于是，诸暨市在经费保障方面推动人民调解工作发展的做法，至今仍停留在“以奖代补”的做法上。按照诸暨市司法

〔1〕 诸暨市成立调解总会，载诸暨市政府门户网站：http://www.zhuji.gov.cn/art/2012/8/22/art_1382713_12625651.html，最后访问日期：2018 年 3 月 11 日。

〔2〕 2008 年诸暨市实行人民调解“以奖代补”考核机制，将案件按难易程度分为三类计奖：简易纠纷奖励每件 20 元，一般纠纷奖励每件 80 元，疑难纠纷奖励每件 200 元；2015 年将案件按难易程度分为四类计奖，奖励金额分为 50 元、100 元、200 元及 1000 元，专调委则采用百分制考核，根据考核得分计算人民调解员奖励金额。

局的构想,2018 年将要通过政府购买服务对全市 116 名专职人民调解员给予每人每年 4.5 万元经费保障。但就购买价格而言,这显然还是一种“补助”或“补贴”的思维,也即政府在人民调解不能收费的情况下为人民调解有效开展工作所给予的“帮扶”。

2. 关于人民调解的“枫桥经验”的法治化创新发展

人民调解组织及其调解工作的规范化和标准化建设是其法治化的重要方面。诸暨市关于人民调解组织及其调解工作的规范化或标准化建设早自 2003 年起就开始了。之后,诸暨市委、市政府与诸暨市司法局就人民调解工作的规范化和标准化建设发布了很多相关的或专门的规范性文件,对人民调解委员会在纠纷受理、调查、调解、协议、回访等环节的工作进行统一和规范,如要求人民调解要建立完整的工作台账和调解卷宗等。此外,在人民调解的“枫桥经验”的法治化方面,诸暨市还要求并强调人民调解工作要做到事前讲法、事中析法、事后明法。为此,诸暨市将人民调解员的业务培训常规化和制度化,如要求业务培训由市调解总会牵头举办,通过政府购买服务形式,以人民调解员、志愿者等为主要对象,开展包括初任培训、提高培训、拓展培训三个层次的业务培训等,诸暨市人民法院也通过对人民调解采取各种形式的业务指导方式提升人民调解员依法调解的能力和水平。然而,人民调解毕竟是针对民间纠纷的非讼解决方式,重在将情、理、法结合起来,有效地化解矛盾纠纷,而人民调解的“枫桥经验”是以人民调解委员会调解为基础打造的矛盾纠纷多元化解体系或机制。作为针对民间纠纷所建构的一种多元化解纷体系或机制,其主体应该多元,形式、机制、方法或方式也应该多元或呈现出多样性。在这个意义上,无论是加强规范化建设,还是加强标准化建设抑或制度化建设,诸暨市的人民调解在走向法治化的同时难免会出现“一律性”,从而有损人民调解的“枫桥经验”所致力的追求。

3. 关于人民调解的“枫桥经验”的专业化创新发展

如前所述,诸暨市在拓展行业性、专业性人民调解组织建设方面的成效是显著的,在化解社会矛盾纠纷方面也发挥了很大的作用。根据诸暨市 2011—2017 年人民调解案件数据统计,行业性、专业性调解委员会所调解的案件从最初占人民调解案件总数的一半，之后逐年增长，以至于后来约占2/3之多。[1]之所以有如此变化，归根结底是因为诸暨的社会矛盾纠纷类型从2011年到2017年有了较大改变。如在2011年人民调解受理的社会矛盾纠纷中，排名前五的依次是邻里纠纷、损害赔偿纠纷、婚姻家庭纠纷、房屋宅地基纠纷、劳动争议纠纷；2017年则依次为道路交通事故纠纷、邻里纠纷、损害赔偿纠纷、合同纠纷、婚姻家庭纠纷。而且，除了传统的矛盾纠纷以外，医疗纠纷、环境污染纠纷，消费纠纷、物业纠纷等新的纠纷类型陆续出现，但纠纷数量不多。以物业纠纷为例，2017年仅出现了59件。[2] 在我国，行业性、专业性人民调解的出现是为应对专门领域或专业性较强的社会矛盾纠纷化解的需要，以弥补传统人民调解在这方面的不足。因此，专门领域或专业性社会矛盾纠纷的出现并增加是行业性或专业性人民调解形成并发展的根由。在这个意义上，行业性、专业性人民调解并非越多越好，应是根据矛盾纠纷的数量及其解决需要而设，诸暨也不例外。如果纠纷数量比较少，通过现有或传统的人民调解组织，聘请专业的或专门的人民调解员，应该也能有效地化解矛盾，而且节约了治理成本。

4. 关于人民调解的“枫桥经验”的智能化创新发展

诸暨市在这方面起步较晚，2017年才开始探索构建网络调解与传统调解互通的调解新模式，通过在市公共法律服务网上平台建立专业调解网站，为群众提供矛盾纠纷在线受理、在线调解、在线化解一体化服务。2018年，诸暨被省综治委确定为全省“在线矛盾纠纷多元化解平台”先行运行地区，诸暨市人民法院是平台运行地区的负责方。诸暨市人民法院建立了以“1+5+13+20+27”[3]矛盾纠纷多元化解机制为核心的在线诉调对接工作平台。之后，诸暨市成立了由市委副书记、政法委书记担任组长的推广“在线解纷平台”工作领导小组，同时成立由相关职能部门同志参加的工作专班，负责平台运行的日常管理和指导

---

〔1〕 如2011年，诸暨市人民调解案件总数是10223件，行业性、专业性调解委员会调解的案件是5788件；2017年，诸暨市人民调解案件总数是24301件，行业性、专业性调解委员会调解的案件是16823件，但道路交通事故纠纷占行业性、专业性调解委员会调解案件的41%。数据来源于诸暨市司法局提供的2011—2117年全市分乡镇人民调解委员会调解统计。

〔2〕 排名依据数据来源于诸暨市司法局提供的2011—2017年全市分乡镇人民调解委员会调解统计。

〔3〕 “1”指法院诉讼服务中心，“5”指五个基层法庭诉讼服务中心，“13”指市级13家专业调解委员会，“20”是指20家律师调解室，“27”指全市27个镇乡（街道）人民调解委员会。

工作,引导适合线上解决的线下纠纷到平台上解决。“在线矛盾纠纷多元化解平台”的上线运行使上下之间、部门之间、调解场所与专业咨询机构之间的交互联动更加方便,有利于矛盾纠纷的高效率化解。但应当指出的是,人民调解的智能化有效发挥作用不仅关乎技术,更关乎运用技术的人以及矛盾纠纷的特点。诸暨市的人民调解员多年龄偏大,且不善于使用智能技术;更重要的是,他们是在传统人民调解模式下塑造的,习惯的是与当事人面对面的场景且为此总结很多工作方法,而这些并不适用于线上调解,何况有些矛盾纠纷也不适合在线调解。因此,人民调解的智能化建设乃至创新在诸暨应该还有一段艰难的探索历程。

(三)新时代人民调解的“枫桥经验”创新发展若干思考

鉴于前述问题,人民调解的“枫桥经验”要贯彻党的十九大对社会治理提出的要求,完成浙江省委的部署,在社会治理的社会化、法治化、智能化与专业化水平方面实现创新发展,以打造新时代人民调解的“枫桥经验”,有必要在以下方面做出努力或进行探索。

第一,新时代人民调解的“枫桥经验”仍要坚持创新发展,要有创新发展的意识,更要有创新发展的勇气。习近平总书记在党的十八届五中全会第二次会议上提出的新发展理念将创新置于首位,要求让创新贯穿党和国家一切工作,让创新在全社会蔚然成风。人民调解的“枫桥经验”因创新而成为全国的典范,要保持唯有继续创新发展。创新意味着突破,也即突破现有的体制、模式、机制或方法等。新时代人民调解的“枫桥经验”应当不断创新和发展人民调解的多样态,不仅要确认那些因创新人民调解委员会调解的模式和机制而形成的人民调解新形式,也要通过继续创新这些人民调解新形式而不断丰富诸暨的社会矛盾纠纷多元解决体系。创新更意味要突破旧有的思维模式和框架,如新时代人民调解的“枫桥经验”可以不必将人民调解的新形式仍置于人民调解委员的制度架构下,而是将其作为以新的机制运行的人民调解新类型。事实上,诸暨的人民调解所打造的品牌调解室、调解工作室、行业性或专业性调解组织都是不同于传统人民调解组织的新形式,但因被纳入传统人民调解组织的形式之中而受到种种禁锢,也使人民调解的“枫桥经验”的社会矛盾纠纷多元解决的“多元性”没有充分展现出来。可能也有人会说,人民调解委员会的调解协议经司法确认后具有司法执行力，纳入其名下之后的人民调解更有权威性。其实，这个问题可以通过扩大司法确认的调解协议的范围来解决。[1] 突破旧的思维模式和框架也能使购买人民调解服务的问题得到很好解决。如前所述，《人民调解法》关于人民调解不能收费的规定似乎是这方面的制度障碍，但相关法律规定是就人民调解组织与参与调解的当事人之间而言的，政府为经济社会发展的需要而购买人民调解的服务应当别论。但应指出的是，人民调解委员会的调解在我国是国家层面的制度建构，具有“民办官助”的特点。政府购买人民调解服务时，还应当首先厘清人民调解因“官助”而附带的国家权责，应明确购买的范围及其程度。

第二，新时代人民调解的“枫桥经验”仍要夯实人民调解委员会及其调解在化解社会矛盾纠纷方面的基础地位和基本作用，在保持此特色性的基础上不断创新发展。创新就是与众不同，保持特色本身也是一种创新，而且，唯有在保持特色基础上的创新才能历久弥新。人民调解的“枫桥经验”是以人民调解委员调解为基础所构建的，这是它自形成到现在所具有的特色；之后诸暨所打造的多元化解矛盾纠纷体是基于并创新人民调解委员会及其调解工作的过程中形成的。新时代人民调解的“枫桥经验”仍应坚守自己的特色，但应在诸暨人民已有成功探索的基础上，基于经济社会发展的新特点和需要，着眼于有效解决新的社会矛盾纠纷，去探索自己的基层社会治理之路。如随着中国城镇化建设的推进，诸暨也面对大量的农村人口转为城市居民以及大批的外来务工人群。随着产业结构、人口构成以及生活方式的变化或改变，诸暨市的社会矛盾纠纷也呈现出不同于以往的特点，原本基于并根据传统乡村社会治理的特点和要求所打造的社会矛盾纠纷化解体系必然要做出适应性的改变或调适。2018 年 1 月 22 日召开的中央政法工作会议对新时代的“枫桥经验”也提出了“推动其由促进乡村治理体系建设向促进城镇、社区治理体系建设延伸”的要求。从前述诸暨实现人民调解的社会化、法治化、专门化和智能化创新所面对的问题来看，人民调解的“枫桥经验”要坚持自己的特色并做出适应性的改变或调适，实现新时代的创新发展，这是挑战也是一场考验，而解决这个问题的根本，仍是要一以贯

[1] 2017 年 9 月 30 日，最高人民法院、司法部联合发布了《关于开展律师调解试点工作的意见》，赋予律师调解工作室调解成功后达成的调解协议以司法确认的效力。

之地坚持群众路线，即从群众中来，到群众中去，依靠群众的智慧和力量来解决创新和发展诸暨市社会矛盾纠纷化解的各种问题。

第三，新时代人民调解的"枫桥经验"应当由倚重"他律"转向激发"自律"。按照党的十九大报告的要求，我国的社会治理应当在党委领导、政府负责、社会协同、公众参与、法治保障的体制下，实现政府治理和社会调解、居民自治良性互动。这表明，中国的社会治理，尤其是基层社会治理，不仅是法治的，还应当有德治和自治，法治与德治、自治要有机结合。如前所述，人民调解的"枫桥经验"尽管也体现着法治与德治、自治的结合，但其法治的"他律"性太强，以至于德治与自治都带有浓重的行政色彩，并不能有效和充分地激发社会协同与公众参与的热情。新时代人民调解的"枫桥经验"应当建构和形成能够最大限度激发社会协同和公众参与的积极性，或曰"自律"的体制、机制或方法，形成法治与德治、自治的有机结合和有效联动。为此，人民调解的"枫桥经验"应贯彻 2018 年 1 月 22 日中央政法工作会议的精神和要求，在建构诸暨的多元化解社会矛盾纠纷体系时，要充分发挥群众自治组织的主体作用，并加强社会各方的广泛参与，真正做到"民事民管"，同时引导社会成员养成在法治轨道上主张权利、解决纷争的习惯。



综上所述，人民调解的"枫桥经验"是中国社会治理关于有效预防和化解社会矛盾纠纷的特色实践，为中国基层社会治理借助本地传统资源、以人民调解委员会调解为基础建立多元化的解纷体系、通过非讼形式有效解决社会矛盾纠纷提供了成功的经验。新时代人民调解的"枫桥经验"应当依靠并发动群众，不断创新发展，在贯彻实施党的十九大提出的实现社会治理的社会化、法治化、专门化和智能化方面形成富有自身特色的成功实践，为中国特色社会主义的基层社会治理探索做出贡献。

# 第二章 人民调解的“枫桥经验”的体系与运作机制

人民调解的“枫桥经验”始终将人民调解组织体系的建设与完善以及人民调解机制的创新和发展作为基本工作内容和重要实践探索，不断创新和发展人民调解的运作机制和工作方法，构建了纵横交错的人民调解网络体系。在纵向上，诸暨市建立了市社会矛盾纠纷“大调解”体系建设领导小组领导的、市人民调解工作中心指导的市、镇、村三级人民调解体系；在横向上，则建立健全了市调解总会以及各行业性专业性人民调解委员会、人民调解工作室、品牌调解室等。这种纵横交错的人民调解网络体系以及彼此之间相互配合和衔接的运行机制，成为人民调解的“枫桥经验”特色内涵的重要构成。

## 一、诸暨市构建人民调解的纵横交错网络体系实践

诸暨市的人民调解体系建设始于1954年，即《人民调解委员会暂行组织通则》发布之后。“文化大革命”时期，诸暨全县的人民调解体系建设陷入瘫痪，1973年之后才逐步恢复。1981年，在县司法局的组织和推动下，诸暨的人民调解委员会建设呈迅猛发展之势，1991年已发展到1453个，涉及乡镇、行政村、居民委员会和企事业单位等。应该指出的是，无论是1982年《宪法》还是1989年国务院制定的《人民调解委员会组织条例》，都将人民调解委员会限定为村民委员会和居民委员会下设的调解民间纠纷的群众组织。2002年，为了有效发挥人民调解在社会治理中的作用，改变人民调解委员会建设仅有点状分布没有线状勾连的状态，司法部出台了《人民调解工作若干规定》，将人民调解委员会的设立扩大到乡镇、街道、企事业单位以及区域或行业，这也被2010年颁布的《人民调解法》所确认。诸暨在乡镇设立调解组织的实践开始于20世纪80年代，到2000年，已在35个镇乡全部建立了调解中心，形成了镇乡有调解中心、办事处

有调解小组、村有调委会、村民小组有联络员的纵向到底、横向到边的调解组织网络，同时提出并实施了标准化建设要求，得到司法部的肯定并予以推广。在2010年诸暨市成为全国35家社会管理创新综合试点单位之后，为了深化完善有效化解各类社会矛盾纠纷的“大调解”工作体系建设，诸暨市的人民调解体系建设在党委领导、政府主导、社会协同、公众参与的合力作用下进入了新阶段，形成了村、镇乡（街道）、市三级人民调解的纵向体系及与之交错的横向人民调解体系，并不断加强人民调解体系的规范化建设。

（一）村、镇乡（街道）、市三级人民调解体系

1.村级人民调解体系建设

村（居、企）级是我国社会治理的最基层单位，也是矛盾的起源地。人民调解的“枫桥经验”探索实践表明，加强村（居、企）级人民调解组织建设及其工作开展，会减少很多社会矛盾纠纷，如有些信访就是因为基层社会组织对社会矛盾纠纷的初访工作没有做好所导致的。因此，要做到“小事不出村，大事不出镇，矛盾不上交”，巩固和完善村（居、企）人民调解组织的建设并保证其有效开展工作意义重大。诸暨市按照“纵向到底、横向到边”的要求来健全完善基层人民调解组织，目前已设立村、社区人民调解委员会533家，企事业单位人民调解委员会149家。为了解决行政村或小区规模较大、矛盾纠纷较多、情况复杂等问题，便于开展矛盾纠纷的排查、调处与受理工作，诸暨市还积极探索在自然村或小区设立人民调解小组或配备人民调解员，以便做到“哪里有矛盾，哪里就有调解组织”。



有了人民调解组织，人民调解工作能否有效开展，还要看人民调解的队伍建设及其成员的水平和素质。根据《人民调解法》的相关规定，村（居）民委员会设立的人民调解委员会委员由村民会议或者村民代表会议推选产生。基于节约成本以及村两委成员权威性的考虑，诸暨市村（居）人民调解委员会的人民调解员大部分由村两委成员担任，人民调解委员会主任由村党支部书记或主任兼任，这种组织结构可以充分利用乡村的人才资源，提高人民调解工作的效率和规范化水平，使大量的民间纠纷能够在村一级得到解决，基本做到“小事不出村”。此外，诸暨市司法局及下设司法所还积极开展对村一级人民调解员的培训工作，深入浅出地讲解人民调解的调解原则、调解程序、调解技巧等内容，重

点围绕邻里关系、婚姻家庭等常见矛盾纠纷进行以案说法,不断提高村人民调解员的调解能力和水平,更好地发挥“第一道防线”的作用。

2012 年之后,诸暨市开始进行和加强专、兼职人民调解队伍建设,一些退休干部、律师等也加入到调解队伍中来。目前,诸暨市村人民调解员主要由村干部、聘请的专职人民调解员、律师等组成。从单纯由村委人员参加调解到律师等专业人士参与调解,这是应对社会矛盾纠纷越来越专业化、复杂化的需要,也是村级人民调解工作向专业化和规范化方向发展的表现。

2. 镇乡(街道)人民调解体系建设

诸暨市在镇乡(街道)级建立人民调解组织的探索要早于全国其他地方。司法部出台《人民调解工作若干规定》之后,枫桥镇于 2002 年 11 月在全省率先建立人民调解委员会,至今已有 16 年历史。截至目前,诸暨市 27 个镇乡(街道)已全部设立人民调解委员会,指导协调并包案化解重大矛盾纠纷,也就是那些村(居、企)人民调解委员会调解不了的比较复杂或专业性较强的纠纷案件。在镇乡(街道)人民调解委员会按照镇乡(街道)人口规模大小配备 2—5 名专职人民调解员。随着人民调解员专职化建设不断加强,人民调解的专业化能力和水平也不断提高。

为了切实提高预防和化解社会矛盾纠纷水平,扎实推进“枫桥式”乡镇(街道)建设,结合社会治理“一张网”工程实施,诸暨市在镇乡(街道)成立党委、政府导的大调解工作领导小组,整合综治、信访、民政、司法行政、共青团、妇联等部门资源,建立健全大调解工作平台即镇乡(街道)联合调解室,并在司法所调解室增挂镇乡(街道)社会矛盾纠纷联合调解室的牌子,与镇乡(街道)人民调解委员会合署办公,以深入推进社会矛盾纠纷大调解工作。联合调解室受市综治委及其办公室镇乡(街道)大调解工作领导小组领导,并接受市调解工作指导中心的业务指导,统一受理、梳理甄别、分流调处、限期办结社会矛盾纠纷。联合调解室主任由镇乡(街道)综治办领导担任,综治办专职副主任、司法所长兼任联合调解室副主任,并从信访、公安、民政、司法行政等各职能部门明确一名工作人员,作为兼职人民调解员或者联络员,接受业务的交办、承办。已建立的驻派出所人民调解工作室、法庭人民调解工作室、劳动保障调解室等调解组织作为大调解工作平台的分支机构,独立受理和接收联合调解室移送的纠纷,并开展矛盾调处工作。

3. 市级人民调解体系建设

进入21世纪，随着经济社会的快速发展以及随之而来的社会矛盾纠纷的复杂化，诸暨市创建了企业人民调解委员会、专业调解委员会、品牌调解室等不同领域和特色的人民调解组织，并加强了人民调解与行政调解、司法调解的联动。2010年，诸暨市委、市政府提出构筑完善"大调解"工作格局，形成以人民调解为基础，专业、行业调解为依托，行政调解、司法调解、仲裁调解、信访调解等多种调解相互配合、分工合作的多元化矛盾纠纷化解机制；2011年，诸暨市委进一步提出建设社会矛盾纠纷大调解工作体系；2012年，为加强对诸暨市社会矛盾纠纷大调解体系建设的领导和协调，进一步提高预防和化解社会矛盾纠纷能力水平，全面推进"平安诸暨""和谐诸暨"建设，诸暨市成立了由市委书记任组长的诸暨市社会矛盾纠纷"大调解"体系建设领导小组，作为诸暨市"大调解"工作的领导机构，全面领导全市社会矛盾纠纷多元化调解工作。

与此同时，诸暨市建立了市调解工作指导中心和市调解总会"一官一民"的管理组合；市司法局所属调解工作指导中心作为市级平台，原司法局基层工作管理科挂靠的市人民调解工作中心职责划入市调解工作指导中心，负责市社会矛盾纠纷"大调解"体系建设领导小组日常工作，指导管理全市人民调解组织、专业调解委员会的建设，联系协调调解的各项工作，负责对市调解总会的业务指导，组织开展矛盾纠纷排查调处，及时向上级报告重大社会矛盾和难点纠纷情况，总结交流调解工作经验、开展调解理论研究和调解文化建设。市调解总会是诸暨市为统合全市人民调解的力量，于2012年在全国率先成立的首个县级人民调解的群众性社会组织，并在镇乡（街道）设立有分会。市调解总会依法登记注册，其主要职能是组织会员学习、指导贯彻落实《人民调解法》、总结交流经验，以及开展理论研究、督促协调会员积极调处矛盾纠纷、支持人民调解员依法履行职能。市调解总会的会员有团体会员与个人会员，前者包括诸暨市人民调解委员会、行政调解组织或者其他具有调解职能的组织、市人民调解协会，后者如人民调解员以及管理指导人民调解、行政调解、司法调解等工作的专门人员。该团体通过吸纳社会名流和贤达人士参与，积极探索在法律框架下的政府管理和道德框架下的社会组织管理的有机结合，进一步促进了民间力量参与社会矛盾纠纷的化解。其中,市人民调解协会是2016年9月由司法局和市调解总会共同筹备成立的,与市调解总会实行两块牌子、一套班子的办公模式,主要是发挥人民调解在完善“矛盾纠纷多元化解机制”中的基础性地位和化解矛盾纠纷中的“第一道防线”作用,促进人民调解行业的自我教育、自我管理、自我发展。

(二)横向的人民调解体系建设

在建设覆盖市、镇乡(街道)、村(居、企)三级人民调解纵向体系的同时,诸暨市也开展了覆盖各领域、各行业及社会管理各方面的人民调解横向网络体系建设,主要包括市级层面的行业性、专业性人民调解委员会,镇乡(街道)或村(居、企)级层面的人民调解工作室和品牌调解室。2008年至今,诸暨市本着“成熟一个、发展一个、设立一个、运作一个、见效一个”的原则,已成立了联合人民调解委员会、医疗纠纷人民调解委员会、劳动争议人民调解委员会、婚姻家庭纠纷人民调解委员会、道路交通事故纠纷人民调解委员会、消费纠纷人民调解委员会、总商会人民调解委员会、学生伤害纠纷人民调解委员会、环境保护人民调解委员会、物业纠纷人民调解委员会、江西商会人民调解委员会、电力纠纷人民调解委员会、装修业协会人民调解委员会共计13家行业性、专业性人民调解委员会,在17家公安派出所设立了20家人民调解工作室,创建了以枫桥“老杨调解中心”、暨阳“江大姐调解室”、璜山镇“老朱调解工作室”等为代表的30个品牌人民调解室。

1. 行业性、专业性人民调解委员会

转型时期的社会矛盾纠纷呈现出复杂化和专业化趋势,为应对这种情况并有效解决矛盾纠纷,诸暨市逐步建立起涵盖多个领域的行业性、专业性人民调解委员会,解决矛盾纠纷效果明显。尤其在道路交通事故、医疗纠纷和婚姻家庭纠纷三个行业领域,人民调解更是发挥了纠纷解决“第一道防线”和“主渠道”的作用。

诸暨市交调委成立于2012年8月,包括市交通事故人民调解中心和各交通中队设立的8个交通事故调解室,内设事故受理室、行政调解室、人民调解室、交通法庭、法律服务室、价格认证室、保险理赔大厅和警务室。调解中心主任由市公安局选派,专职人民调解员由司法局统一选聘派驻。2014年1月至

2017 年 11 月，道路交通事故调解委员会收案 18472 起，成功调解 17601 起，起诉到法院的只有 900 余起，纠纷调解成功率达 95% 左右，调解结案的纠纷，即时履行率达 100%。

2008 年 12 月 1 日，诸暨市根据省司法厅、卫生厅的部署，在全省率先成立了诸暨市医调委，创造性地将人民调解机制引入医疗纠纷化解。调解中心从事医疗纠纷的 3 名人民调解员均具有丰富的调解经验，又聘请 82 名医学、法律专家，建立医学、法律专家库，为医疗纠纷调解工作提供专业技术及法律咨询服务。由于有专业的人民调解员并辅之以专家库专家的帮助，尽管医疗纠纷相对复杂，但诸暨市医调委的调解仍取得了良好的效果，连续多年实现了“零上访”。2010 年，诸暨市医调委被司法部译为“全国模范人民调解委员会”。

婚姻家庭纠纷调解委员会隶属于诸暨市妇联，成立于 2010 年 7 月，主要调处婚姻家庭纠纷。2014 年至 2017 年 11 月，婚姻家庭纠纷调解委员会共调解案件 177 起，成功调解案件 152 起。调解委员会聘任 2 名具有法律专业知识的人民调解员，还组建起一支由妇联干部、心理咨询师、律师和法官等组成的专家队伍，提供专业性咨询调解等服务。



诸暨市在建立健全行业性、专业性调解组织的同时，从各个方面加强其制度建设，通过强化专业性来保证其权威性，从而保证有效地调解社会矛盾纠纷。首先，制度建设为先，综合施策，追求最佳效果。针对医疗事故专业调解，早在 2008 年 10 月，诸暨市就出台了《诸暨市医疗纠纷预防和处置暂行办法》和《关于建立诸暨市医疗纠纷人民调解委员会的工作意见》，要求卫生、司法行政、公安、财政和法院等部门密切配合，齐抓共管，为有效化解医疗纠纷提供强力支持。针对交通事故专业调解，诸暨市先后出台了《关于建立诸暨市道路交通事故调解中心的通知》和《道路交通事故案件流转程序及各类案件材料要求的有关规定》，建立了高效、便捷的纠纷处理流程和规范的运作制度。交通事故发生后，交警部门接警处理，出具责任认定书，并根据双方当事人意愿进行行政调解；人民调解委员会对一般程序处理的道路交通事故纠纷案件或不愿行政调解的案件，依法进行调解；价格认定室对受损车辆及其他物品及时作出估价。建立调解结果的回访制度、廉政建设制度等，确保纠纷解决的效果，充分体现人民调解的公正性。

其次,狠抓专业人民调解员队伍建设,建立专、兼职结合的行业性人民调解员队伍。医疗调解室从医院、法院的退休人员中聘任了 4 名拥有医学、法学等专业知识并热心人民调解工作的同志为专职人民调解员,专门从事医疗纠纷的调解。此外,医疗调解室还聘请了所辖区镇乡(街道)的 27 名司法所长为兼职人民调解员,参与协助医疗纠纷调解工作。从专家库中选择专家,实行“1 +1”组合轮流“坐堂会诊”,发挥专业优势,以独立第三方的身份,提出客观评估意见,保证人民调解的专业性。道路交通事故调解委员会聘请的专职人民调解员,需要接受为期一周的上岗培训,并进行半年市交警大队的分组轮岗实习,以确保处理交通事故纠纷的高能力和高水平。建立月例会制度,组织开展业务训练、疑难案件探讨、经验交流等活动。坚持“专业矛盾专家调”的工作模式,增强了人民调解的专业性和权威性,对化解矛盾纠纷的数量和效果,均起到了积极的作用。

最后,建立专业的行业调解程序,确保人民调解员以第三方身份开展调解并取得实效。道路交通事故调解案件分为四类,即现场解决案件、简易程序案件、一般程序案件和重大事故案件,按照“统一受理、审核登记、分类移交、案件处理、分类归档”进行运作。建立了规范的内部工作流程,“统一受理登记,分组调解,按时销案,统一编号归档,定期回访”。行业调解注重纠纷解决的成效,设计了“纠纷调解反馈表”,使当事人有机会对纠纷调解的效果进行评价;对于调解成功的案件,当场签订调解协议,并督促当场兑现,对于涉及分期给付的,则引导双方当事人申请司法确认。通过电话回访等形式,跟踪了解协议的履行情况,巩固调解成果。努力践行“一站式服务”“最多跑一次”的高效服务模式,实现一般事故 1—2 小时解决,重大事故 2—3 天结案。

2. 人民调解工作室

党的十九大以来,中央提出构建和完善多元化矛盾纠纷解决机制,“大调解”正是贯彻这一精神的集中体现。大调解是指在各级党委和政府的领导下,充分发挥政治优势、组织优势,联合政法、综治、信访、维稳等各个部门,有关部门各司其职,社会各界广泛参与,形成人民调解、行政调解、司法调解相互独立又相互配合协调的调解工作模式。在中国基层社会中,派出所在老百姓眼中似乎可以解决所有的纠纷,大量的矛盾纠纷因此涌入基层派出所,使基层公安民警不堪重负。诸暨市大胆探索实践,加强行政调解与人民调解的联动,在 17 家公安派出所设立 20 家人民调解工作室。驻派出所人民调解工作室通过警调有效衔接,能够随时解决派出所分流出的一般矛盾纠纷。此外,诸暨市还积极在法院立案庭和基层法庭建立诉前人民调解工作室,对当事人实行劝调制;在镇乡检察室导入人民调解工作,实现检察工作与人民调解工作的互动互进。这种部门之间协同所形成的同进一个门、解决所有问题的“一站式”格局,既能够有效解决纠纷,防止矛盾激化,也大大方便了人民群众。

3. 品牌人民调解室

诸暨市在健全调解网络的基础上,充分发挥人民调解员个人素养和人格魅力,培育了一批品牌人民调解室。2008 年 7 月,枫桥镇派出所成立了首个以个人名字命名的“老杨调解工作室”。之所以用个人的名字命名人民调解工作室,是因为老杨调解工作室解决了很多疑难纠纷案例,在人民群众中有很高的威信。之后,为进一步发挥和扩大老杨的影响力,以便最大限度地化解矛盾纠纷,枫桥派出所提出了“改单兵作战为群体作战”的策略,于 2010 年将“老杨调解工作室”升级为“老杨调解中心”,建立以专业调解人员为主、社区民警参与、特邀人民调解员辅助、志愿者参与的联动调解机制。随着老杨调解工作室的示范效应以及矛盾纠纷化解的需要,以个人名字命名的品牌人民调解室在诸暨如雨后春笋般迅速成长,在村、社区创建品牌人民调解室工作也在积极开展过程中。这种调解“品牌化”战略既夯实了人民调解在大调解工作中的基础性地位,也有效维护了基层社会的和谐稳定。

4. 人民调解志愿者队伍

诸暨市还发动、支持和鼓励社会力量积极参与人民调解以及重大疑难纠纷案件的处理,通过建立人民调解志愿者队伍,广泛动员社会力量提供公益性的纠纷化解、法治宣传等志愿服务。诸暨市调解工作指导中心设立了人民调解志愿服务工作办公室,具体负责人民调解志愿者队伍建设和制定完善各项制度机制,并建立人民调解志愿者信息库,实行注册登记,统一标识。

在市级层面,市人民调解志愿服务工作办公室协调招募各行业的专业人士,主要是现职或退休党员干部及专业人士,建立市级人民调解志愿服务中队。中队下设医疗卫生、道路交通、征地拆迁、婚姻家庭、劳动争议、山林土地、消费金融、法律服务、心理咨询等领域的十大百名专家型调解志愿者队伍，主要协助做好重大疑难纠纷的联合会商和指导化解工作。诸暨市还试点探索在运行比较顺畅的袜业、珍珠、汽配、香榧等行业协会中招募人民调解志愿者，建立行业性人民调解志愿者服务小分队；在镇级层面，镇乡(街道)综治办牵头，司法所组织协调，建立了由德高望重的乡贤、各类“土专家”和具备一定调解技能的人民调解员组成的人民调解志愿者中队，主要是参与联合会商、矛盾纠纷甄别化解等工作。知名的有枫桥调解志愿者联合会、牌头镇的“乡贤帮忙团”、江藻镇的“詹大姐帮忙团”等；在村级层面，建立了由在职或者退休村干部、农村法律顾问、村级乡贤、老党员、老干部、村民代表、热心群众等组成的人民调解志愿者服务小分队，由村人民调解委员会牵头组织协调。此外，诸暨市还不断探索党代表、人大代表、政协委员等参与调解的工作机制，把公道正派、热心人民调解的社会贤达、大学生村官、人民陪审员、退休政法干部、法律工作者以及不同行业的社会志愿者吸收到人民调解员队伍中来。截至 2017 年 6 月，诸暨市已经招募人民调解志愿者 1396 人，真正达到了“群防群治”的目的。

## 二、诸暨市创新人民调解工作机制探索



诸暨市人民调解在多年的实践探索中逐渐形成了针对社会矛盾纠纷的联合排查预警机制、甄别疏导化解机制、镇村联动机制与多调联动机制等工作运行机制，在有效化解社会矛盾纠纷、打造平安和谐的社会环境方面发挥了重要作用。

### (一)联合排查预警机制

诸暨市实行村(居、企)级矛盾纠纷网格化管理，将所有住户纳入大网格中，再根据地域划分为若干小网格，配备网格指导员、网格长、专职网格员、兼职网格员，按照“属地管理”和“行业管理”的原则开展情况排查，对排查出来的矛盾纠纷信息第一时间上报和预警，之后对可能导致矛盾纠纷的潜在因素采取有针对性的防范措施，并认真分析研究已出现的矛盾纠纷，商讨解决方案，落实调解人员。调解人员在调解矛盾纠纷时，要做到“无事不生事、有事不怕事”，突出“快”字，注重“细”字：“快”就是矛盾纠纷无论是报给谁，都不拖不推，立即受理和调处；“细”就是做细致的教育说服工作，千方百计理顺情绪、消除矛盾，真正

做到抓早、抓小、抓苗头。镇乡(街道)联合调解室根据需要定期、不定期地召开矛盾纠纷排查调处工作例会,分析矛盾纠纷发生发展的规律与特点,研究矛盾纠纷的解决方法,对可能引发重大治安问题和群体性事件的矛盾纠纷或苗头进行个案研究,把矛盾消灭在萌芽状态。

联合排查预警机制重在"源头预防"。为此,诸暨健全完善了以3624名纠纷信息员为主体的矛盾纠纷信息网络,及时发现可能导致矛盾纠纷的潜在因素,采取针对性的防范措施,从源头上预防减少矛盾纠纷。2003年3月,外地一非法组织主要成员到枫桥镇秘密串联,筹集资金准备集体上访滋事。这一信息被矛盾纠纷排查的信息员迅速掌握并及时上报,相关部门立即组织人员赶到聚会地点,有效避免了非法群体上访事件的发生,真正做到预警在先、将苗头问题早消化。要从源头预防必须做好"重点排查",每逢重大活动、重要节庆日、社会政治敏感期及其他重点时期,针对一些热点、难点问题,诸暨市都要组织集中排查、进行快速调处。重点排查还需要"信息共享",即建立矛盾纠纷信息资料库,动态掌握矛盾纠纷总体状况和个案进展情况,实现矛盾纠纷化解横向、纵向信息共享。

(二)甄别疏导化解机制



矛盾纠纷甄别疏导化解机制是2015年诸暨市社会矛盾纠纷大调解工作体系建设领导小组办公室提出并建立的。按照甄别疏导化解机制的要求,镇乡(街道)大调解工作平台应对照矛盾纠纷受理范围,认真开展源头甄别和疏导,实施综合研判、个案分流。对一时无法确定矛盾纠纷受理部门的,由镇乡(街道)大调解工作平台组织联合会审甄别后,确定责任部门后移交处理,并对纠纷处置情况进行跟踪指导、督促办结,对承办结果进行适用依据、文本规范、处置效果等方面的评估。此外,枫桥镇构建了心理疏导机制,设立心理咨询工作室,对涉及心理需求的矛盾纠纷,从人文关怀和心理疏导入手,运用心理疏导技能打开当事人的心理症结,从当事人内心解开心结,化解矛盾。

案例:六年前,自家违章建筑被拆,但因看到隔壁人家没有被拆,便认为政府部门执法不公平,A某夫妇走上了上访之路,因为一味沉溺在上访中,他们身边的亲戚、朋友越来越少,连带两个儿子的日常生活也受到了很大影响。他们多次大闹政府部门,辱骂相关工作人员,几次去北京闹事,在社会上和群众中造成了极其严重的影响，成为诸暨信访“第一大户”，给枫桥政府日常工作带来很大干扰。如何及早化解这对信访大户的心理矛盾，让其步入正常的生活轨道，重新回归社会大家庭，枫桥镇和市里有关部门一直都在寻找解决的途径和办法。2017年上半年，枫桥镇开始积极尝试用社会心理学原理解决信访户的老大难问题，群策群力，集合社会力量，探索社会治理新办法。4月，诸暨市心理卫生协会在枫桥镇成立了首个乡镇心理咨询室——心语心苑心理工作室。工作室成立以来，协会委派二级心理咨询师对社区矫正人员、特殊留守儿童、上访人员等进行心理干预。同月，信访户A某刑满释放，心理咨询师抓住这一机会，及时介入跟进。刚刚出狱的A某，一副病恹恹的样子，由于多年上访，他作息混乱，心态失衡，身心都有许多创伤，给心理咨询师带来不小的震撼。针对A某的实际情况，协会成立了以会长何月红为主的四人工作小组，进行必要的分工，有的放矢地开展心理辅导工作。通过两个多月的往来，何月红先与A某夫妇建立起信任、熟悉的关系，同时也准确地把握了这对夫妻心里多年的“痛点”，那就是：他们没有尽到父母的责任，以致在读初中的小儿子因缺乏亲人的关爱因伤致残，严重影响了学业；大儿子到了谈论婚嫁的时候，但目前这样的家庭却不利于他解决个人的婚姻问题。“上访久了，他们也非常需要有人能真正走近他们、引导他们，毕竟这样没有规律、没有亲朋好友的生活确实也太难熬了。”在这样的情况下，咨询师的加入，一方面能够缓和A某与政府的关系，另一方面也能够用专业的技术，化解A某夫妻的心理障碍，能够让他们再次看到自身的价值，回归正常生活的轨道。半年来，这家人的精神面貌发生了积极而可喜的变化，心态好多了，11月19日正式与政府达成息访协议。至此，枫桥镇长达六年的重点信访积案画上句号，A某夫妻多年积累的心理负担卸下了。他们还真心表示，要现身说法告诉其他信访户，不要像自己那样做无谓牺牲的上访，要相信政府相信法律。[1]

矛盾纠纷甄别疏导化解机制，一方面是明确人民调解范围，规范人民调解工作，提高调解效率和调解质量，增强社会公信和提高群众满意度，另一方面则

〔1〕《诸暨市心理卫生协会成功调解一信访大户》，载诸暨市政府门户网站：http://www.zhuji.gov.cn/art/2018/1/29/art_1383347_15351701.html，最后访问日期：2018年7月17日。

是加强人民调解与行政调解、司法调解等有机衔接，将人民调解范围之外的矛盾纠纷疏导移交给相关行政、司法等部门依法处置，切实把矛盾纠纷纳入依法处理轨道。

(三)镇村联动机制

镇村联动机制是在镇与村两级调解组织之间所建立的纠纷快接、快调和移送机制。也就是说，矛盾纠纷发生时，村级人民调解员首先要及时受理，快速调处。对调处不成或难度较大的矛盾纠纷，调解人员要签具调解意见书，填好纠纷移送单，连同有关资料一起迅速移转给镇人民调解委员会。镇人民调解委员会把纠纷的调处情况用书面形式在司法所业务会议上通报反馈，研究解决的办法并作出处理决定，从而形成了上下联动、逐级化解矛盾纠纷、共保社会稳定的格局。

案例:2017年3月初，马剑镇某村老人许某来到司法所办公室，请求法律援助。许某年事已高，有两儿一女，由于子女家庭经济情况好坏不一，赡养标准无法统一，导致老人无人赡养。村调解委员会已经多次对此起赡养纠纷进行调解，但却一次次无功而返。该纠纷难解主要是因为:其一，该老人在老伴去世后与另一老人暂居在外，对此子女意见颇大;其二，老人的大儿子家庭经济情况不好，属于低保边缘户，他表示经济上无法赡养老人，但是可以请老人回来，负责照料老人的饮食起居，但两人母子关系却长期不和;其三，与老人最为亲近的小儿子长年在外打工，对此事不怎上心，其女儿外嫁多年也同样不上心。由于近几年许某身患疾病，长期治疗花费较大，经济压力颇大，在村调解委员会多次调解无果的情况下，老人来到司法所请求法律援助。司法所工作人员在详细了解情况后，与镇调解委员会共同研究解决方案。考虑到此事为家庭赡养纠纷，一旦走法律程序，有可能使原本紧张的子女关系更为严重，会商后决定由镇调解委员会先行调解，在调解无果的情况下再走法律援助途径。人民调解员先行征求许某要求经济赡养的标准，许某根据自身实际情况，提出每个月1000元赡养费的要求。随后，镇调解委员会工作人员告知许某的子女，赡养老人是法定义务，于情于法都不能逃避赡养的义务，许某的三个子女对此都表示认同。为了能让三个子女心甘情愿地分担老人的赡养费，人民调解员又分别与三人谈话，了解其各自家庭经济状况，从实际情况考虑，作出大儿子每月承担200元、小儿子每月承担500元、女儿每月承担300元的建议。随后,人民调解员又多次做思想工作,使老人的三个子女都表示同意此方案,并达成协议。至此,许某的赡养问题得到妥善解决。[1]

由上述案例可见,镇村联动机制就像一把筛子,层层过滤,使较小的或简单的矛盾纠纷尽可能地在发生源头解决,较大的矛盾纠纷则通过加强村、镇乡两级人民调解的互联互通来解决,从而极大地发挥了矛盾发生地的人力资源优势,既便于有效解决纠纷,又减少了纠纷解决的成本。

(四)多调衔接联动机制

为了提高预防化解社会矛盾纠纷水平,促进社会和谐稳定发展,诸暨市自2012年起开始推进社会矛盾纠纷的大调解体系建设,建立了人民调解与行政调解、司法调解、仲裁调解、信访调解等多种调解相互配合的多调衔接联动机制,整合了调解资源并形成工作合力,在及时有效化解社会矛盾纠纷方面发挥了重要作用。其中,人民调解与司法调解之间通过受理调解、委托调解、协助调解、联合调解、检调对接等方式实现衔接联动,人民调解与行政调解之间则通过完善人民调解信息通报和协调联动等工作机制实现衔接互动。此外,人民调解、行政调解与司法调解之间还实行"三调联动",使社会矛盾纠纷的化解更加有效和便利。

案例:蒋某与沈某等四户本是左右相邻而居的同村村民,门前只有一条3米多宽的通道。20年前蒋某建房时,屋基与地面落差较大,比前面沈某家地面高出近1米,因不能填高路面,蒋某就在自家门口铺设了一道斜坡。斜坡的铺设使本来就不宽敞的通道更加狭窄,严重影响了沈某等三户的出入,特别是机动车辆的进出。为此,沈某等三户与蒋某长期纷争不断。2005年,该村两委会为了解决这一矛盾,作出了斜坡退至蒋某墙角1米的决定,双方表示默认。2010年9月28日,沈某等三户在未经村镇有关部门处理的情况下,强行拆除了蒋某门口的那条斜坡,并把所挖的泥石倾倒到蒋某房屋西侧墙边,双方发生了激烈的冲突,所幸派出所及时处置才避免了一场重大斗殴事件的发生。之后,

[1] 《赡养纠纷几经波折　合理分担巧妙化解》,载诸暨市政府门户网站:http://www.zhuji.gov.cn/art/2017/8/29/art_1382713_12625544.html,最后访问日期:2018年7月17日。

蒋某只能垫上凳子进出自己家门，严重影响正常的生产和生活，于是，蒋某一纸诉状把三个邻居告上了法庭，想通过诉讼途径解决纠纷。法院受理该案后认为，通过诉讼途径虽能解决一时的争端，但难以从根本上改善紧张的邻里关系。为了妥善解决这起纠纷，营造和谐的邻里氛围，法院特委托市联合人民调解委员会对该案进行调解处理。市联合人民调解委员会接案后，转赴该村了解案情，研讨调处方案，并邀请了当地镇人民调解委员会、联村干部和村两委会成员，共同配合解决纠纷。经过联调委人员耐心劝导、不厌其烦分头做工作，双方当事人终于就蒋某家出入行路的修复事宜达成一致意见，沈某等三户同意对蒋某造成的损失作出经济赔偿，并就这起事件给蒋某造成的不便表示了歉意。最后，双方握手言和，并签订了《调解协议书》。

诸暨市在积极坚持多调联动的同时，也不断加强调解的法治化，该调则调，不能调则会积极引导当事人通过诉讼等方式解决，使矛盾纠纷灵活处理，依法保障当事人的诉讼权利。

## 三、新时代诸暨市人民调解体系与运作机制的完善与发展



党的十九大提出要打造共建共治共享的格局，加强社会治理制度建设，完善党委领导、政府负责、社会协同、公众参与、法治保障的社会治理体制，提高社会治理的社会化、法治化、智能化、专业化水平，加强预防和化解社会矛盾机制建设以及发挥社会组织的作用，实现政府治理和社会调解、居民自治良性互动。为此，诸暨市关于人民调解的“枫桥经验”提出了“一网三化”打造新时代矛盾纠纷多元化解新格局的构想。如建立以市级人民调解委员会为龙头、27个镇级人民调解委员会为主导、533个村级人民调解委员会为基础的调解组织网络，实现警调对接、检调对接、诉调对接等多调联动一体化协同，推行“互联网＋调解”模式全方位等；又如，将调解工作与法治宣传、法律服务、判例相结合，让矛盾纠纷当事人在接受调解中学法、懂法、守法；再如，拓展专业性调解组织建设，组建职业化的人民调解员队伍，制定标准化调解流程，放权社会组织管理调解、参与调解，并探索建立调解志愿队伍等。要实现上述构想，诸暨市在完善人民调解的体系建设以及创新发展其运作机制方面，还须直面目前的问题，继续努力和不断探索。

第一,确立人民调解的基础地位并充分发挥其前端性作用,是“枫桥经验”的核心内容,也是人民调解的“枫桥经验”的特色。如前所述,诸暨市已构建起人民调解纵横交错的网络体系,实现了村(居、企)、镇乡人民调解组织建设的全覆盖,但有些地方的农村基层人民调解组织建设相对薄弱,其作用并没有充分发挥出来。如有的村人民调解委员会随村民委员会三年一调整,新的调解组织成员因威信没有树立起来而难以有效地开展人民调解工作;还有的村人民调解委员会成员长期在外打工,以至于人民调解组织有名无实。基于上述问题或情况,诸暨市在建设和完善新时代人民调解体系以及创新其运作机制时,仍要继续加强人民调解组织,尤其是基层人民调解组织的建设,并创新其工作机制,以保证其有效地发挥作用。唯有如此,才能保持人民调解的“枫桥经验”的特色,实现诸暨市在新时代完善人民调解体系以及创新其运作机制的目标和任务的要求。

第二,诸暨市要实现人民调解的社会化、法治化、智能化、专业化,目前还要面对很多问题。如人民调解员,尤其是村级人民调解员,多数文化程度偏低且年龄结构偏大,尽管经验丰富但缺乏专业知识,且掌握和运用智能化技术的能力和水平较低。此外,村级人民调解员是由村民委员会成员担任,在矛盾调解过程中,他们怕影响自己的选举而不愿得罪人,常常会将一些本应在村人民调解委员会解决的问题推到镇人民调解委员会甚至是法庭解决。如何在打造新时代人民调解体系的同时建设合格乃至优秀的人民调解队伍,这是人民调解机制或其工作方法方式能否持续创新的关键。诸暨市已经通过加强对人民调解员的定期培训、业务指导,建立人民调解员专、兼职相结合制度,以及打造人民调解志愿者队伍等来解决目前人民调解的队伍建设所面临的上述问题,并取得了显著的成效,但仍须继续探索有效的工作机制或方法,如改进人民调解员的培训方式和方法以提高培训的效果。此外,乡贤治理作为中国特色社会治理方式,在新时代仍然具有强大的生命力。目前,诸暨市人民调解尤其是村级调解中,绝大部分纠纷是由兼职村两委的人民调解员调解。相对于村两委人员这样的“准官方”调解,乡贤调解对于当事人来说更具亲和力,容易拉近双方间的距离。因此,诸暨市新时代人民调解的体系建设和机制创新,仍应从充分弘扬乡贤文化的角度积极探索创新人民调解工作。

第三,努力提升人民调解工作的组织化、科学化、精细化水平。2017 年,中共中央、国务院《关于加强和完善城乡社区治理的意见》指出，要实现党领导下的政府治理和社会调节、居民自治良性互动，全面提升城乡社区治理法治化、科学化、精细化水平和组织化程度，促进城乡社区治理体系和治理能力现代化。诸暨市在完善人民调解体系时，应该不断在组织化、精细化上下功夫，如积极探索在自然村、居民小区等设立调解小组，把矛盾纠纷筛选的网格做得更加密集，工作做得更加精细化。组织建设得越精细，越能直接接触到人民群众，解决人民群众最迫切需要解决的问题。从人类文明发展的历程来看，人类很早就开始探索人类社会的组织化形态。国家在某种意义上就是特定人类群体组成的共同体，组织是一个国家和社会运行的基本要素，大到国家小到社区、村庄都是一种组织化形式。人民调解组织作为在矛盾纠纷化解这一特定领域的组织形式，其运作也必须科学、精细，国家治理与村民自治要协调推进，正确理顺二者的关系，相互融合的同时也要有明确的界限，尊重人民群众的首创精神。

第四，诸暨市为了调动人民调解员的积极性，保证人民调解有效地发挥作用，一直以来非常重视人民调解组织所必需的经费保障。如对人民调解工作实行“以奖代补”政策，并随着经济发展水平不断提高和细化“以奖代补”的标准，2018 年又提出要通过政府购买服务的形式保障全市专职人民调解员的经费，这对调动人民调解员的积极性、实现人民调解员队伍年轻化、吸引更多有能力的人加入人民调解组织，无疑具有非常重要的意义。但相对于浙江省乃至全国其他地方而言，诸暨市通过政府购买人民调解服务来推动人民调解工作发展的实践，不仅滞后而且显得保守。如何在这方面尽快转变观念走出诸暨的特色之路，这是诸暨市创新人民调解的“枫桥经验”要解决的主要问题。



第五，人民调解的“枫桥经验”是诸暨市人民在党的领导下，坚持从群众中来、到群众中去、动员并依靠群众的路线所形成的中国基层社会治理的成功经验。诸暨市“枫桥经验”研究会主任陈善平同志曾说：“‘枫桥经验’能够历久弥新，不断得到创新和发展，最根本的就是一切以人民群众为出发点和落脚点，人民群众才是‘枫桥经验’的发明者和创造者。”因此，新时代诸暨市人民调解的“枫桥经验”，无论是体系完善还是机制创新，仍要贯彻党的群众路线，动员并依靠群众，充分调动诸暨市人民群众的积极性，并运用他们的聪明和智慧不断创新发展，如此才能使人民调解的“枫桥经验”历久弥新。

# 第三章　人民调解的“枫桥经验”的红色传承及其法治化转型

从历史的视角考察，发轫于苏维埃时期、形成于陕甘宁边区政府时期的民间调解制度，是中国共产党司法的一个主要政策和传统，并在此基础上形成了以“审判与调解相结合”为主要特征的“马锡五审判方式”。时至今日，这一调解的新传统仍然深深地影响着当下中国的调解实践。与延安时期的“马锡五审判方式”一样，“枫桥经验”已经成为中国共产党的法律制度中影响深远的主要传统之一，二者都是富有中国特色的政治与社会治理方式，都坚持走群众路线，注重矛盾纠纷的化解。[1]

通过阅读相关文献资料，赴陕西延安、浙江诸暨等地多次实地走访调研，笔者注意到，陕北绥德的郭维德是陕甘宁边区政府时期人民调解的代表人物，而在“枫桥经验”的传承和创新发展中，杨光照及其调解团队则具有典型意义。基于此，笔者试图从郭维德与杨光照——不同时代背景下的典型调解模范人物入手，通过传统与现代的碰撞、对话，进而总结、梳理人民调解的优良传统，并在人民调解制度的历史变迁中勾勒其当下的法治化转型。

## 一、陕北绥德的郭维德与浙江枫桥的杨光照

### （一）郭维德——陕甘宁边区的调解模范

郭维德（1918—1977 年），祖籍满堂川小窑沟人，1918 年出生于陕北绥德城，后随父落户于绥德县义和市西直沟村。土地革命初期参加儿童团，后加入地方赤卫队。曾追随义和党组织主要负责人霍维德，为革命做了不少秘密工作。1935 年参加东区某红军游击队，任副队长、队长，新政权建立前加入共产

---

〔1〕 参见谌洪果：《“枫桥经验”与中国特色的法治生成模式》，载《法律科学》2009 年第 1 期。

党。1941年,郭维德当选本村自卫队排长,后任西直沟村行政主任、义和市市长等职。郭维德以善于调解民间纠纷闻名乡里,1944年11月,被评为绥德分区民事调解劳动英雄,同年年底出席在延安召开的陕甘宁边区劳动英雄表彰大会,获特等奖。解放战争中参加解放军。解放后,历任甘肃省委基建处处长、中国科学院兰州分院管理处处长。“文化大革命”期间受到迫害,“文化大革命”结束后平反并恢复工作。1977年因病去世,享年59岁。[1]

(二)杨光照——“枫桥经验”的传承人

杨光照(1950年至今),浙江诸暨人,诸暨市枫桥镇人民调解委员会调解员,新时期浙江诸暨市“枫桥经验”传承人。曾任浙江省诸暨市公安局枫桥派出所民警,获“全国优秀人民警察”“浙江省优秀共产党员”等荣誉称号。2008年,他带头组建了“老杨调解工作室”。2010年临近退休前,该工作室升级为以专业调解为主、社区民警参与、特邀人民调解员辅助、志愿者联动的“老杨调解中心”。据统计,成立七年来,“老杨调解中心”受理各类调解案件1300余起,调解成功1180余起,兑现各类经济损失补偿(赔偿)4800余万元。[2] 近年来,杨照光和他的调解团队先后被中组部评为“全国离退休干部先进集体”,获“全国人民调解专家”“浙江省十大法治人物”“浙江省司法行政系统第五届百名优秀人物”等荣誉称号。央视媒体先后以杨光照及其调解团队为原型,在枫桥实地拍摄了《枫桥故事》《平安使命》《枫桥好人》等多部电视剧与专题片。[3]



(三)共性与差异

结合以上郭维德、杨光照的事迹介绍,参考有关报道及司法档案,笔者注意到,尽管陕甘宁边区政府时期的人民调解运动和郭维德的人民调解实践距今已逾七十余年,但粗略分析比较,在郭维德、杨光照两名调解模范身上,仍不乏一

---

〔1〕 参见郭维德碑文,载《边区高等法院关于传达劳模大会司法模范工作人员的指示信及司法模范工作者党鸿魁、周玉洁、郭维德的材料》。转引自汪世荣等:《新中国司法制度的基石:陕甘宁边区高等法院(1937—1949)》,商务印书馆2011年版,第249页;韩伟:《在社会文化网络中传承调解新传统》,载《人民法院报》2016年10月14日,第7版。

〔2〕 参见孙璐:《“枫桥经验”的传承:办一点实事、做一点好事、解一点难事——记诸暨市公安局枫桥派出所退休民警杨光照》,载浙江在线:http://www.zjzzgz.gov.cn/system/2017/10/16/021608640.shtml,最后访问日期:2018年1月8日。

〔3〕 参见孔令泉:《浙江枫桥有个“老杨调解中心”》,载《民主与法制时报》2010年5月17日,第6版;何玲玲、商意盈:《“光照”百姓》,载《新华每日电讯》2011年9月15日,第1版。

些相似之处。(1)他们都有非常丰富的人生阅历。郭维德早年参加革命,后任村主任,26 岁时就因善做调解工作而被边区广泛宣传,受到嘉奖。杨光照则早年从军,后在有着光荣传统的诸暨市枫桥镇派出所当了 25 年民警。退休后他继续发挥余热,受聘担任枫桥镇人民调解委员会调解员,同时兼任枫桥镇调解志愿者联合会副会长。杨光照不仅亲身见证了"枫桥经验"的发展历程,更是用他和他的调解团队的行动,实践并创新"枫桥经验",使之历久弥新。(2)他们都生在、长在农村,常年工作在最基层,对农村、农民有着深厚的感情,对基层群众的生活状态和利益诉求有着深刻的体会。(3)他们公道正派,善于、乐于做群众工作和调解工作,在群众中有较高威信,并因工作突出分别受到了国家领导人的接见。

然而,更值得我们认真思考的是两位调解模范所处时代的差异。从政治空间看,郭维德所处的陕甘宁边区是在全国人民抗战的背景下成立的,在抗战高于一切的"战时背景"下,人民调解工作当然服务于"抗战"这个中心,并承担了道德教化、法纪宣传、政治动员等诸多政治功能,成为中共"政法传统"的一个重要方面。而杨光照所在的诸暨市则是"枫桥经验"的发源地,作为全国政法综治战线的一面旗帜,近 55 年来,从阶级斗争经验到社会治安经验,再到社会治理经验,"枫桥经验"始终与时俱进、历久弥新。从地理空间来看,陕甘宁边区的经济以农业生产为主,自然资源匮乏,经济、文化、教育十分落后,是典型的乡土社会。边区社会的乡土性,集中体现在边区制定法集中于土地和婚姻家庭继承这两大领域。〔1〕 位处浙江的诸暨市则可谓是经济发达、民殷商富,〔2〕经济社会的高速发展,一方面,使人员的流动更加频繁,后乡土社会、离土社会、陌生人社会成为一种普遍的社会形态,另一方面,随着社会阶层和社会分工的细化,反映在纠纷的类型上,就是人民调解的受案范围已经不再局限于传统的婚姻家庭、邻里纠纷,而是向着民间借贷、交通事故、医疗赔偿、物业纠纷等新型领域拓展。

〔1〕 参见肖周录、马京平:《马锡五审判方式新探》,载《法学家》2012 年第 6 期。

〔2〕 诸暨市是中国袜业之都、中国珍珠之都、中国香榧之都,共有各类市场主体超 14 万家,超亿元企业 369 家,中国企业 500 强 3 家,上市企业 15 家,上市企业数量居全国县市(区)第三位、浙江省第一位。居中国中小城市综合实力百强县市排名第 14 位、全国县域经济竞争力百强县市排名第 7 位。参见《诸暨概况》,载诸暨市政府门户网站:http://www.zhuji.gov.cn/col/col1370354/index.html,最后访问日期:2018 年 3 月 25 日。

## 二、郭维德在陕甘宁边区的调解实践

陕甘宁边区的人民调解运动始于1943年前后。[1] 当时,随着边区一系列加强调解工作的政策法令、指示信的发布,[2]尤其在"调解为主,审判为辅""调解是诉讼的必经程序""调解数字作为干部政绩标准"等司法政策的指导下,边区的人民调解制度得到空前的发展和推广。调解不仅形式多样,还包含一切民事案件和一般刑事犯罪,并贯穿于审判、执行等诉讼的全过程。

正是在边区政府大力倡导、组织推动下,加之边区《解放日报》等主流媒体宣传报道,一大批民间调解模范出现在公众视野中。1944年6月7日,边区政府发布了由时任边区参议会副议长谢觉哉代拟的《关于普及调解、总结判例、清理监所的指示信》,[3]郭维德的调解工作经验首次得到边区官方的肯定:"各地要学习西直沟,学习郭维德,要号召劳动英雄、有信仰的老人和公正人士参加调解,会调解、调解有成绩的人,应受到政府的奖励和群众的尊敬。"[4]1944年12月22日至1945年1月14日,边区召开了第二届劳动英模代表大会,郭维德更是同吴满有、陈德发、赵占魁、石明德等其他73人被边区政府授予特等劳动模范称号,受到政府的传令嘉奖。[5] 1944年5月8日、1945年1月9日,《解放日报》先后以《民间调解的模范村——西直沟一年半来民事纠纷均在村内解决》《郭维德创造模范村》为题,介绍了郭维德调解的典型案例和调解经验。归纳起来,其主要做法有如下几个特点:

1. 将做人民调解工作与教育人民、改造"二流子"结合起来,通过"教化式调解",达到增加邻里和睦、促进生产的目的。绥德义合市的西直沟村曾是一个既



---

〔1〕 参见侯欣一:《对陕甘宁边区人民调解制度的几点共识——来自抗战时期陕甘宁边区的实践》,载《法学杂志》2011年第1期。

〔2〕 如《陕甘宁边区高等法院指示信——令各高等分庭及各地方法院、县司法处实行调解办法改进司法工作作风减少人民诉累由》(1943年6月8日),《陕甘宁边区政府命令——颁布陕甘宁边区民刑事件调解条例》(1943年6月10日),《陕甘宁边区政府指示信——关于普及调解、总结判例、清理监所的指示信》(1944年6月7日)。

〔3〕 参见谢觉哉:《谢觉哉日记》,人民出版社1984年版,第620页。

〔4〕 《陕甘宁边区政府指示信——关于普及调解、总结判例、清理监所的指示信》(1934年6月7日),转引自艾绍润、高海深主编:《陕甘宁边区法律法规汇编》,陕西人民出版社2007年版,第344页。

〔5〕 参见岳谦厚、刘威:《战时陕甘宁边区的劳动英模运动》,载《安徽史学》2011年第1期。

贫苦又落后的村庄，全村 75 户居民 336 人，“二流子”和半“二流子”很多。[1] 针对此种情况，郭维德的做法是：家庭邻里纠纷，他先了解情况，对造谣生事者，进行婉言批评，使公婆、夫妻、姑嫂、妯娌都能相互尊重；对于品质不好的人，他不赞成采用激烈斗争或有伤脸面方式，而是用好言劝说，使他自觉改正。[2] 如在调解一起口角纠纷中，郭维德一方面适当处罚打人者（罚修路），平息被打妇女的气；另一方面，针对被打妇女平日为非作恶的毛病，批评她好吃懒做、搬弄是非，更进一步帮助她订立了生产计划，最终改造了一个当地闻名的懒婆姨。[3] 正是由于郭维德将人民调解工作与群众教育、改造工作紧密结合在一起，他所在的西直沟村，“不仅没有为争讼而费钱费时，而且大家必然和睦，肯互助”，[4]同时，也从过去“二流子”众多、纠纷常发的贫穷、落后村，成为民间调解的模范村。

2. 调解中注重调查研究，调解因人、因事、因地制宜，调解方式灵活多样。深入基层调查研究，弄清案件的来龙去脉、是非曲直，是郭维德调解工作的另一个特点。情节不复杂的纠纷，只要在当事人叙述中多加注意，抓住问题的中心，多加说服解释，纠纷就容易解决了。但年头久远、情节复杂、涉及面广的纠纷，要对主要问题一一调查，弄清是非曲直，纠纷才能解决。[5] 尤其是“对于盗窃案件，不调查清楚确切情况，不随便冤枉人”。在调解方法上，郭维德在实践中多采用“冷静法”“家庭会议法”等。在他看来，婚姻、土地、森林、继承、房产等方面的纠纷，大多是当事人“一时之气”，如能善于转变他们的情绪，待气一消，就什么都好说了。[6] 如在处理“常向珍持刀伤妻一案”中，郭维德闻讯赶到，先令人将常向珍绑起来，然后坐下慢慢劝解，直到常向珍悔过，答应不再任性惹祸后，郭维德才亲手为他解开绑绳，派人护理他休息。常向珍精神恢复安静后，郭

---

〔1〕 参见张鑫：《陕甘宁边区民间调解模范及其对当代村治启示》，载《忻州师范学院学报》2016 年第 3 期。

〔2〕 张希坡：《马锡五与马锡五审判方式》，法律出版社 2013 年版，第 158 页。

〔3〕 参见侯欣一：《从司法为民到人民司法、陕甘宁边区大众化司法制度研究》，中国政法大学出版社 2007 年版，第 283～284 页。

〔4〕 《陕甘宁边区政府指示信——关于普及调解、总结判例、清理监所的指示信》（1934 年 6 月 7 日），转引自艾绍润、高海深编：《陕甘宁边区法律法规汇编》，陕西人民出版社 2007 年版，第 344 页。

〔5〕 参见王其昌：《郭维德及其后继者们》，载《人民调解》1994 年第 7 期。

〔6〕 同上。

维德又召集他们夫妇俩及邻居一起讨论,发动他们俩在会上各自做了自我批评,于是夫妻继续和好。[1]

3. 在做调解工作中自觉维护抗战团结大局,做到既依照政策法令,又兼顾各方利益。在陕甘宁边区,"私益服从公益""一时利益服从永久利益""富裕者提携贫苦者"是边区民事法制的基本原则。郭维德在做调解工作时,既严格依照边区颁布的政策法令、民事纠纷处理原则,又兼顾"战时背景"下的人民政权建设需要,具有鲜明的"动员式治理"色彩。如调解的一起地主与佃农纠纷,贫农常永禄伙种地主王泽滨一块土地,秋收时王泽滨不给常永禄分柴草,遂发生纠纷。常永禄向郭维德反映了这一问题,村民听说后要斗地主王泽滨。郭维德认为,对待富人,在政策上绝不能让步,按照法律规定,伙种地租形式,一是照抗战前原租额减30%至20%,二是减租后,出租人所得最多不得超过收获量的40%,但为了团结他们抗日,在说话上无妨让步。于是,郭维德将他们找来进行调解,向王泽滨说明政府减租政策法令不是和富人过不去,而是考虑穷人出了苦力,也要照顾穷人,所以柴草应当平分。常永禄也当场表示,不是为了争那些草,而是争个理,于是他把柴草也捐献给东学了。[2]

边区郭维德的人民调解实践表明:一方面,以村主任、村支书为代表的群众自治组织的核心人物,在民间纠纷的化解中发挥了重要作用。他们独特的身份、较高的群众威信以及公道正派的人格魅力,使他们能积极主动地介入纠纷、高效便捷地平息纠纷,从而使大事化小,小事化了。另一方面,人民调解不再仅仅是一种纠纷化解的手段,而是被赋予了思想教化、开启民智、改造社会等多元价值。对此,边区高等法院院长马锡五就明确指出:"我们的调解工作,是增强人民内部相互团结、便利生产、教育人民爱国守法、减少诉争的有效方法。"[3]一言以蔽之,陕甘宁边区政府时期郭维德的人民调解实践,既维护了农村家庭邻里和睦,又促进了生产、服务了抗战大局,其实质更多是一种"教化式调解"和"动员式治理"。应该说,在边区法制初创、司法资源尤其是司法干部严重匮乏



---

〔1〕 参见赵崑坡、俞建平编:《中国革命根据地案例选》,山西人民出版社1984年版,第193页。

〔2〕 参见陕西省地方志编纂委员会:《陕西省志》(第五十八卷·审判志),陕西人民出版社1994年版,第187页。

〔3〕 马锡五:《新民主主义革命阶段中陕甘宁边区的人民司法工作》,载《政法研究》1955年第1期。

的现实情况下,这种纠纷解决机制既适应时局,又顺应民意。



### 三、人民调解的“枫桥经验”的红色传统

郭维德与杨光照所处的时代背景尽管大不相同,但通过对他们各自调解实践的比较、透视,我们不难看出,随着人民调解的制度变迁,人民调解在变与不变的辩证统一中实现了自我革新、自我发展。而这些“不变”的历史传统,正是我们当下创新、发展人民调解、推进基层社会治理现代化进程中弥足珍贵的本土资源。

#### (一)迅速介入,抓早抓小

相较于司法的被动性、滞后性而言,人民调解更强调“第一时间发现、第一现场化解”,强调“化早、化小、化苗头”,如此一来,通过第一时间介入、平息矛盾,从而有效遏制了矛盾纠纷转化升级,发挥了人民调解“第一道防线”的作用。而不管是郭维德还是杨光照,他们都工作、生活在最基层,与基层的人民群众有着天然的密切联系。这种场域和人际关系的便利、亲近,为他们在第一时间介入纠纷、快速平息矛盾纠纷提供了优势。在郭维德看来,“所有纠纷力求在下面当即解决,不推诿责任,不愿让村民涉诉”。[1] 所以,在处理“王怀音和谢永光相邻权纠纷一案”等一些案件中,他几乎是闻讯就去现场处理,有的案件他甚至是“连夜赶往事发地”。[2] 而杨光照在他的“勤、帮、靠、快、公、活”六字群众工作法中,也特别强调一个“快”字。在他看来,社区发生各类案件、重大纠纷矛盾或群众发生险情灾情,应快速赶到现场及时调查取证,及时依法查处。[3] 强调人民调解在第一时间介入纠纷,把问题和矛盾化解在萌芽和第一现场,能够有效防止矛盾进一步扩大、蔓延、激化,防止小事拖大、大事拖炸。



#### (二)预防在先,源头治理

如果说,强调第一时间、第一现场,既为矛盾纠纷化解赢得了先机,也将一些“小事”化解在萌芽和当地,一定意义上也是一种纠纷预防。那么,“源头治

[1] 《解放日报》,1944 年 5 月 8 日,转引自侯欣一:《从司法为民到人民司法:陕甘宁边区大众化司法制度研究》,中国政法大学出版社 2007 年版,第 284 页。

[2] 《解放日报》,1945 年 1 月 9 日,转引自张希坡:《马锡五与马锡五审判方式》,法律出版社 2013 年版,第 158 页。

[3] 参见杨光照:《一名社区民警的自述》,载《江西公安专科学校学报》2005 年第 2 期。

理”则强调不仅要注重化解矛盾本身,还要挖掉矛盾产生的根源。郭维德和杨光照的人民调解实践表明,他们不仅注重矛盾纠纷的化解,还力争解决矛盾纠纷的根源所在。如杨光照在调解一场肢体冲突事件中,按调解目标,只要双方握手言和,老杨就可打道回府。但老杨不满于此,刨根问底。原来,甲方的一棵树长大了,树根损坏了乙方院墙,双方因此而起争执。老杨就找双方商量,彻底挖掉了矛盾的“根”源,避免冲突再发。在当前社会转型的背景下,基层社会的矛盾纠纷易叠加、多牵连、燃点低,一些矛盾的背后往往有着共性的深层次原因。因此,在化解已浮出水面的矛盾的同时,彻底解决隐藏于背后的“症结”所在,能起到有效预防的效果。应该说,从根源上预防纠纷、减少纠纷这样一种“源头治理”的理念,也是新时期“枫桥经验”的应有之义。

(三)深入现场,送法下乡

在调解中,调解者并非总是以群众所熟知的权威、英雄的姿态予以亮相。因此,如何塑造人格型权威以取得人民群众的充分信任,进而在信任、信赖的基础上就双方的争执达成调解,“深入现场,送法下乡”就显得尤为重要。因为深入现场既能让民众感受到“权力人确实是在为其着想”,也能够向民众展示自身行善和照看的能力。通过这种潜移默化的力量,民众会与权力人形成共同的语言,并获得民众的支持。[1] 而“送法下乡”,就是人民调解员要深入基层调查研究,了解案件真实情况,主动上门提供法律服务。杨光照及其调解团队在实践中总结、摸索的“四延伸、四服务、四到场”[2]“三四工作制”,就是一个很好的例证。“四到场”意味着从勘查现场到征求当事人意见意向,从协议(经济)兑现到回访当事人,在调解整个过程中的四个关键环节,人民调解员必须在场,必须亲力亲为。同时,对于老弱病残、未成年人等特殊群体以及隐私案件等则实行调解上门,主动提供法律服务。如在调解枫桥镇新泽湖村王永根与王高松互为轻伤案中,杨光照和他的同事前后 8 次上门疏导,最终案结事了。“深入现场,送法下乡”,让老百姓切实感受到了人民调解员在化解矛盾纠纷中的公心、真心



---

〔1〕 郑智航:《人民司法群众路线生成史研究(1937—1949)——以思想权力运作为核心的考察》,载《法学评论》2017 年第 1 期。

〔2〕 “四延伸、四服务、四到场”工作机制,即:调解工作向社区、向企业、向校园、向农户延伸;对老弱病残等对象、家庭问题引起的治安纠纷、未成年人及中小学生矛盾纠纷和隐私案件纠纷实行四个上门服务;勘查现场、征求当事人意见意向、协议(经济)兑现和回访、回复当事人到场。

和诚心，进而在感情上产生了信任、信服。

（四）依靠群众，协同各方

人民调解制度是党的群众路线在司法领域的一个重要体现。“大家的事，大家来议，大家来做”，“群众的疙瘩群众解”，就是陕甘宁边区民主决策的理念。1944年，毛泽东在与谢觉哉谈论边区司法工作问题时就明确指出，“司法也该大家动手，不要只靠专问案子的推事、审判员，任何事都要通过群众”。[1] 郭维德常说，“群众是面镜子，什么事都能照见，我解决问题总爱听听群众的呼声”，“群众的力量像山水一样，一个人能挡住山水吗？”实践中，他也多采用“群众会”的形式，联合多方力量共同调解，通常的做法是：在纠纷发生地公开调解，通过群众讲事实，摆道理，共同评理，对双方当事人尤其是理屈一方产生强大的舆论压力。如在处理义和市王家坪王怀音和谢永光两家因道路通行引发的相邻权纠纷案时，郭维德便和村主任及市长商量，采用群众会议形式，公开调解，并在会上动员大家发言评理。[2] “枫桥经验”的实质就是用党的群众路线正确处理人民内部矛盾的经验，[3]作为新时期“枫桥经验”的传承人，杨光照早在枫桥派出所当民警时就注重走群众路线，他曾撰文谈及自己处置民间纠纷的心得体会。[4] 担任人民调解员后，杨光照更是牢牢抓住“依靠群众化解纠纷”这一法宝，主动依靠镇村干部、乡贤、民间人士等力量，实行专职人民调解员与协助人民调解员相结合、与志愿者调解员相结合，广泛联合各方力量共同化解纠纷。在他和他的调解团队所总结的“调解七法”[5]中，“联动调解法”“借助力量法”都是对依靠群众、动员群众参与人民调解的经验总结。

（五）忠诚为首，品德立威

若要对当事方的冲突观和意识形态产生影响，调解者需具备特定的主体资格，即调解者的“权威性”问题。我们党的人民调解工作的一条重要传统经验就

[1] 王定国等编：《谢觉哉论民主与法制》，法律出版社1996年版，第320页。

[2] 参见《解放日报》1945年1月9日，转引自张希坡：《马锡五与马锡五审判方式》，法律出版社2013年版，第158页。

[3] 参见周望：《“枫桥经验”与群众路线法治化》，载《中国浦东干部学院学报》2014年第4期。

[4] 参见杨光照：《民间纠纷调解机制再谈——枫桥派出所处置民间纠纷经验谈》，载《江西公安专科学校学报》2004年第6期。

[5] 即“依法疏导法”“把握重点法”“情感感染法”“换位思考法”“借助力量法”“联动调解法”“案例举例法”。

是人民调解工作者要靠道理说服人，教育人，同时要以自己的高尚道德情操和模范行动去启发人，感化人，去影响和带动群众。[1] 人民调解员凭借对纠纷的及时、有效化解，得到了群众的认可，确立了自身的权威地位。反过来，依靠其权威又可以让周围群众心甘情愿地拥护他，接受他的调解。从人民调解的制度变迁来看，以品行立威信，发挥人格魅力在人民调解中的作用，始终是一条重要经验。在边区，郭维德热心帮助乡邻，同时又很讲原则，在村里很有威信，[2]以至于"现在连别的行政村有解决不了的问题，也来找他"。[3] 而在诸暨市枫桥镇，从军18年、从警24年的杨光照在退休后，完全可以把精力放在照顾患病的妻子和90多岁的老母亲身上。但在组织安排和工作需要面前，他依然表现出一名基层党员的政治本色和忠诚担当，"舍小家为大家"，全身心投入到新的工作岗位中。在调解纠纷中，杨光照始终秉持一颗公心，坚持"干部与群众一个样""职工与老板一个样""外地人与本地人一个样"。他还带领他的调解团队总结并推行"四延伸、四服务、四到场"等工作机制及"四千精神""四心素质"等调解心得，[4]用"公正"、"公心"和"亲民"赢得了百姓的信任。枫桥镇退休教师陈锦力这样评价："认识老杨20年，如水之交常淡淡；最乐莫过为百姓，至德当数想别人；沐风浴雨转忘我，调困排难传美谈；楷模总靠默默做，鬓雪飞来心亦甜。"也正是基于这种个人威信、人格魅力，让"有矛盾、找老杨"的顺口溜在诸暨市当地妇孺皆知。[5] 例如，在集镇经商的王某因给妻弟居间做担保人而与陈某陷入经济纠纷，法院判决后债主申请强制执行，视面子如命根的王某找到了素不相识的老杨，要求从中协调。陈某知情后，提出老杨出面什么事都好商量。就这样，一起即将进入执行程序的案件在老杨的调和下，双方握手言和。



---

〔1〕 参见孙伟：《浅析新时期人民调解工作者的影响力》，载《法律学习与研究》1990年第6期。

〔2〕 参见韩伟：《在社会文化网络中传承调解新传统》，载《人民法院报》2016年10月14日，第7版。

〔3〕 《解放日报》1945年1月9日，转引自张希坡：《马锡五与马锡五审判方式》，法律出版社2013年版，第158页。

〔4〕 "四千精神"是指访千家万户、说千言万语、吃千辛万苦、想千方百计。"四心素质"是指对待群众真心、化解矛盾热心、说服群众耐心、服务群众诚心。

〔5〕 参见金春华：《调解就要挖掉矛盾"根"源》，载新浪网：http://news.sina.com.cn/o/2015-12-01/doc-ifxmazpa0540886.shtml，最后访问日期：2017年8月16日。

### （六）道德教化，良善之治

陕甘宁边区政府从来没有把民事调解仅仅当成是一种纠纷化解的手段，而是赋予其开启民智、道德教化、改造社会等多元价值。郭维德做调解工作的一个主要经验，就是将做人民调解工作与教育人民群众结合起来，通过道德教化，使得家庭和睦、邻里互助。正是因为如此，原本一个“二流子”众多的贫穷落后村，几年来没有人与人民政府打过官司，还成为当地有名的民间调解模范村。“枫桥经验”形成之初，就有关于“多捕好还是少捕好”“武斗好还是文斗好”的大讨论，并最终选择“文斗”，实质就是道德教化的反映。杨光照及其调解团队的调解实践，传承了“枫桥经验”中一贯的教化治理传统。他不仅在做调解工作时依靠群众，同时在调解纠纷的过程中注重感化人、教育人、帮助人、塑造人。如在调解在校学生及未成年人伤害案件中，坚持“法制教育从严、行政处理从宽”的原则，从而使得在校学生的违规行为得到矫正。而在参与或主持轻微刑事案件和解中，他则以第三方中立的身份对加害人进行劝谕，使其认识自身错误，痛改前非，重新融入社会。同时，以一种宽恕的态度劝说被害人进行谅解，从而化解纠纷，恢复破损的社会关系。“老杨调解中心”调解的一个案例，生动地体现了人民调解与道德教化紧密结合进而实现善治的特点：

案例：2012 年 11 月，江西籍民工陶某与工业园区一冯姓老板因超车发生纠纷，争吵中陶某出手将冯某左眼打伤，法医鉴定为轻伤。初期，陶某并没有认识错误，并以坐在副驾驶怀孕的妻子受到惊吓为由，要求冯某赔偿经济损失。双方多次协商未果，事态进一步加剧。“老杨调解中心”受理后，杨光照和他的同事分别对双方当事人进行依法疏导、谈话教育，并明确指出陶某致人轻伤的行为及其应承担的法律后果。经过多次说服教育，陶某终于改变了态度，并在调解现场连续三次向冯某鞠躬致歉。冯某谅解陶某后，也主动降低了自己一直坚持的赔偿数额。最终，按照赔偿项目标准，由陶某一次性赔偿冯某 3 万元，并当场兑现赔偿款。协议兑现后，鉴于陶某态度诚恳，冯某的家属主动从赔偿款中拿出了 2000 元给陶某，让他给怀孕的妻子补充营养。陶某含泪紧握冯某的双手连声道谢，并发自内心赞言：“枫桥好人多。”[1]

[1] 案例来源：“老杨调解中心”杨光照本人提供。

这个调解个案,从多方面为我们展示了人民调解与"枫桥经验"教化治理之间的内在关联。首先,从案件双方当事人来看,一方为外地来诸暨务工的民工,一方为当地企业老板,一内一外、一富一贫,但杨光照并没有因为这种身份上的差异而在整个案件的调解中偏袒任何一方。其次,在案件受理之初,杨光照就首先指出陶某致人轻伤的行为及其应承担的法律后果。因为按照法律规定,轻伤已经构成了刑事立案的标准,倘若陶某对自己可能涉嫌犯罪的行为没有清醒的认识,并无后悔之意,那纠纷的性质就很有可能转化升级。而这样的结果,不管对陶某本人还是其怀孕的妻子而言,都将是一个沉重的打击。为此,在多次的调解过程中,杨光照始终依法疏导、谈话教育,试图通过耐心细致的群众工作改变双方的"敌对状态",以达互相谅解。最后,从调解的结果来看,认识到问题严重性的陶某在调解中三次起身致歉的行为获得了冯某的谅解。而冯某不仅主动降低了赔偿的数额,并在拿到赔偿款后,又从中拿出一部分作为陶某怀孕妻子的营养费。调解的最终结果,显然与"枫桥经验"所追求的教化治理达到了高度的一致。

（七）组织动员,典型带动

"树典型"是中共自延安时期始常用的宣传动员方式,通过典型传达政治信号一直是国家实施社会动员的重要策略。[1] 当时,政治推动的具体方式主要是报纸宣传、大会宣传、选举劳动英雄及实施奖励等。其中,影响最大的,还是从乡到边区每级政府都召开的声势浩大的劳动英雄代表大会。[2] "劳模运动"作为一种创造典型和推广典型的运动,在思想来源上体现了毛泽东"从群众中来,到群众中去"的群众路线思想。"劳模运动"就是要将群众创造出来的宝贵经验,再推广到群众中去。为广泛发动群众参与民间调解,培养树立调解典型,对于在调解工作中做出成绩的干部和群众,边区政府及时予以表扬、奖励。当时各级政府都评选了调解模范,并给以物质奖励,郭维德就是同时受到绥德分区和陕甘宁边区表彰的司法领域的劳动英雄。与此同时,《解放日报》和《群众日报》不断载文介绍调解模范的事迹,登载他们的调解范例。文艺工作者还把



---

〔1〕 参见冯仕政:《国家、市场与制度变迁——1981—2000 年南街村的集体化与政治化》,载《社会学研究》2007 年第 2 期。

〔2〕 参见高玉娇:《陕甘宁边区劳模运动研究》,载《延安大学学报》(社会科学版)2012 年第 5 期。

调解模范的事迹和案例编成故事、秧歌,在群众中演出宣传,扩大影响,并号召广大人民群众尊敬调解模范,向他们学习,支持他们的工作。[1]

毋庸置疑,榜样和典型的意义是无穷的。作为典型的"枫桥经验",其在各个不同发展时期,又在重新培育和塑造着新的典型。这些新的典型,伴随着上级领导的视察、调研以及新闻媒体的广泛宣传,得以迅速传播和放大。这既是一种宣传、推广和普及,也是对"枫桥经验"的重塑和强化。一定程度上讲,"树典型"显然已经成为"枫桥经验"的一部分。人民调解作为"枫桥经验"的重要内容,近年来,诸暨市也是通过电视、报纸、网络等平台,以多种形式向群众推介诸如杨光照这样的明星人民调解员和"老杨调解中心"这样的品牌人民调解室。此外,央视媒体还以老杨为原型录制了电视剧和专题片。在杨光照的示范带动下,诸暨市又先后涌现出以朱仲青、詹萍、蔡娟等为代表的一批人民调解典型及以这些典型人物命名的品牌人民调解室。目前,诸暨市已经实现了"一镇一品"。[2] 典型的辐射带动效应,也让"枫桥经验"走向全国。据不完全统计,近三年来,[3]"老杨调解中心"共接待来自全国各地考察团200余批,为江苏等省市考察交流团做矛盾纠纷化解、调解经验讲座30余场次。

## 四、人民调解的"枫桥经验"的法治化转型

纵观人民调解的历史变迁,其历史贡献和现实作用是毋庸置疑的。然而,在转型社会背景下,传统的人民调解制度面临功能弱化等问题与挑战,但这并不意味着该制度与现代法治不相容而走向式微。[4] 为此,在传承人民调解优良传统的同时,应积极改革创新,透过杨光照及其调解团队的调解实践,看到了人民调解法治化转型的探索和努力。

---

〔1〕 参见杨永华、方克勤:《陕甘宁边区调解工作的基本经验》,载《西北政法学院学报》1984年第2期。

〔2〕 近年来,诸暨市在原来"老杨调解室""老朱调解工作室"的基础上,培育了次坞镇"晓良调解室"、应店街镇"老五调解室"、山下湖镇"泌湖调解室"、牌头镇"乡贤帮忙团"、江藻镇的"詹大姐帮忙团"以及枫桥镇"娟子工作室"等。到2016年年底,全市成功创建品牌人民调解室30个,基本实现"一镇一品"。

〔3〕 统计截止日期为2017年3月16日。数据来源:杨光照本人提供的《老杨调解中心工作纪实》。

〔4〕 参见冯卫国:《转型社会中的人民调解制度:挑战及其应对》,载《法治研究》2014年第7期。

（一）人民调解员职业化和专业化色彩凸显

人民调解员职业化是指科学选拔具备业务素质的人员，赋予其调解民间纠纷的权力，使之公平地、长期地从事人民调解工作，以此为生获取与劳动成果相适应的报酬，并接受组织的培训、监管、考评及其奖惩。[1] 由此概念看来，人民调解员的职业化至少应包括人民调解员的职业技能、职业训练、职业准入、职业道德等核心要素。前已述及，杨光照曾在诸暨市枫桥派出所从警20多年，工作期间获得“浙江省十大杰出民警”“全国优秀人民警察”等诸多荣誉称号。同时，他还被诸暨市委党校、绍兴市委党校聘请为兼职教授。应该说，相较于郭维德而言，杨光照不仅有丰富的工作阅历、较高的个人威信和人格魅力，更是有20多年从事政法工作的背景。杨光照身上的这些“法律元素”，使他在调解民间纠纷中具有得天独厚的优势，也能较好地保证案件在法律的框架内得到解决。其实，杨光照及其调解团队仅是诸暨市人民调解员职业化的一个缩影。目前，该市不仅组建了由法律、医学、人民调解员等82名专家组成的人民调解专家库，广泛开展星级规范化人民调解委员会创建活动，[2] 更是成立了覆盖交通肇事、医疗事故、环境保护、物业纠纷、校园伤害等领域的专业性、行业性人民调解组织。截至2017年年底，诸暨市行业性、专业性人民调解组织就多达11家。[3] 如在诸暨市医调委中，专职人民调解员是兼有医学、法学专业知识的人员。被司法部授予“全国人民调解能手”称号的斯友全主任既是医学专家又是法学专家。除此之外，诸暨市医调委还另外聘请了23名法律专家。诸暨市交调委涉及公安、司法、法院、保险、发改五个部门，这五个部门的调解人员均是各自领域解决交通事故纠纷的法律专家。[4] 2014年至今，诸暨市交调委共调解案件18472起，成功17601起；诸暨市医调委共调解案件506起，成功494起。[5] 其中，2017年1月到7月，全市98%以上的医疗纠纷案件、90%以上的交通事故案



〔1〕 参见何阳、孙萍《有序推进人民调解员职业化——兼评昆山市人民调解员职业化制度》，载《中国劳动关系学院学报》2017年第3期。

〔2〕 参见诸暨市司法局：《关于开展诸暨市星级规范化人民调解委员会创建活动的实施意见》（诸司〔2014〕46号）。

〔3〕 参见杨理江、金家树：《全市11家专业调委会4年成功调处2万多起矛盾纠纷》，载《诸暨日报》2017年11月16日，第3版。

〔4〕 参见尹华广：《枫桥经验与调解法治化研究》，载《行政与法》2015年第2期。

〔5〕 参见杨凌燕：《专业调委会一览》，载《诸暨日报》2017年11月16日，第3版。

件,分别由诸暨市医调委、交调委妥善调处。[1]

诸暨市人民调解主体的法治化转型,还表现为调解组织的自治化、社团化。与传统矛盾纠纷化解自上而下由政府主导相区别,诸暨市注重培育、发展社会组织,寻求纠纷解决的社会自治机制。2015 年 12 月 4 日,由杨光照担任副会长的枫桥镇调解志愿者联合会正式成立。与其他调解组织明显不同的是,枫桥镇调解志愿者联合会系在诸暨市民政局经申请登记的社会团体,此举以志愿参与的形式开启了社会团体联合调解之路。尤其值得一提的是,2017 年 7 月 17 日,诸暨市司法局下发《关于开展人民调解员等级评定工作的通知》,就组织开展首次人民调解员等级评定工作进行安排部署。人民调解员等级根据其政治素质、工作业绩、从事人民调解工作时间等情况进行综合评定,共分特级、一级、二级、三级四个等级,等级可以逐级晋升,并作为实行奖励或补贴的依据。

毋庸置疑,随着专业性、技术性纠纷的日益增长,"专业矛盾专家调"的工作模式将是一个趋势。但这并不意味着传统的人民调解员及调解组织就失去了存在的价值,因为在处理传统的诸如婚姻家庭等家长里短式的纠纷中,他们因生活在同一个社区(村庄),熟知纠纷产生的原委、经过,更容易在第一时间介入、化解,效果也往往比较明显。因此,在坚持走人民调解职业化的同时,应注重提升以普通群众为主体的传统人民调解员队伍的调解能力和水平,从而走一条专群相结合的人民调解员队伍发展之路。

### (二)"以情理为导向"逐渐转向"以法律为基础"

我国有着数千年的文化传统,"天理、国法、人情"是深深扎根于人们心中的公平正义观念和是非评判标准。陕甘宁边区政府时期郭维德的调解实践,显然是传承了"以情理为导向"的传统,即"情、理、法"并用,但情理明显要优于法律。在杨光照看来,调解不是和稀泥,而是一个学法、知法、守法、懂法的过程。[2] 调解首先是依法调解,依法是调解的基础。杨光照表示,他调解的案件之所以成功率高、大家都比较信服,靠的就是依法调解加群众路线。依法调解

---

〔1〕 参见《诸暨法院坚持以人民为中心 传承创新"枫桥经验" 推动矛盾纠纷多元化解》,载微信公众号"多元化纠纷解决机制"第 319 期。

〔2〕 参见陈东升、王春:《从夯实基础到健全机制焕发生机》,载《法制日报》2016 年 8 月 10 日,第 1 版。

是基础,必须要依照法律的规定进行调解。在他总结的“调解七法”中,首个调解的方法就是“依法疏导法”。如在谈及其调解的一起借贷担保引发的离婚纠纷中,杨光照就直言:“两件事我们都用法律来调解,效果好,群众的法治意识越来越强,调解员不懂法就要下岗了。”[1]笔者2017年暑假在“老杨调解中心”调研时也发现,人身损害赔偿、交通事故赔偿以及治安案件赔偿等常见、多发案件的赔偿项目、赔偿标准以及计算方法等全部上墙,让人一目了然。而对于文化素质偏低、法律知识较差的当事人,在通过法律等抽象的规定劝导往往难以达到较好效果时,则采取“案例举例法”,使当事人借助真实的案例更加直观地认识到纠纷的利害关系。

案例:2015年12月11日,家住诸暨市山下湖镇的詹某驾驶轻型普通货车从山下湖镇驶往诸暨市牌头方向,途经诸安快速通道王家井镇道坛村时与诸暨市王家井镇黄某驾驶的电动自行车发生碰撞,造成黄某当场死亡和车辆损坏的道路交通事故。首次调解时,因交通事故责任认定书尚未出来,双方未达成一致意见。从2015年12月20日零时起,诸暨市全市实行城乡一体化,“农业”和“非农业”户口统一登记为居民户口。2016年1月12日,双方当事人申请王家井镇调解委员会再次组织调解。此时交通事故责任书已经出来,认定双方为同等责任。在此次调解中,双方争执的焦点就是否按照城镇居民标准计算赔偿数额。由于该事故跨越两个政策期,调解委员会在拿不准的情况下向法院和专业律师咨询,了解类似案件的处理情况,确认该市的人身损害赔偿是否已经实现“同命同价”。经过多方咨询后,促使双方达成共识,按照城镇居民标准计算赔偿数额。最后,双方就赔偿数额达成一致意见,由肇事方一次性补偿赔偿人民币54.1万元。



强调“依法调解”“规范调解”的同时,并不排斥情理的运用。杨光照也表示,在农村做调解必须兼顾情和理,考虑到乡情、民情和风俗习惯,这样群众才能接受,就是走了群众路线。如在调解一起加工承揽合同纠纷中,按法律规定作为定作方的企业老板确实可以不负法律责任,但是,承揽人9级伤残,住院花

[1] 金春华、吴飞坚、周永松:《依靠法律练出调解七法——记诸暨枫桥杨光照调解团队》,载《浙江日报》2016年7月22日,第3版。

了 8 万多元，尚有 3 万多元没有着落。从道义上说，作为企业有义务帮困解难。于是杨光照通过人性化的调解，并找来了老板的亲友来做工作，最后老板同意支付给承揽方 8000 元补助。由此看来，依法强化了调解结果的公正性、权威性，而情理则弥合了法律和现实的割裂，两者并非矛盾而是相辅相成的关系。

（三）人民调解规范化并发挥着基础作用

人民调解以其方式的灵活性和程序的非规范性有别于其他纠纷解决方式，但这并不意味着这一纠纷解决机制就与现代法治精神不相容。对此，至少可从如下三个维度观察：(1)健全人民调解管理和业务运行机制，即形成了一整套完备、规范的人民调解工作制度。比如，关于人民调解场所建设，就有“五有”“四落实”“六统一”的规定和标准。〔1〕 而关于运行管理和业务工作制度，就包括岗位职责、学习例会、人民调解登记统计、调解文书档案管理、业务公开公示、矛盾纠纷分析评估预测以及人民调解回访制度等 10 余项。可以说，从人民调解工作具体流程到人民调解员待遇、物质奖励等制度的建立，从调解工作台账到调解协议、案件卷宗制作等，都有明确具体的操作规范。(2)深化人民调解、行政调解、司法调解“三调联动”机制，形成了以人民调解为主，人民调解与行政调解、司法调解相互联接、优势互补的矛盾纠纷多元化解体系。以杨光照为核心所组建的“老杨调解中心”，就是人民调解创新发展的一种新组织，并在实际运行中自觉不自觉地被“焊接”到既有的调解网络和国家正式权力体系中，形成了一张以诸暨市各级党委为领导，以调解中心为枢纽，以枫桥司法所、枫桥派出所、枫桥法庭、枫桥检察室等为主要结点的调解组织网络。从某种意义上讲，杨光照及其调解团队就是矛盾纠纷多元化解机制建设的缩影和成功实践。(3)完善人民调解协议的司法确认机制。其实，早在 2010 年《人民调解法》出台前，诸暨市人民法院就有将依法审查后的《人民调解协议书》转化为法院《民事调解书》的做法，从而使人民调解协议书的效力得以确认。〔2〕 为使人民调解协议得到有效执行，近年来，诸暨市出台《关于加强对人民调解协议司法确认工作的若

---

〔1〕 “五有”“四落实”“六统一”即：有办公场所，有牌子，有印章，有工作台账，有工作制度；组织落实，制度落实，工作落实，报酬落实；名称统一，印章统一，场所标识统一，徽章统一，工作程序统一，文书格式统一。

〔2〕 参见中共诸暨市委办公室、诸暨市人民政府办公室：《关于建立人民调解与民事诉讼衔接联动机制的工作意见》（市委办〔2008〕113 号）。

干办法(试行)》,对于一些重大案件、涉及分期给付的案件,往往引导双方当事人申请司法确认,从而赋予人民调解协议强制执行力。2013 年、2014 年,诸暨市人民法院经司法确认的人民调解协议书就分别达 1088 份和 876 份。[1] 此外,为方便调解协议的司法确认,诸暨市人民法院还专门设立了审判简易案件的第九审判庭,只要有需要,法庭法官可以到联调委、医调委办公室进行司法确认,也可由当事人到第九审判庭进行司法确认。[2]

(四)人民调解智能化水平增强

党的十九大报告提出,"要提高社会治理的智能化"。社会治理智能化,意味着应顺应网络时代的发展大潮,充分应用好大数据资源,在促进信息化与社会治理的深入融合中,提升社会治理智能化水平。[3] 人民调解工作作为社会治理的一项重要内容,只有与信息技术深度融合,才能在未来的发展中占据主动,赢得先机。2018 年 1 月 9 日,浙江"矛盾纠纷多元化解平台"先行上线运行。平台依托互联网技术、人工智能和大数据,将在线咨询、调解等五大功能有机结合,汇聚全省各个条线、各个行业的优质解纷资源,形成了近万名在线调解员队伍。人民调解员在调解过程中可以通过智能咨询实时获取相应的法律法规和案例支持,有效解决了以往调解能力不足的瓶颈。[4] 诸暨市非常重视创新发展"互联网 + 人民调解",杨光照及其调解团队更是把"脚板走访"与"网络对话"有机结合起来,让人民调解变得更方便、更快捷。"老杨调解中心"配备有同步录音录像设备,对整个调解过程实行全程记录;调解过程与调解协议制作同步进行,调解达成后在第一时间签订调解协议。而在诸暨市的人民调解中,还可以通过手机 APP 实行在线调解、在线司法确认。截至 2017 年 6 月,平台向调解组织委派网上调解案件 39 起,调解成功 27 起,司法确认 9 起。[5]



---

〔1〕 数据来源:《诸暨市人民法院工作报告——2014 年 2 月 26 日在诸暨市第十六届人民代表大会第三次会议上》;诸暨市司法局人民调解工作汇报(2015 年 1 月)。

〔2〕 参见尹华广:《枫桥经验与调解法治化研究》,载《行政与法》2015 年第 2 期。

〔3〕 参见刘俊海:《智能化提供新动能》,载《人民日报》2017 年 11 月 1 日,第 19 版。

〔4〕 参见孟焕良、董东:《五大功能在线服务万人队伍在线调解浙江"矛盾纠纷多元化解平台"上线运行》,载《人民法院报》2018 年 1 月 12 日,第 1 版。

〔5〕 参见《我局构建"人民调解 +" 打造"枫桥经验"升级版》,载诸暨市政府门户网站:http://www.zhuji.gov.cn/zjsf/chnl7304/102548.html,最后访问日期:2017 年 8 月 31 日。

案例:2016 年 9 月,陈老先生的儿子陈某向诸暨市某针织有限公司借款 1 万元,但未按期履行还款义务。针织有限公司经多次催要无果后,于 2017 年 7 月 7 日将陈某诉至诸暨市人民法院。起初,诸暨市人民法院办案法官在征得原告同意后,将案件委托给诸暨市总商会人民调解委员会(以下简称诸暨市商调委)调解,但总商会多次联系陈某无果,将案件退回诸暨市人民法院。考虑到被告陈某的住所地位于枫桥镇,办案法官遂通过“法官指导 QQ”请求枫桥镇调解委员会老杨协助帮忙查找被告下落。后陈某父亲陈老先生根据老杨留下的地址找到老杨,并有意替儿子偿还债务。根据办案法官的委托,在“娟子工作室”,借助在线调解平台就此起债务履行纠纷进行调解,双方最终达成一致意见。由于是分期履行,为确保调解协议执行到位,经双方申请,办案法官很快在调解平台进行了司法确认。[1]

(五)“动员式治理”向“合作式治理”转型

合作式社会治理的实现路径是通过政府与社会组织多元主体的合作,整合社会治理与公共服务的资源与优化配置,为社会主体的功能发挥提供制度空间。[2] 陕甘宁边区处在“战时法制”的特殊背景下,人民调解除承担平息纠纷的本原功能外,更是承担着“在解决问题的过程中贯彻党的路线、方针和政策,实现共产党改造社会、治理社会的目的”,[3] 人民调解因被纳入党贯彻政治主张、动员群众支持党的政策、塑造新的社会秩序的努力之中而具有浓厚的阶级动员意味。[4] 与边区“动员式治理”明显不同的是,以杨光照为代表的诸暨市人民调解实践,是一种强调政府与志愿者协会、乡贤理事会等社会组织、企事业单位、社区和个人等多元治理主体各守其界、相互赋权、分工合作的基层治理模式,是一种着眼于社会治理主体结构变化的“合作式治理”。这种转变,将人民群众从传统的管理对象变为参与治理的主体,有助于促进个体培养公民意识、

---

[1] 参见蔡娟主编:《“枫桥经验”之人民调解案例故事》,浙江工商大学出版社 2018 年版,第 76 ~ 79 页。

[2] 参见孙彩红:《网格化社会管理转向合作式社会治理的现实与路径》,载《哈尔滨工业大学学报》(社会科学版)2017 年第 4 期。

[3] 强世功:《权力的组织网络与法律的治理化——马锡五审判方式与中国法律的新传统》,载《北大法律评论》2000 年第 2 期。

[4] 参见李婷婷:《社会治理视域下的人民调解》,人民出版社 2015 年版,第 50 页。

实现自我教化，进而也拓展了人民调解的治理功能。

党的十九大报告中提出，“加强社会治理制度建设，完善党委领导、政府负责、社会协同、公众参与、法治保障的社会治理体制，提高社会治理社会化、法治化、智能化、专业化水平”。[1] 打造共建共治共享的社会治理格局，离不开人民调解组织等多元化主体的广泛参与和协同配合，依赖于其社会自治和公共治理的能力和水平。而无论是陕甘宁边区的调解模范郭维德，还是“枫桥经验”的传承人杨光照，都是创新人民调解、推进基层社会治理中弥足珍贵的“本土创新”和“中国经验”，其在变与不变中的自我传承和自我革新，体现了弘扬优良传统与加强工作创新的结合，需要我们虚心借鉴、总结传承，推动人民调解工作更好地服务群众。



〔1〕 习近平：《决胜全面建成小康社会　夺取新时代中国特色社会主义伟大胜利——在中国共产党第十九次全国代表大会上的报告》，载《求是》2017 年第 21 期。

# 第四章 人民调解的"枫桥经验"与枫桥调解文化建设

人民调解作为一种具有中国特色的矛盾纠纷化解方式,是与我国传统的儒家"和合"文化与无讼观念联系在一起的。"在儒家思想文化传承的影响下,'和合'、'无讼'、'厌讼'的观念已经深深植根于我国民众的心中,'无讼是求',企盼人与人之间的和睦相处,寻求社会的安宁和谐,成为人们追求的崇高理想。"[1]可以说,正是这种独特的思想文化孕育了人民调解。当然,随着社会的不断发展,新时期的人民调解已与传统的调解有着极大的不同。但不可否认的是,文化建设对人民调解的发展起着至关重要的作用,特别是调解文化建设对人民调解的发展具有直接的塑造作用。

## 一、和谐——枫桥调解文化建设的价值取向

枫桥的历史变迁和社会发展构造了枫桥独特的文化,而这一独特的文化以和谐为灵魂。与此同时,枫桥调解文化建设又是以枫桥文化为根基和思想资源的,所以和谐无疑成为枫桥调解文化建设的价值取向。和谐作为人类孜孜以求的价值追求,是人类社会发展和美好生活的重要内容,也构成了衡量美好生活的重要标准,更是人实现自我完善的要求。和谐应包括三个方面的内容,即自然环境的和谐、社会的和谐和人心灵的和谐。自然环境的和谐一方面表现为大自然能够按照自然规律演进,人类对大自然没有施加破坏性的影响,另一方面则表现为自然环境的优美,与人类相得益彰,互相滋养;社会和谐也体现在两个方面,一是社会安定、矛盾冲突少,二是矛盾纠纷能够得到很好的化解,社会秩序井然;人心灵的和谐是指人内心的平和与满足。当然,对于人而言,这三者的

---

〔1〕 林振通:《调解的文化基础与价值功能》,载《人民法院报》2011 年 6 月 10 日,第 5 版。

和谐是相互联系的,也正是这三者的全面和谐构成了人的美好生活。具体来讲,优美的自然为人类生活提供了物质基础,稳定的社会秩序使人的社会交往活动得以正常进行,平和的心灵则使人的境界得以提升,不会对自然、社会和自己构成侵害。枫桥文化作为一种和谐文化,也主要包含着这三个方面的内容:首先,枫桥文化根植于优美的山水文化。枫桥位于诸暨市的东北部,东南部有会稽山、紫薇山环绕,西北部与湖贩平原连接,山川秀美,寺庙林立,人杰地灵。枫桥的乡村,"小河清清,荷叶方露尖尖角;绿树成荫,孩童在树下嬉戏玩耍。远处的田里,水牛在悠闲吃草,背上停着一只白鹭,宛如画图"。[1] 其次,枫桥文化蕴含着耕读文化和理学文化。枫桥人历来尊师重教,崇尚经学传世、耕读传家。在历史上曾有中原人士多次定居枫桥等地,比如历史学家司马迁、大书法家王羲之、大诗人白居易、理学大师朱熹、儒学大家陈寿、哲学家王阳明、大词家辛弃疾、地理学家徐霞客等,从而使枫桥文教昌盛、崇道重理。最后,枫桥文化含涉着社会主义新农村文化。2005 年 10 月,党的十六届五中全会提出要按照"生产发展、生活富裕、乡风文明、村容整洁、管理民主"的要求,扎实推进社会主义新农村建设。可见,社会主义新农村文化是在社会主义新农村建设中形成的一种现代的、文明的、和谐的文化。这种文化归根结底是一种农村的"新人"文化。枫桥积极推进社会主义新农村建设,通过加强村落公共文化建设,开展校园文化、企业文化建设,营造遵法守纪、安宁祥和的氛围,形成了体现枫桥地方特色的社会主义新农村文化。总之,无论从物质层面、社会层面,还是个体精神层面,和谐都是枫桥文化的价值内核与精髓,也正是这种和谐文化孕育着枫桥的调解文化,并成为枫桥调解文化建设的思想资源与价值取向。



## 二、枫桥调解文化建设实践

在实践中,作为以调解方式为化解矛盾纠纷典型的枫桥十分注重调解文化建设,特别是通过和谐乡村文化建设与调解文艺创作等,有力地形塑和滋养着枫桥的人民调解工作,并形成了"枫桥经验"这一化解矛盾的独特模式。

### (一)枫桥的乡村文化建设

枫桥在构建社会主义新农村与社会主义和谐社会中,十分重视乡村文化建

[1] 王慧敏、顾春:《乡村和谐看枫桥》,载《人民日报》2009 年 6 月 7 日,第 5 版。

设的作用。通过传承优秀传统文化、抓文化设施建设、抓普法宣传教育、抓校园和企业文化建设等,使和谐成为一种普遍的价值共识和生活方式。具体而言,枫桥的乡村文化建设主要体现在以下几个方面:

1. 注重传承优秀的传统文化。优秀传统文化是一个民族的根基和灵魂,也是一个民族得以繁荣发展的精神动力,加强对传统优秀文化的传承,有助于形成新文化,也有助于使人们形成认同感、归属感和自豪感。枫桥在乡村文化建设中十分注重挖掘优秀的传统文化资源,依托三贤故居(陈洪绶纪念馆光裕堂、杨维桢纪念馆遵清堂、王冕隐居地九里故居),打造"三贤"文化新地标;同时,成立枫桥三贤文化研究会,挖掘枫桥人文中"忠、孝、义、安"的内涵。为了宣传三贤文化,研究会设立会刊《枫桥风雅颂》,并开设三贤馆、孝义风、美地雅、乡贤颂、古镇情等栏目,以宣传孝人孝事、乡贤故事、调解案例、古镇建设等方面内容。不仅如此,枫桥还在全镇范围内开展家规家训征集活动,并将征集到的家规家训上墙宣传,形成了继承和弘扬优秀传统文化的氛围。

2. 积极抓文化基础设施建设。文化的核心是精神,而精神的形成又必须依托一定的物质。从这个意义上讲,文化建设首先要着眼文化基础设施的建设。在实践中,枫桥特别重视文化基础设施建设。"2011 年以来,(枫桥)镇、村二级已投入资金 3000 余万元用于农村文化阵地设施建设,其中占地 80 亩的文体公园已启动建设、占地 14000 平方米的红枫广场基本完工。到目前,镇、村公共文化设施齐全,面积达 2500 平方米的镇文化活动中心,内设有图书分馆、培训室、共享工程、健身室、排练厅、历史文化展示,占地 14000 平方米红枫广场等,文化活动中心常年向群众免费开放。村级文化活动室普及,全镇 28 个村都建有图书阅览室、文化培训、排练、棋牌等设施配套的文化中心,并免费向群众开放",[1]还先后在杜黄新村、梅苑村、全堂村、栎桥村等建设了文化礼堂,启动了梅苑村文化礼堂乡村记忆馆提升工程,仅 2017 年就新建村级文化礼堂 4 个。这些文化设施作为载体有力地发挥着构建积极、文明的乡村文化的作用。

3. 推进精神文明道德风尚建设。在枫桥的文化建设中,精神文明道德建设是重要内容,通过广泛地发动群众参与乡村治理、文明建设、行业自律等社会活

[1] 任光法:《枫桥镇创建公共文化服务体系示范区的实践与思考》,载《大众文艺》2013 年第 12 期。

动，特别是依据国家法律、法规、政策，制定村规民约、护林公约、禁赌条约等，以及在全镇广泛地开展纠纷调解工作，不仅丰富了群众的精神生活，使其境界得以提高，而且极大地促进了社会和谐。据统计，2016 年全镇成功化解各类矛盾纠纷 992 起，调解成功率达 95% 以上，及时有效地消除了不安定因素，促进了文明乡风与村风的形成。同时，工青妇及敬老协会、禁赌协会、计生协会等充分发挥自身优势，组织开展群众性活动和公益劳动，丰富了群众业余生活，增强了群众的公益意识。比如，通过开展"文明家庭""最美家庭""和谐家庭""好媳妇、好婆婆"等评选活动，使孝亲敬老、重教知礼、勤劳节俭、诚实守信等传统家庭美德得以广泛弘扬。

4. 加强对农民的普法宣传教育。道德和法律是规范人们生活最为基本的方式，努力提高农民的法律素质是构建和谐枫桥的重要手段。在枫桥的乡村文化建设中，对农民进行法治教育、构建法治文化是其重要内容。从法治教育的主体来看，一方面从抓镇村干部的法治教育入手，每年年初定期对镇村两级干部进行法律知识培训，组织法律考试，并把考试成绩纳入干部的目标考核，以提高依法行政、依法办事水平，基层干部学法的主动性、自觉性明显增强，法律素质不断提高；另一方面还大张旗鼓地抓普通群众的普法宣传教育，通过发挥每个村的法制宣传亭的作用，定期开展有针对性的法治宣传，特别是群众需要什么、不懂什么，就重点宣传什么。从法治教育的方式来看，除了传统的横幅、宣传栏、宣传车等方式以外，经常运用有线电视、广播等开展法制教育，并每年组织一次大型的群众性法律知识竞赛，在群众中营造了良好的学法、知法、依法经营、守法致富氛围，群众运用法律知识解决问题的意识明显增强，从而减少了纠纷矛盾的产生和激化。



5. 着力推进校园和企业文化建设。在枫桥的乡村文化建设中，校园和企业文化建设是重要抓手，这是因为，一方面青少年是枫桥的未来，抓好校园文化建设有利于通过文明校园带动文明枫桥；另一方面青年是枫桥经济和社会发展的主力军，加强企业文化建设有利于丰富枫桥乡村文化建设。具体实践中，"枫桥校园文化建设致力于促进人的全面发展和提高青少年的思想道德素质，确立'敢于吸收双差生、培养一个尖子学生与改变一个双差生同样重要'的理念，在强化素质教育的同时，注重法制教育，形成了以学校教育为基本阵地，青少年法制学校为主要载体,社区教育为依托,家庭教育为基础的法制教育机制”。[1] 枫桥将企业文化建设与育人联系在一起,提出“办厂就是办学、教育造就人才、人才创造名品”的基本理念和价值追求,“积极运用厂报、厂歌、图书馆、阅览室、墙报、黑板报和职业学校等载体和形式,致力于提高人的素质特别是外来员工的技能和素质”。[2] 比如,步森、开尔等大型企业通过开办职业学校以培养高素质的员工和塑造大写的“人”。

(二)枫桥的调解文艺创作

生活是文艺之源,有什么样的生活就会产生什么样的文艺。在诸暨市枫桥镇,人人讲和谐、促和谐是人们对美好生活的理解和追求,广泛地运用人民调解的方法维护和谐是实现这种追求的鲜活实践,因而孕育和生成了大批以和谐为主题、以调解为内容的文艺作品。这些调解文艺作品积极反映现实生活,热情讴歌人们对和谐美好生活的追求,不仅丰富了人们的精神生活,也传播和建构着调解文化。

当然,这种调解文艺和调解文化的创作与生成离不开人们的文化自觉。也就是说,一方面,调解文艺的生成首先需要对本地域的诸多文艺形式有所认识,即本地域有什么样的文艺形式,以及哪些文艺形式是人们所喜爱和乐于接受的,因为任何文艺都需要一定的形式来呈现。在诸暨市,越剧、绍剧是大家所喜闻乐见的文艺形式,因此,通过越剧、绍剧这些载体来呈现调解生活是最能为群众所理解和接受的。另一方面,调解文艺的创作还取决于人们对文化的价值认知。文化对人的思想和行为具有引导与规约的作用,通过调解文艺所构建的调解文化必然能够使人们在现实生活中将矛盾纠纷的调解作为一种行为自觉;同时,文艺也是一种描述、记录、存储和展现生动的现实生活的最好形式,调解文艺就是对枫桥人民调解活动的最好呈现。

同样,这种调解文艺和调解文化的创作与生成需要多方共同推动。首先,调解文艺创作离不开优秀的文艺工作者。在诸暨活跃着大批专业的文艺队伍,他们积极深入生活、体验生活、讴歌生活,才能创作出脍炙人口的文艺作品。与此同时,非专业的文艺队伍也纷纷建立,这些业余文艺队伍立足基层,因而更能

[1] 金伯中:《论“枫桥经验”的文化底蕴》,载《公安学刊》2004年第3期。
[2] 同上。

够将身边的感人故事变成戏曲艺术。其次,调解文艺创作也离不开政府部门的大力支持。诸暨市各部门十分重视调解文艺创作,积极构建工作机制,通过建设"文化惠民"工程项目,把优秀的节目送到老百姓身边。同时,诸暨市还投入巨大财力打造精品文艺作品,比如《平安枫桥》和《祥林嫂》等。此外,诸暨市积极建设文艺设施,如除了在诸暨市建成了标志性的文化设施——西施大剧院,还在村镇也大量建设了文化礼堂、剧场和舞台,使创作的调解文艺作品能够呈现在群众面前。

总之,在以人民调解化解矛盾的社会治理中,以枫桥为代表的诸暨积极发挥文化在社会治理中的作用,通过调解文艺创作形成了一大批反映群众生活的戏曲作品,极大地弘扬了和谐价值观,宣传了人民调解的工作机制和方法,形成了枫桥独特的人民调解文化,这种文化也必将在化解社会矛盾中发挥重要作用。

## 三、枫桥调解文化建设对人民调解的塑造及其价值

枫桥在促进以社会和谐为核心的社会治理中十分重视文化的作用,特别是通过乡村文化建设和调解文艺创作所进行的调解文化建设有力地塑造着枫桥的人民调解。具体来讲,它主要从人的心理、社会环境、独特内涵及其功能发挥等层面形塑着枫桥的人民调解。



1. 调解文化建设丰富了人民群众的精神生活,为枫桥人民调解奠定了心理基础。人作为精神性存在,如果精神贫乏,将导致人生没有方向、生活缺乏意义,酗酒、赌博、打架斗殴等不文明的现象更易发生,从而产生社会治安问题。众所周知,精神的问题只能通过文化来加以解决。因此,加强文化建设是丰富人们精神生活的必然要求。枫桥通过文化建设和调解文艺创作积极补齐了乡镇精神文明建设不足的"短板",特别是建设文化礼堂,设立图书室、老年活动室、健身房,不仅使人们闲暇的时候有地方可去,而且能够在享受到快乐的同时提高自己。与此同时,每个行政村都有文化宣传员和两个以上文体队伍,根据群众的需要开展社会主义核心价值观的宣传、法律法规的宣传、好人好事的宣传,以及孝亲敬老典型的宣传,使群众明白哪些行为是光荣的、文明的和需要提倡和鼓励的;文体队伍也积极编排和创作各种文艺节目,将身边的好人好事搬

上舞台，每月举办一次文艺演出，让群众感受到浓浓的文化氛围。不仅如此，每个村每年还积极邀请电影队放映电影、文艺下乡演出，有力地丰富了人们的精神生活。事实上，通过积极开展文化阵地建设，枫桥的图书室多了，歌舞多了，赌博少了，打架斗殴少了，这从侧面说明枫桥人民的精神风貌和文明程度提高了。

2. 调解文化建设促进了乡村文明与和谐发展，为枫桥人民调解构建了良好的社会环境。枫桥以“平安、文明、富裕、活力”为总目标、总要求，坚持以目标、问题、效果为导向，增强人民群众的获得感、安全感和幸福感，并通过加强乡村文化建设，扎实推进乡镇文明建设，使全镇的文明和谐度有了极大提高，涌现出一大批经济发展好、社会和谐的行政村。比如，枫源村作为新时期“枫桥经验”的发源地，其文化建设把创先争优活动与引领民主法治村、服务基层结合起来，积极推进村级治理法治化和民情通标准化建设，实现了“小事不出村、大事不出镇、矛盾不上交”，有力地确保了基层的和谐稳定，并先后荣获“浙江省全面建设小康示范村”、“诸暨市新农村建设示范村”、“绍兴市民主法治村”、诸暨市创新发展“枫桥经验”先进集体等荣誉称号，被列为诸暨市的市级“精品村”；杜黄新村在乡村文化建设中积极发挥传统优秀文化的作用，强调建章立制的作用，探索实施村规民约和村史村训，以及制定村民行为约束“负面清单”和劝导式“正面清单”，同时还注重文化载体建设，设立了村级法治大讲堂，邀请法官和律师授课，引导群众依法维权，形成了浓厚的法治氛围。通过文化建设，杜黄新村先后获得浙江省文明村、省“平安家庭”创建示范村、绍兴市全面小康示范村、市体育小康村、市乡风文明示范村、市新农村样板村、市文化特色村等荣誉称号。可见，通过乡村文化建设和调解文艺创作，使文化有效地引领和预防了社会矛盾，枫桥的乡村不仅实现了文明发展，也实现了和谐发展。

3. 调解文化建设注重“三治”（德治、法治和自治）融合，为枫桥人民调解注入了独特内涵。调解作为一种化解矛盾纠纷的方式，是一种非诉方式，具有成本低、效率高、不反复等特点，因而成为农村地区化解矛盾纠纷的普遍方式。当然，由于不同的地域文化，所构造出的调解文化也不相同，从而使不同地域的调解呈现出不同的样态。枫桥乡村文化建设和调解文艺创作等所构建的调解文化是一种集德治、法治与自治于一体的化解矛盾纠纷的文化。正是基于这样一种文化,枫桥的人民调解注重优秀传统道德在调解中的作用,比如善于将“忠、孝、义、安”等要求渗透到矛盾纠纷的化解中来,并积极成立乡贤理事会,将乡村中有文化、有名望、有涵养的“贤达”组织起来,使其加入到矛盾纠纷的化解中来,形成了“道德+乡贤”这一枫桥人民调解的基本机制与重要内容;同时,枫桥的人民调解也注重国家的法律和法规,通过对领导干部进行法律培训和对普通群众的法律宣传,使法律法规真正成为人民调解的重要依据。当然,这主要是针对一些涉及法律的矛盾纠纷,比如合同纠纷、土地纠纷等。枫桥的人民调解还注重村规民约在人民调解中的作用,在文化建设中积极制定符合本村实际而又具有可操作性的村规民约、护林公约、禁赌公约、文明公约等,依据这些公约,私人领域和涉法领域以外的矛盾得到了很好的化解。据此可以说,枫桥的人民调解是德治、法治和自治有机融合的生动体现与结晶。

4. 调解文化建设注重文化治理,为枫桥人民调解功能的发挥提供了重要保障。一般来讲,文化作为一种生活方式,具有社会治理的价值功能。不言而喻,枫桥在乡村文化建设和调解文艺创作中所构建的调解文化也具有社会治理的价值。(1)从目标来看,枫桥的乡村文化建设旨在减少和化解社会矛盾,促进社会和谐,而这正是社会治理所追求的内容之一。(2)从主体来看,通过乡村文化建设,乡村的所有主体都被积极地动员起来,比如乡镇政府、村民委员会、基层党组织、乡贤、乡村团体、群众等,形成了广泛主体协同治理的格局。同时,从制度保障来看,在乡村文化建设中,优秀的传统道德得以被挖掘和弘扬,法律法规得以被广泛而深入地宣传,各种乡村公约得以被建立,这些形成了社会治理的规范要求。(3)从方式方法来看,在具体的调解过程中,根据矛盾纠纷的不同性质灵活地施用调解依据和选择调解人,既可以依照道德调解,也可以运用法律调解;还可以采用自治公约进行调解;既可以请乡贤帮助调解,也可以选择村社组织调解,还可以选择专门的民事调解会进行调解。(4)从效果来看,由于枫桥的乡村文化建设所弘扬的是一种向上的、文明的和谐文化,因而在矛盾纠纷的调解过程中,纠纷双方都能够尊重调解人员,尊重和认同调解规范,并积极换位思考,从而快速、高效、和气地消除矛盾。



## 四、枫桥调解文化建设塑造人民调解若干思考

枫桥的调解文化建设不仅在促进社会和谐中发挥着十分重要的作用,还有

力地突出了文化作为特殊的治理手段的价值，特别是在创新社会治理中构造出了枫桥独特的人民调解。然而，随着社会的开放化、城市化、信息化日益深入，枫桥调解文化建设及其所塑造的人民调解所存在的局限性和问题也逐渐地显现出来。

1. 枫桥调解文化建设中形成的人民调解很大程度上还存在维稳的思维。从历史源头来看，“枫桥经验”是基于国家对社会的管理而生成和发展的，并且在不同的历史阶段形成了关于“枫桥经验”内涵的不同定位，依次经历了“改造”、“治安”和“维稳”。这使枫桥在调解文化的构建中依然存在浓重的维稳思维，从“枫桥经验”的一般表达就可窥见一斑。如“小事不村，大事不出镇，矛盾不上交”，完全把矛盾控制在基层，强调不出事、不出大事，不给上级找麻烦，这显然是“稳定压倒一切”的做法。同时，在理念上也突出维护稳定，强调“党政动手，依靠群众，立足预防，化解矛盾，维护稳定，促进发展”。此外，在实践中倡导淡化矛盾冲突，强调基层政府、村民委员会、调解委员会以及乡贤在调解中的主动作用，而忽视群众自主化解矛盾的能力。花费巨大的人力、物力和财力所构建的“大排查、大防控、大调解”格局体系尽管在促进社会和谐中发挥着作用，但成本和效益相比显然是不经济的。由此不难看出，枫桥社会管理具有显著的“维稳化”特征。有学者在总结枫桥的社会管理时也指出，“维稳本来只是途径，维权才是最终目标。但近年来基层政府却跳不出‘刚性维稳’的窠臼，甚至错误地把维稳作为社会管理的目标”。[1] 因此，这就要求枫桥积极转变社会管理的目标与理念，打造“枫桥经验”的升级版。

2. 枫桥调解文化建设中形成的人民调解倡导淡化矛盾冲突不利于利益维护。在枫桥的人民调解实践中，倡导淡化矛盾冲突以维护人际关系的和谐，这在传统熟人社会中有利于快速消除矛盾冲突。然而，随着市场经济发展的不断深入，农村传统的社会结构正在走向解体，原来以伦理纽带整合起来的社会开始崩塌，因而仅靠“低头不见抬头见，不要伤了和气”等传统的生活法则来处理矛盾显然已不合时宜。况且现代的社会治理并不回避矛盾，而是积极主张通过对人民利益的维护和保障，在根本上消除矛盾。众所周知，在社会发展进入到

[1] 卢芳霞：《从“社会管理”走向“社会治理”——浙江“枫桥经验”十年回顾与展望》，载《中共浙江省委党校学报》2015 年第 6 期。

新的历史时期的今天,不平衡不充分的社会发展已经导致各种社会矛盾急剧增加,比如劳动争议矛盾、医疗纠纷矛盾、征地拆迁矛盾、婚姻家庭矛盾等。与此同时,人们的权利意识在不断提高,权利思维也开始形成,并积极主张自己的权利。因此,积极维护自己的合法权益很大程度上已经成为人们的自觉行为。在这样的情况下,继续以传统的和谐观和以牺牲利益换取和谐的做法显然已不符合时代的发展趋势,如果还一味倡导淡化矛盾冲突,不仅不能维护社会的和谐稳定,很大程度上还可能带来新的矛盾。因此,枫桥在人民调解中应实事求是,不回避矛盾冲突,积极通过维护各方利益的方式来化解矛盾,从而维护社会的和谐。

3. 枫桥调解文化建设中形成的人民调解应从单一政府主体向多元主体转变。现代社会治理在理念上强调民主平等、权力共享、协调配合、共同参与,特别是强调多中心共治,也就是发挥多元主体的治理功能。事实上,随着社会问题的复杂化、社会矛盾的尖锐化,社会治理仅靠单一的政府或其他单一力量很难实现预期的效果,因而就需要把可能的主体都动员起来共同参与,发挥整体优势。在实践中,枫桥从最初的改造"四类分子"的做法一直到现在,都是政府在推动,特别是基层政府在工作中创新方式方法并取得一定成绩以后得到上级政府的肯定,上级政府反过来加大力度推进基层政府的工作。虽然这种政府内互推有助于枫桥人民调解工作的开展和社会和谐的维护,比如政府投资建设乡村图书室、阅览室、体育馆、展览馆、文化礼堂,同时还组织建设各类调解组织等,但不可否认的是,这些人财物成本的投入是相当高昂的,而且每年仍有大量的矛盾纠纷和上访事件。所以,仅靠政府的投入与组织显然难以有效地发挥人民调解在化解矛盾纠纷中的作用,还需要扩展调解和维护社会和谐的主体。十九大报告明确指出要全面推进治理体系和治理能力的现代化,而治理体系的现代化在主体向度上就是要走向多元化,以发挥多元主体的共治功能。从这个意义上说,枫桥的人民调解应积极从单一政府主体向多元主体转变,从而实现人民调解治理的现代化。



4. 枫桥调解文化建设中形成的人民调解应从传统调解向提供专业服务转变。党的十九大报告中提出,当前社会主要矛盾是人民对美好生活的需要与发展不平衡不充分之间的矛盾。对于人民而言,社会生活中实现美好生活,首先就是要能够维护其利益，这是美好生活最起码的要求。因此，对于枫桥而言，尽管和谐是美好生活的重要方面，但不能牺牲利益来换取所谓的"和谐"，这样的"和谐"是一种不公正的、打了折的、表面的和暂时的和谐。在实践中，为了实现这种"和谐"通过淡化矛盾冲突的方法来化解矛盾自然是不可取的，这不利于人民利益的维护。党的十九大报告同时提出，要全面推进治理体系和治理能力的现代化。对于枫桥可想而知，不仅仅要化解矛盾以实现社会的秩序与和谐，还要维护好人民的广泛利益，这就是治理能力的问题。那么，枫桥如何才能提高治理能力呢？这要求在实践中将人民的利益维护与和谐社会的维护结合起来，而要实现这种结合首先就需要治理理念和方式的转变。具体来讲，枫桥的人民调解亟须从传统调解向提供专业的服务转变。也就是说，化解矛盾不能仅看社会效益，而应更注重矛盾纠纷当事人的需求，通过提供专业化的服务，在维护个人利益的基础上实现社会的和谐，这是现代社会治理的内在要求，更是美好生活实现的必然路径。

枫桥的人民调解以和谐为价值取向，而和谐又深深地蕴含在枫桥独特的历史文化当中。在新的历史时期，枫桥立基于山水文化、理学文化和乡贤文化等传统文化，积极进行乡村文化建设和戏曲文艺创作，开启了新时期枫桥的调解文化建设。这种调解文化建设塑造着枫桥人民调解的形态，使其具有了新的内涵。当然，在实践中，由于枫桥调解文化建设中所形成的人民调解具有明显的过渡性，因而必然隐含着历史的印迹，存在一定的问题。但是，这些问题无疑为枫桥人民调解的发展指明了继续努力和奋斗的方向。

# 第五章　“大调解”建设的“枫桥经验”

肇始于20世纪60年代的“枫桥经验”历经50余年的演变发展，至今依然保持着勃勃生机，在新时代基层社会治理中发挥着示范作用。“枫桥经验”的灵魂和精髓就在于依靠群众有效化解社会矛盾。在坚持这一核心内涵的前提下，“枫桥经验”的诞生地——浙江省诸暨市，紧贴时代脉搏，不断开拓创新，使“枫桥经验”从理念、机制到操作路径都不断丰富发展。近年来，诸暨市在“大调解”体系建设方面的有效探索为我国多元化纠纷解决机制的构建提供了一个宝贵样本，这也是新时代“枫桥经验”升级版的精华部分之一。

## 一、“大调解”在我国的提出与实践

改革开放以来，在经济高速发展、人民生活水平不断提高的同时，社会利益关系日趋复杂，社会矛盾纠纷呈多发态势。尤其在改革进入攻坚期和深水区背景下，矛盾纠纷的增长与加剧不可避免。新时期我国社会中的矛盾纠纷出现了一些新的特点与趋向。从涉及的主体来看，除个人之间的纠纷外，越来越多的纠纷涉及企事业单位、基层社会组织及政府部门等；从涉及的内容看，除了在家庭、邻里、社区、公共场所等发生的简单性纠纷外，一些新型纠纷，如物业管理、征地拆迁、环境污染、劳动争议、医疗、投资等方面的纠纷越来越多，法律关系更趋复杂，处理难度更大；从表现形式来看，矛盾纠纷的关联性、敏感性、对抗性增强，有的采用过激行为表达诉求，有的恶意缠访、闹访，甚至引发刑事案件、群体性事件，扰乱正常社会秩序，造成恶劣影响。

新时期矛盾纠纷的急剧增长和日益复杂化，给社会治理带来了巨大挑战。面对诉讼激增、案多人少、司法机关不堪重负的局面，构建多元化矛盾纠纷解决机制势在必行。调解作为化解矛盾的“东方经验”，其功能重新受到青睐。立足于整合体制内外的调解资源，服务于维护社会稳定的大局，“大调解”模式应运而生。2003 年,江苏省南通市在全国率先构筑社会矛盾纠纷大调解体系,简称“大调解”。所谓“大调解”,是指地方各级党委和政府充分发挥政治优势,构建政法、综治、维稳、信访部门综合协调,有关部门、单位各司其职,社会各界广泛参与,人民调解、行政调解、司法调解既充分发挥作用又相互协调配合的调解工作体系。〔1〕“大调解”奉行“调防结合、以防为主、多种手段、协同作战”的指导方针。在“大调解”模式下,调解的范围由原来的民间纠纷扩展至各种经济、行政纠纷以及群体性纠纷;动用的手段从简单到复杂,不局限于说服教育等传统手段,还动用法律、经济、行政、政策等多种手段。正如苏力教授所指出的,大调解更注意综合利用当代中国解决纠纷的各种制度资源,它也比 ADR 或替代纠纷解决方式等说法朴实和简短,容易为普通中国人所理解。〔2〕

由于政府的强有力推动,“大调解”模式便于整合社会各方面资源,在一定程度上提高了调解结果的权威性,对于实现案结事了的目标,促进基层社会的稳定起到了积极作用。尤其在处理一些重大复杂的矛盾纠纷方面,“大调解”取得了较为明显的成效,弥补了单一的人民调解或司法调解力不从心的局限。“大调解”模式也得到中央综治委的肯定,逐步在全国范围内推行。

然而,“大调解”模式在运行中也曾暴露出一些问题。正如有学者指出的那样,以往的“大调解”工作对党委、政府的依赖程度很高,其运作机制是自上而下的行政主导性的,推进方式主要靠社会动员,这样不仅成本很高,而且纠纷解决的能力和效果取决于上级的重视程度。另外,“大调解”的解纷功能主要是事后型的,即主要面对已经发生且大多数是已经激化的矛盾,处理的多以上访、甚至是群体性上访表现出来的纠纷,大调解的功能更多是事后型的“救火”而不是预防,不能充分体现“防微杜渐”的作用。〔3〕在“大调解”模式下,政府力量的深度介入与浓厚的行政动员色彩,使人民调解的自治性质受到一定的冲击,这也是一个需要注意的问题。此外,一些地方在推行“大调解”工作中,还出现过一些不符合法治思维与法律方式的问题,如过于强调维稳功能,强调硬调,忽

〔1〕 参见《“大调解”工作体系》,载中国长安网:http://www.chinapeace.gov.cn/zhuanti/2016-07/18/content_11,最后访问日期:2017 年 10 月 8 日。

〔2〕 参见苏力:《关于能动司法与大调解》,载《中国法学》2010 年第 1 期。

〔3〕 参见吴英姿:《“大调解”的功能及限度——纠纷解决的制度供给与社会自治》,载《中外法学》2008 年第 2 期。

视当事人权益保障；或者过分迁就当事人不合理的利益诉求，损害法律权威与法治信仰等。这些问题影响到“大调解”的运行效果，也引起一些学者的疑虑及诟病。

应当说，“大调解”作为中国特色的矛盾纠纷解决方案，其产生和存在具有合理性和必要性，其积极作用不容否定。党的十八大以来，直至党的十九大，中央都强调要构建和完善多元化纠纷解决机制，加强预防和化解社会矛盾机制建设。“大调解”模式基本上同中央的精神和要求是契合的。但是，必须正视以往实践中存在的问题，从社会治理创新的高度和广度，改革和完善“大调解”的组织体系和运行机制，通过兴利除弊，更好地发挥其在预防和化解社会矛盾中的作用。

## 二、“大调解”体系建设在诸暨的创新与发展

“枫桥经验”以化解基层矛盾纠纷而著称，而调解一直是其基本的手段和途径。人民调解制度的创造性运用和发展，可以说是“枫桥经验”长盛不衰、历久弥新的秘诀之一。2011 年以来，诸暨市以“枫桥经验”为引领，坚持“大调解、大服务、大发展”的工作思路，努力推进“大调解”体系建设，取得了显著成效。



2011 年，中共诸暨市委出台《关于坚持发展“枫桥经验”加强和创新社会管理的决定》，明确提出要“形成多层次、专业化、全覆盖的大调解工作格局”。2012 年，中共诸暨市委办公室、诸暨市人民政府办公室发布《关于进一步深化完善社会矛盾纠纷“大调解”体系建设的实施意见》中，明确了工作目标，健全了工作体系，提出了具体要求。诸暨市成立了由市委书记、市长牵头的社会矛盾纠纷大调解体系建设领导小组，下设办公室，具体负责日常工作和协调督促。各镇乡（街道）、相关部门（单位）成立相应的组织机构，由党政一把手担任大调解工作第一责任人，指导协调和包案化解重大矛盾纠纷。该市还成立了市调解工作指导中心，统筹指导全市的人民调解、行政调解、司法调解，承担联系协调、管理指导、纠纷排查、宣传四大职能，推动全市形成上下统一、分工明确、指导有力的大调解体系建设管理机制。

通过搭建平台、整合资源、完善机制，诸暨市目前已经建立起“党政领导、综治牵头、部门协调、各司其职、社会参与、多调衔接、多方联动”的大调解工作体

系;初步形成了一个以人民调解为基础,专业性、行业性调解为依托,行政调解、司法调解、仲裁调解、信访调解等多种调解相互配合、分工合作的多元化矛盾纠纷解决机制。诸暨市"大调解"体系建设的特色及创新之处主要是:

（一）推动调解同其他解纷手段衔接互动

1. 推动诉调对接

2012 年 5 月,诸暨市人民法院启动"一中心、四站点"工作平台建设,在立案大厅、枫桥法庭设立诉讼便民中心(后改名为诉讼服务中心),内设诉前劝导站、诉讼引导站、法律指导站、信访疏导站,由法官轮岗值班,为当事人提供纠纷调解、诉讼引导、法律咨询、法制教育、判后答疑等"一揽子"法律服务。2013 年起,该市其余 4 个法庭也陆续设立诉讼服务中心,至今已接待群众数万人次。

对涉及婚姻家庭、邻里矛盾、小额债务等案情简单、争议不大的民事纠纷,当事人前来立案时,立案法官发送《调解劝导书》,劝导其到驻庭调解中心先行调解。2013 年以来,各法庭驻庭调解中心累计促成 3460 起纠纷诉前调解成功,调解成功率达 70% 以上,自动履行率达 98.34% 。

案例:来自江西省乐平市的张某等 7 人受雇于浙江某门业工地机修车间工程做小工,工程完工后,老板以各种理由拖欠酬劳。张某等将欠薪公司及老板起诉至诸暨市人民法院枫桥人民法庭。立案人员审查材料后,跟张某等人说:"这个案件可以先进行诉前调解,如果解决了就不用花诉讼费了,不能解决也能立刻立案。"张某等人同意将案件转至调解中心进行调解。人民调解员随即打电话通知欠薪老板来法庭进行调解。经过劝说,双方达成了调解协议,约定了付款期限,这一欠薪纠纷得以顺利解决。[1]

在坚持调解优先的同时,诸暨市也对调解工作的法治化、规范化提出要求。对于不适宜调解或明显调解不成的案子,不是强调、硬调,而是及时建议当事人采取诉讼途径解决,依法保障当事人的诉权。例如,童某申请调解的草莓苗买卖合同纠纷,人民调解员在了解另一方的想法后,发现双方在草莓苗的质量问题上争议很大,而这个问题又比较专业,觉得调解成功的可能性不大,于是建议童某起诉。

〔1〕 参见《诉前劝导 终将纠纷化解》,载《经济日报》2014 年 7 月 13 日版。

对诉前调解不成的案件,由人民调解员填写《调解情况告知表》,记录调解经过,与诉讼材料一并移送诉讼引导站。引导员当天完成立案登记,并详细告知注意事项,提示诉讼风险,避免当事人东奔西走。针对部分案件当事人文化程度低、诉讼能力较弱,不清楚如何起诉、应诉的实际,诉讼服务中心工作人员现场帮助当事人补充诉讼材料,解答法律问题,指导申请法律援助。2015 年以来,各诉讼服务中心接受法律服务的人数已达 1800 余人次。诉讼服务中心及时开展判后答疑工作,注意做好初信初访者的释法明理工作,重复来信来访者的信访甄别工作,并配合相关部门对重大信访案件进行联调,视情况组织远程视频接访等。符合司法救助条件的,启动申请程序。诸暨市人民法院还建立法庭 QQ 群、微信群,邀请各专业调解组织和辖区部门站所、村级调解室加入,及时互通信息情报,研讨处置方案,实现纠纷就地、就近快速解决。[1]

2. 实现人民调解与行政调解联动

行政调解,是指行政机关对行政管理过程中所发现的纠纷主持的调解活动。目前,我国行政调解的发展和运用情况不尽如人意,成为三大调解制度体系中的短板。根据 2018 年 3 月由中国政法大学法治政府研究院、中国法学会行政法学研究会发布的《法治政府蓝皮书:中国法治政府发展报告(2017)》,实践中行政调解的运用仍存在依据不足、操作混乱等问题,由于行政调解制度规范不统一、不规范、不明晰,容易造成实践中出现反复调解、越权调解、以调代罚、乱调滥调、拒绝调解等问题。为了更好地发挥行政调解制度的功效,一方面,应当加强相关立法体系的构建,规范行政调解活动的运行;另一方面,应当加强行政调解与人民调解的衔接、互动,通过在相关行政机关设立人民调解室,在行政调解工作中引入人民调解力量,实现扬长避短、整合资源,提高行政管理过程中纠纷调解的效率。

诸暨市对行政调解工作十分重视,2017 年,该市出台了《诸暨市行政机关行政调解权力义务清单》,进一步厘清了行政机关行政调解职责,落实行政调解责任。清单共梳理出各行政机关的行政调解权力义务 52 条,涉及 20 个行政管理部门,同时要求各部门上报行政调解人员名单,建立全市行政调解人员库。与



〔1〕 参见孟焕良、杨敏儿:《浙江诸暨:让"大立案大调解大服务"落地生根》,载《人民法院报》2016 年 11 月 9 日版。

此同时，诸暨市大力推动人民调解与行政调解的联动，诸暨市在公安派出所、交警队等机构，都设置了人民调解工作室，从事相关民事纠纷的调处。

以公安机关的治安调解为例。基层派出所处在维护社会治安、处理矛盾纠纷的最前沿，但当前民警人少案多、警力不足的问题十分突出，面对大量涌入的矛盾纠纷，基层民警不堪重负。在大调解体系之下，诸暨市在17家公安派出所设立20个人民调解工作室（调解中心），实现了人民调解与治安调解联动。驻派出所人民调解室，随时调解派出所接警后分流出来的民事纠纷，协助民警调解治安案件中的民事赔偿纠纷，此外还在力所能及的范围内配合有关部门化解其他矛盾纠纷。人民调解员和公安民警在调解工作中相互支持配合，联调联动，既能体现法律的严肃性和公正性，又能方便群众，及时有效化解矛盾纠纷。

如大唐镇派出所调解中心，不仅受理派出所移交的各类伤害纠纷案件，还直接与镇司法、工业、劳管、安监等部门进行联系，协助镇党委、政府办理各类非正常死亡的善后调解、企业破产、欠薪、安全生产事故等纠纷的调解工作，此外还配合流管中心调处涉及外来人员的矛盾纠纷。调解中心接受案件采取严格的交办单制度，对各站所、中队移交的案件，必须由派出所分管领导对材料进行审核，符合移交条件的，由办案民警填写交办单，经分管领导签字后，移交至调解中心，不符合移交条件的，退回由办案民警调查处理。调解中心受理案件后必须在20日之内对案件进行调处。调解中心定期召开工作会议，全体办案民警及调解中心工作人员参加，对前阶段的工作进行总结、点评，并商讨解决调解工作中存在的各类问题。[1]

再如2008年枫桥派出所设立的“老杨调解工作室”（2010年更名为“老杨调解中心”），在退休民警、全国著名调解能手杨光照的带领下，整合了各种资源，将人民调解与行政调解、司法调解三者有机结合，最大限度地化解了矛盾，同时降低了办理成本，成为“枫桥式”人民调解的一个响亮品牌。

当前，基层派出所处理的相当一部分警情都是非警务纠纷，有的地方非警务纠纷甚至占到受案总量的60%以上。人民调解员的入驻，警调联动机制的建立，有助于缓解这一问题，使基层民警把更多精力用于处理警情警务，更好地履

〔1〕 参见诸暨市综治委：《共创和谐——诸暨市社会管理创新纪实》，2013年编印。

行维护社会治安的职能。

案例：诸暨市店口镇某酒店工作人员晓某与应某因工作问题发生口角，并动起手来。晓某被应某踢伤，向应某索要医药费及精神损失费5000元。两人矛盾升级，酒店管理人员调解无效，遂来到店口派出所调解中心。晓某是甘肃人，认为自己是一个外来人员，孤身一人是要被人欺负的，她打电话把此事告诉了父母。父母接到女儿电话后，当即赶到机场买了机票打算赶往诸暨。得知此事，考虑到其家庭经济条件和两位老人的身体情况，驻派出所人民调解员潘伟年、李珂联系上晓某的父母，说服老人退了机票。店口派出所调解中心通过调查，认为两人各自都应承担责任，但由于应某将晓某打伤，酌情考虑，让应某赔偿晓某2500元(包括医疗费、营养费及误工费)。调解当晚，晓某父母打电话来对人民调解员表示了感激。[1]

再以诸暨市发展和改革局(以下简称发改局)为例。该局借鉴枫桥经验，探索出一套有效的价格矛盾行政调解机制，其特点是注重加强与检查、调查对象的沟通，耐心听取合理诉求，积极疏导化解价格矛盾，消除被查对象的对抗情绪。



案例：2017年9月，诸暨市发改局接到某美发店不履行价格承诺的投诉案件，投诉者反映"剪头前问过店员服务费用为80元，服务结束时却要收150元，该店也没有标价；店方说80元是会员价，必须充值成为会员才能享受"。双方在现场差点打起来。该局价格行政执法人员迅速启动价格应急预案，并在调查处理过程中坚持说理式执法。在查实双方都不能提供各自说法的有效证据、店方没有做好明码标价的基础上，一方面告诉投诉人"你反映的店方价格承诺也没有具有法律效力的证据，按照价格违法行为举报处理规定我们会进行实事求是、公平公正的行政调解，不要急"；另一方面，重点做好经营者的说理式执法，告诉他"理发、美发类服务价格虽然实行市场调节价管理方式，但一是需要守法，要做好明码标价、遵守相关的价格行为规定，二是要诚信经营、和气生财，自己出过的承诺要信守，出现纠纷要大度，妥善处理发生的矛盾"。在执法人员的

[1] 参见《小纠纷惊动父母亲，派出所调解还公道》，载诸暨网：http://www.zjrb.cn/news/pd/jyxw/458497.shtml，最后访问日期：2018年7月17日。

耐心说理下，双方达成一致调解意见，店方没有做好明码标价的违法行为也依法受到了处罚，经营者也从最初的对抗变为心服口服，投诉人表示满意和感谢，有效地防止了事态的扩大。

近年来，诸暨市没有发生因价格问题引起上访和群访事件，在市政府对该局的信访、投诉办理回访中，消费者满意率达到 100%。

3. 促进仲调衔接

在劳动争议案件方面，诸暨市通过建立一系列工作制度，做好劳动争议仲裁、调解、监察、法律援助之间的制度衔接，最大限度维护劳动者的合法权益。该市在劳动用工密集的陶朱街道、大唐镇、店口镇三地设立仲裁派出庭，进一步落实劳动争议仲裁属地管理原则，增强基层参与处理劳动争议的力度，提高办案效率。以店口镇仲裁派出庭为例，其 2016 年立案受理的劳动争议案件调解率已达到 98%。2011 年该市出台的《劳动仲裁、调解、监察、法律援助相互衔接的实施办法》，对仲裁、调解、监察和法律援助之间的衔接问题进行了明确，被评为绍兴市十佳劳动仲裁创新成果。一是对劳动者申请仲裁但未经调解的，仲裁委可出具工作联系单，引导当事人到相关调解组织进行调解，或委托相关调解组织先行调解。对各级调解组织调解成功达成协议的，可以及时到仲裁委置换成仲裁调解书。对调解不成的案件，要求调解人员及时整理相关材料，以利于当事人及时提起仲裁。二是对劳动者确实无法获得相应证据的情况，可出具工作联系函，由监察部门先行调查取证。三是成立法律援助站，由诸暨市人力资源和社会保障局会同司法局组织全市 17 家律师事务所和法律服务所的 45 名法律工作者，定期、定点、免费为劳动者提供劳动法律法规的法律咨询、代拟法律文书并办理其他法律援助事务。同时，要求劳动调解、仲裁、监察等相关单位在办理案件过程中，对符合相关条件的人员，及时告知其可申请法律援助。该活动为劳动者维权开辟了便捷高效的绿色通道，也为提升全市劳动用工管理水平提供了法律保障。

案例：2015 年 8 月，蒋某等 90 人与恒禾鞋业因工资拖欠问题引发纠纷，因而申请仲裁。但部分人员因学校即将开学，依照正常仲裁程序无法在 9 月 1 日前领到工资支付子女学费，情绪较为激动。包括委托代理人在内的 30 余人汇集到信访部门，要求当即领取工资，事态有激化趋势。在所在镇乡监察、信访部门的共同努力下，恒禾鞋业负责人到场说明了管理出现问题、资金短缺导致工资拖欠的情况。在仲裁办案人员向双方释明各自的权利义务后，双方当事人达成了一致意见，由单位分期向劳动者支付工资款共计55万元。仲裁工作人员当即制作了调解文书，以法律文书的方式固定了调解方案，并出具了送达证明以便于移送法院强制执行，免除了劳动者的后顾之忧。

除了强化劳动争议案件的仲调衔接之外，诸暨市也努力推动人民调解与普通民商事仲裁的衔接。为应对近年来经济发展带来各种民商事纠纷增加的状况，诸暨市司法局建立了绍兴仲裁委诸暨分会，成为绍兴市首个设立仲裁分会的县级市。

4. 推进访调结合

2010年10月，诸暨市枫桥镇成立了信访接待中心，并推出了"三诊"信访矛盾化解机制，即镇党政班子成员轮流在信访接待大厅"坐诊"，带领机关干部下村入户"出诊"，一把手牵头"会诊"解决重大问题。运用"三诊"信访矛盾化解机制，成功调处了几百起纠纷使一些重大矛盾纠纷得到了妥善的解决。例如，绍诸高速公路是省重点项目工程，其中枫桥段全长22公里，约占绍诸高速里程的2/5，涉及6个自然村300多户居民。由于高速公路施工中需要打桩架桥，对附近村民生产生活造成一定的影响，一些村民集体与施工方进行交涉，阻挠施工，并来到枫桥镇反映情况要求赔偿。枫桥镇党政领导对此高度重视，一面派镇干部对全线各标段情况进行摸排登记，组织落实镇村干部负责对村民进行劝说引导，避免事态恶化，保障正常施工；另一面与绍诸高速项目工程部进行协商。最终，村民拿到了合理赔款，绍诸高速项目也顺利推进。自实施"三诊"机制以来，枫桥镇信访工作成效明显，信访总量大幅度下降，枫桥群众逐渐形成到信访接待中心反映诉求的习惯，越级上访的现象越来越少。



2011年以来，诸暨市在枫桥镇开展试点工作的基础上，在全市范围内推广了以"工作日坐诊、不定期会诊、双休日出诊"为主要内容的基层信访"三诊工作法"，全市27个镇乡(街道)都建立了信访接待中心，探索构建"门好进、人好找、事好办"的信访"绿色通道"，实现"有访必接、有接必办、有办必果"的工作目标。实施"三诊工作法"后，全市信访工作有了明显改观，群众对政府和干部多了信任和支持，减少了矛盾冲突，增加了社会和谐。诸暨市还不断深化信访工作与人民调解的衔接互动,要求信访部门对有可能通过人民调解解决且当事人愿意调处的信访案件,应及时将之分流移交至各级人民调解委员会先行调处。对信访量大、群体性上访多、矛盾突出的信访问题,可邀请相关调解委员会参与信访接待和信访听证。

5. 探索人民调解与检察工作的衔接互动

诸暨市积极推动检调对接工作。该市人民检察院与市司法局联合成立了检调对接人民调解室,该调解室以检察环节轻微刑事案件和解、民事行政申诉案件和解、涉检信访息诉和解为主要工作内容,运用人民调解手段化解矛盾纠纷。

诸暨市人民检察院坚持“宽严相济”的刑事政策,强调轻微犯罪调解在前,积极化解刑事案件中伴发的社会矛盾。对轻微刑事案件,在充分尊重诉讼当事人意愿的基础上先行调解。2010 年 7 月,诸暨市人民检察院、市司法局联合出台了《关于轻伤害案件委托人民调解的若干意见(试行)》,将人民调解延伸到检察机关的逮捕、审查起诉环节。次年 3 月,诸暨市人民检察院、市公安局、市司法局再次联手制定了《检察批捕、起诉环节检调对接工作实施细则》,就检察批捕、起诉环节以及基层检察室的检调对接工作进行进一步规范、细化,使之更具可操作性。[1]

上述规范性文件,明确检察机关对受理的轻微刑事案件,认为通过人民调解方式有利于化解矛盾纠纷的,由“检调对接办公室”制作《委托人民调解函》,并附涉案当事人双方同意调解的申请书等材料,移送人民调解工作室进行调解。

案例 1:王某某系快递人员,一天因为急着送货,将运送快递的面包车停在了商场的消防通道上,被害人许某某作为商场保安即上前进行交涉,在交涉过程中双方发生争执进而产生肢体冲突,许某某被打伤,构成轻伤二级。诸暨市人民检察院经审查后认为,本案符合启动检调对接机制的条件,遂对该案启动检调对接程序。该院分别向暨阳街道司法所和律师事务所发出了《刑事和解联

〔1〕 参见薛永毅:《人民调解组织介入轻微刑事案件和解的“诸暨实践”——基于浙江省诸暨市检察院刑事和解的实证分析》,载《山东科技大学学报》(社会科学版)2018 年第 1 期。

系函》《邀请函》，邀请专业人民调解员和律师共同参与到本案的调解中来。在多方的共同努力下，王某某和被害人许某某达成和解，王某某真诚地向许某某赔礼道歉，并赔偿许某某所受经济损失，许某某也谅解了王某某，为其出具了谅解书，双方握手言和。最终，诸暨市人民检察院对王某某作出相对不起诉决定。

案例2：某企业员工张某与方某因工作纠纷发生肢体冲突，方某受伤。案发后，张某以履行职责且方某存在较大过错为由拒绝赔偿。企业调解组织多次调解无果，发现问题的复杂性后，遂联系枫桥检察室介入。枫桥检察室及时联系辖区司法所及所在企业，合力进行调解，最终企业承担了方某5000元的治疗费用，张某也赔偿了方某15000元损失，该案件矛盾得到了调处。

对于已达成刑事和解拟作相对不起诉或从轻、减轻处罚的案件，及时进行可行性评估，避免埋下矛盾隐患。另外，该院还强调定分止争说理在前，即在审查、批捕和办理民行、控申案件时，充分考虑当事人的社会情况、对法律的认知程度等因素，通过对案件事实、证据和适用法律情况的详细阐述，消除当事人的疑虑和怨气，避免缠访、上访等情况的发生。诸暨市人民检察院还聘请经验丰富的社会人士，担任和解引导员，协助刑事和解及释法明理等工作。仅2016年，32件因民间纠纷等引发的轻微刑事案件和解成功，14件申诉案经释法说理说服当事人息诉服判。



诸暨市人民检察院在检察环节开展检调对接、化解矛盾纠纷的做法得到最高人民检察院的肯定，控申举报接待室被评为全国检察系统“文明接待室”。[1]有学者指出，诸暨市人民调解组织介入刑事和解的探索表明，检察机关与人民调解组织相互发力、优势互补，凝聚成推动刑事和解内在推动力，不仅避免了检察机关在调解过程中既当裁判员又当运动员的尴尬局面，而且一定程度上缓解了检察机关的“人案矛盾”，提高了刑事诉讼效率。[2]

### （二）充分发掘社会力量参与调解工作

诸暨市吸收社会各界中坚力量参与调解工作。除了培养高素质的专职人

---

〔1〕 参见《首届“守望正义”群众最满意基层检察院宣传推介：浙江省诸暨市人民检察院》，载法制网：http://www.legaldaily.com.cn/judicial/content/2016-12/02/content_6903806.htm，最后访问日期：2017年8月30日。

〔2〕 参见薛永毅：《人民调解组织介入轻微刑事案件和解的“诸暨实践”——基于浙江省诸暨市检察院刑事和解的实证分析》，载《山东科技大学学报》（社会科学版）2018年第1期。

民调解员队伍外，还广泛吸收人民调解志愿者，邀请社会组织成员参与调解。全市已吸纳医疗卫生、法律服务、心理咨询等10个领域的100多名专业人士，通过“点单”“派单”的形式协助做好重大疑难纠纷的联合会商和指导化解工作。目前，全市所有镇乡街道都建立了调解志愿者队伍，还注意借助专家力量进行调解工作，建立了医学、法律、道路交通事故、建筑等专家库，为调解工作提供咨询论证服务，有的专家还直接参与调解过程。2017年，枫桥镇依靠诸暨市心理卫生协会的心理学专家，成功调解一起长达六年的重点信访积案。此外，诸暨市人民法院会同该市司法局、绍兴律师协会诸暨分会，在法院诉讼服务中心设立了律师志愿服务岗，并在全市注册执业律师中，推选高素质青年律师作为服务律师，免费为群众提供法律咨询、诉讼指导，引导法律援助，参与矛盾化解，并协助法院做好服判息访等工作。

（三）利用现代科技手段服务调解事业

在互联网时代背景下，诸暨市开启了“互联网+”社会治理在调解工作中的应用，打造“脚板+鼠标”“面对面+键对键”的人民调解新模式，努力让老百姓“少跑腿、多按钮，问题解决在家门口”。依托互联网，建起基层治理综合信息系统和综合信息指挥室，通过微信、手机APP等网络平台，把遍布全市的信息员（网格员）连接起来，实现信息采集全覆盖，使矛盾纠纷预警排查机制更趋智能化、便捷化、精准化。诸暨市人民法院自2013年起，先后在法院、法庭建立起“法官指导调解QQ群”，搭建网上视频调解指导平台，打造三级视频指导调解网络，随时提供“面对面”法律业务指导。该院还建立法庭QQ群、微信群，邀请各专业调解组织、辖区部门站所、村级调解室加入，及时互通信息情报，研讨处置方案，实现纠纷就地、就近快速解决。[1]

## 三、“枫桥式”大调解体系建设的启示与思考

诸暨市在建设大调解体系方面的探索与创新，是新时代“枫桥经验”的延伸与拓展，也为人民调解制度的丰富和发展提供了助力。“枫桥式”大调解体系建设启示与借鉴意义在于：

〔1〕 参见孟焕良、杨敏儿：《浙江诸暨：让“大立案大调解大服务”落地生根》，载《人民法院报》2016年11月9日版。

（一）高度重视人民调解的地位和作用

诸暨市形成了组织健全、运行规范、效果良好的调解工作体系，这首先得益于市委、市政府的高度重视和大力推动。人民调解是发源于中国本土的纠纷解决制度，既有厚重的传统文化底蕴，也贴合当今世界法治发展潮流，其具有群众性、自治性、便捷性以及不伤感情、不收费用等特色和优点，被称为化解矛盾纠纷、维护社会稳定的“第一道防线”。然而，20 世纪 90 年代以后，人民调解制度一度出现式微之势，尽管背后的原因是多方面的，但同一些地方的政府部门重视不够、支持不足不无关系。“枫桥经验”在半个世纪多的发展历程中，始终把调解作为解决基层纠纷的基本手段，尤其是 21 世纪以来，更是把人民调解作为基层社会治理系统中的重要内容，从组织建设、制度建设、人员配备、经费保障等方面，给予全方位的有力支持。从而保证了人民调解在矛盾化解与社会治理中的强大作用。当然，任何制度都不可能是完美无缺的，诸暨人能理性地认识人民调解制度的不足与局限，在大调解体系的构建中，保持了人民调解的基础性地位和作用，在推动人民调解向司法、仲裁、行政等领域拓展的同时，注意发挥其他纠纷解决手段的效能，并不断创新人民调解自身的内容和形式，使之与时俱进，确保其内在活力与外部适应性。



（二）实现多元价值平衡是基本要求

当代社会致力于实现可持续性发展与包容性增长，因此，社会治理追求的价值目标不是单一的，面对着人本、公正、效率、秩序、法治等多元价值，必须合理调适价值冲突，努力实现价值平衡。“大调解”体系建设作为一项社会工程，也面临着价值选择与协调的问题。在“枫桥经验”导向下的诸暨市的相关探索与实践，为此交出了一份比较理想的答卷。

1. 把人本作为最高价值目标

“枫桥经验”从诞生到现在，始终把人放在第一位，把促进人民的幸福与发展作为一切工作的出发点和落脚点，同时，把党的群众路线贯穿到所有工作的全过程，充分依靠人民群众化解矛盾纠纷，推进社会治理。党的十九大报告中，将“以人民为中心”“坚持人民主体地位”作为新时代中国特色社会主义思想和基本方略。“枫桥经验”50 余年的实践，同中央的这一重要思想和方略是完全吻合的。

2. 正确对待秩序与权利的关系

稳定是发展的前提,良好的秩序是社会治理的一个基本目标,这是毫无疑问的。但必须清楚,稳定和秩序不能成为社会治理的终极目标。化解矛盾纠纷、维护社会稳定,最终是为了经济繁荣、社会发展和人民福祉。因此,不能片面地理解“稳定压倒一切”,为了追求一时的稳定而不当地牺牲公民权利、损害群众利益、压制社会活力。正如习近平总书记在2014年中央政法工作会议上指出,“要处理好维稳和维权的关系,要把群众合理合法的利益诉求解决好”,“要处理好活力和秩序的关系”。诸暨市在“大调解”体系建设中,认真对待、切实保障公民的正当权利,注重维护群众的正当利益,从而形成了“矛盾少、治安好、发展快、人民安居乐业、社会充满活力”的良好局面。

3. 准确把握公正和效率的关系

这是社会治理中一个永恒的主题,也是一个棘手的难题。多元化纠纷解决机制固然强调效率价值,追求快速、便捷、低成本地化解矛盾,但这并不意味着对公正价值的忽视。如果一味地讲求效率,背离了公正价值,效率是没有意义的。例如,以往一些地方采取压制性的或“和稀泥”的方式促成调解,损害了当事人的权益,在公正缺失的情况下,不可能真正地化解矛盾。另外,还有一些地方,在处理一些无理缠访、闹访事件中,无原则地妥协让步,导致公正、效率二者皆失,其教训应当吸取。新时代的“枫桥经验”,特别注重矛盾纠纷的依法化解、公正化解,坚决抵制损害当事人权利、不问是非的强调、乱调,对于不适宜调解的案件,及时引导当事人寻求诉讼等解决途径,从而保证了“大调解”的法治化运作,提升了其公信力。

4. 处理好自治、法治、德治的关系

这是新时期诸暨市在社会治理和“大调解”工作中十分关注的问题。自治性是人民调解的基本属性,人民调解是群众自我教育、自我管理的一种民主自治活动。尽管在人民调解的发展过程中,政府的支持和推动是极为必要的,但是,应当将政府权力的介入维持在合理限度内,避免在具体的运作中干预过多,以保持人民调解的自治性特点。正如党的十九大报告所指出的,社会治理制度建设,要在加强党委领导、政府负责的前提下,提高社会治理的社会化水平,推动社会治理重心向基层下移。如果政府事无巨细,大包大揽,随时冲在矛盾纠纷化解的最前沿,失去了人民调解等第三方力量的缓冲作用,反而不利于矛盾纠纷的高效解决。另外,在全面推进依法治国的背景下,“大调解”必须在法治的轨道上推进,要强调依法维权、依法调解、依法解决纠纷的原则,树立法律在社会治理与矛盾处理中的权威地位,引导群众理性表达诉求、依法维护权益。在发挥法治引领作用的同时,要强化道德支撑作用,借助公序良俗的力量规范人的行为。诸暨市重视发挥市民公约、乡规民约等非正式规范的社会治理功能,通过弘扬现代乡贤文化、孝德文化等,发挥优秀文化“以文化人”的作用,并努力加强社会心理建设,培育理性平和、健康向上的社会心态,为人民调解的发展营造良好的伦理基础、心理环境与社会氛围,在调解过程中注意在依法调处的前提下融入情理因素,实现情理法的统一,增强了调解的效果。

(三)完善社会治理是根本路径

任何社会中都必然存在一定的矛盾纠纷。当前,我国处在社会转型的关键时期,工业化、城镇化、现代化进程加速,社会日益开放,社会中的矛盾纠纷增多是正常现象。我们不可能把矛盾纠纷消灭殆尽,也不可能退回到改革开放前的封闭状态——在高度封闭的社会中,表面上看矛盾纠纷较少,社会呈现稳定状态,但是,公民的权利受到过多限制,经济活力被压抑,人民生活质量低下,这种稳定是脆弱的,看似社会纠纷较少,实际上背后隐藏着更深的社会矛盾。可以说,矛盾纠纷增多是经济繁荣和社会开放的伴生现象,但是,通过良好的制度设计、有效的社会治理,一方面,可以把矛盾纠纷控制在一定范围之内,减少矛盾纠纷发生的数量,另一方面,对已经发生的矛盾纠纷及时发现、有效化解,从而实现经济繁荣和社会和谐的双重目标。



“枫桥经验”的主要特色之一,就是“抓早、抓小、抓苗头、抓源头”,即强调对矛盾纠纷的及时发现、提前介入、早期治理,在萌芽之际就实施有针对性的措施,从而避免矛盾升级蔓延。从一定意义上讲,“枫桥经验”就是一套有效整合社会资源、依靠群众预防和解决矛盾的协同机制,而人民调解制度的创造性运用和高效运作,是其核心内容。作为“枫桥经验”发源地,诸暨市没有故步自封,而是顺应时代发展不断丰富和创新“枫桥经验”。今天,“以稳定促发展,以发展保稳定”,“靠富裕群众减少矛盾,靠服务群众化解矛盾,靠组织群众预防矛盾”,已成为“枫桥经验”的基本精神。多年来,诸暨市在保持经济快速增长的同时,各类矛盾纠纷不仅没有增加,反而逐年下降。在新的历史时期,诸暨人没有将视线局限在纠纷发生之后的调处和解决上,而是形成了更为宏大的视野和更加宽广的格局,即从完善社会治理的高度和广度,统筹推进经济建设和社会建设,同步推进社会发展与人的发展,通过发展经济、改善生活、促进人的素质的提高,不断增强人民群众的获得感、幸福感、安全感,以减少矛盾纠纷,促进社会和谐。

(四)促成各种解纷手段互动互补是关键所在

现代社会中,纠纷解决的手段是多种多样的,各种手段都有其优势,但也存在一定的局限,只有根据具体情况选择最适合的纠纷解决手段,同时加强各种手段之间的衔接与配合,才能实现纠纷解决的最佳效果。为此,中共十八届四中全会决定明确提出要完善调解、仲裁、行政裁决、行政复议、诉讼等有机衔接、相互协调的多元化纠纷解决机制,完善人民调解、行政调解、司法调解联动工作体系。

构建多元化纠纷解决机制、建设多调联动的"大调解"体系,"多元"是基础,"联动"是关键。诸暨市在推进多元纠纷解决手段的联动上,进行了卓有成效的探索,诉调对接、警调对接、检调对接、仲调对接、访调对接等诸方面,都在借鉴各地有益经验的同时,大胆创新,形成了一套比较系统且比较务实的做法经验,为多调联动机制的完善贡献了诸暨方案,也丰富了新时代的"枫桥经验"。诸暨市建设"大调解"体系的一条基本经验,就是在促进多调联动的同时,保证人民调解的基础性地位和自治性属性,不能片面强调联动而使人民调解沦为司法或行政的附庸,以至于丧失相对的中立性而影响调解的公信力。

(五)打造官民协力的工作格局是活力之源

矛盾纠纷来源于社会生活,矛盾纠纷的预防化解离不开社会的参与和支持。党的十九大提出要加强社区治理体系建设,发挥社会组织作用,实现政府治理与社会调节、居民自治良性互动。诸暨市一方面强化政府责任,从政府层面大力推动调解组织建设,加强对调解工作的宏观管理与业务指导,积极发挥司法调解、行政调解等"官方调解"的作用,另一方面努力挖掘民间资源,激发社会活力,释放社区功能,推进纠纷解决的社会自治机制。在调解组织的建设上,继续发展壮大传统的社区调解组织,发挥其在调处传统类型的民间纠纷中的独特作用，同时，加强行业性、专业性调解组织的建设，以应对矛盾纠纷日益复杂化的现实需要，形成了“社区调解”与“专业调解”各得其所的调解组织架构。在调解队伍的建设上，努力配强专职调解队伍，配齐兼职人民调解员队伍，配好调解志愿者队伍，尤其是近年来，大力吸收各行专家、各界志愿者以及社会组织等社会力量参与调解工作，建成了专兼职相结合、“精英调解”与“大众调解”相结合的调解队伍，为人民调解工作注入了新鲜活力，大大提高了人民调解的社会化、专业化水平。

律师参与纠纷调解，目前已成为人民调解工作与律师业务发展的大趋势。2017 年 10 月，最高人民法院、司法部联合印发了《关于开展律师调解试点工作的意见》，对开展律师调解试点工作作出部署。根据该意见，律师可以作为中立第三方主持调解，协助纠纷各方当事人通过自愿协商达成协议解决争议。诸暨市在探索律师参与纠纷调解方面，已经先行一步。2012 年诸暨市《关于进一步深化完善社会矛盾纠纷“大调解”体系建设的实施意见》中，就明确提出探索法律服务人员参与社会矛盾纠纷排查工作，建立律师事务所、公证处与基层站所结对互助机制，鼓励律师等法律服务人员受聘担任各级人民调解组织的人民调解员，参与具体矛盾纠纷特别是重大疑难矛盾纠纷的调处工作。律师作为社会法律工作者，具有专业性、中立性等特点，在纠纷调解中具有独特的优势。在总结经验的基础上，可根据上述意见的精神进一步拓展工作思路，完善律师调解的工作机制与保障机制，如在无偿性的公益性调解外，探索政府购买服务以及一定范围内的有偿调解服务，更好地发挥律师参与纠纷调解的作用。



（六）科技发展是强大动能

当前，人类正处于新一轮的科技革命浪潮，互联网、云计算、大数据、人工智能等技术的突飞猛进，正在深刻地影响和改变着人类生产生活的方方面面，也有力推动了社会治理和法治建设的进步和发展。近年来，我国在运用现代科技助力司法改革、公共管理等方面，取得了不少成绩，以“敢为人先”而著称的诸暨市，也主动拥抱科技革命，积极利用最新科技成果，破解社会治理难题，服务矛盾纠纷化解，在以“互联网＋”推动社会服务、公共安全、矛盾化解等方面，推出系列创新举措，成效斐然。应当在借鉴诸暨等地的成功经验基础上，在全国范围内推动社会治理与现代科技的深度融合，尤其是要进一步完善和推广在线调解与在线纠纷解决平台，构筑基于大数据技术的矛盾纠纷预警系统，从线上和线下两个层面，同步推进多元化纠纷解决机制与大调解体系的创新发展，使新时代的“枫桥经验”在科技之翼助推下，释放出更为强大的动能，更好地为“平安中国”建设发挥示范引领作用。

# 第六章　行业调解的“枫桥经验”

在党委、政府的领导和支持下，诸暨市的行业调解充分发挥调解协会的作用，体现调解的民间性，保持了行业调解的专业性。诸暨市的行业调解涵盖了13个行业领域，依法有效化解了大量矛盾纠纷，并取得了积极的成效；尤其是在道路交通事故、医疗纠纷和婚姻家庭纠纷三个行业领域，人民调解更是充分发挥了纠纷解决第一道防线和主渠道的作用。综合施策，狠抓调解员队伍建设，建立专业的行业调解程序等，是诸暨市行业调解的主要特点。

## 一、调解工作指导中心和调解协会的设立

诸暨市建立了市调解工作指导中心和市调解总会“一官一民”的管理组合，在保证对人民调解强有力的推动基础上，充分发挥专业化社会组织的作用，着力构建一个以传统村（居、社区）人民调解为基础，专业性、行业性调解为依托，行政调解、司法调解、仲裁调解、信访调解等多种调解相互配合、分工合作的多元化矛盾纠纷“大调解”工作格局。为了确保人民调解的群众性、自治性、民间性本质，发挥其公益性、公正性和第三方作用，诸暨市将各类人民调解委员会作为市人民调解总会的会员，直接管理，发挥人民调解的合力。

诸暨市探索建立“市、镇、村”三级调解志愿者队伍，在市级层面组建十大百名调解志愿者队伍，协助做好重大疑难纠纷的联合会商和指导化解工作。镇（街）层面，建立志愿者中队，由德高望重的乡贤、“土专家”、具备一定调解技能的调解员组成，发挥综合优势，参与联合会商、矛盾纠纷甄别化解。村（居、社区）层面，充分体现群众性和广泛性，建立由在职或退休村干部、农村法律顾问、村级乡贤、老党员、老干部、村民代表、热心群众等组成的调解志愿者分队。全市人民调解志愿者1396人，专业志愿者服务队伍10支，镇街志愿者中队27支，村（居、社区）人民调解支援者分队102支。

行业调解以其专业性强、权威性强为特征,效果明显。诸暨市的行业调解涵盖了劳动争议、消费纠纷、婚姻家庭、学生伤害、商会纠纷、环境保护纠纷、医疗纠纷、道路交通、电力、装修业纠纷、法院联合调解、江西商会调解及物业纠纷等各个领域。其最大的特点是综合施策,并建立了专业的人民调解员队伍,专业的调解程序,保证了调解结果的权威性。

行业调解的开展是推动行业建设的有机组成部分。行业调解对行业服务标准的维护、行业规范的坚持、行业伦理道德的坚守,发挥行业自身作用,赢得行业自律认同,行业调解成为行业实行自我管理的重要方式。从事行业调解的人民调解员,需要掌握行业的专门知识,了解行业运作的状况,具有从事专门行业活动的经历。对行业调解员的专业化要求,成为人民调解员角色的显著特征。

## 二、道路交通事故、医疗纠纷及婚姻家庭纠纷调解委员会的作用

诸暨市道路交通事故调解中心(以下简称交调中心)整体进驻市公共法律服务中心,由市公安局主抓,市人民法院负责业务指导,内设事故受理室、行政调解室、人民调解室、交通法庭、法律服务室、价格认证室、保险理赔大厅和警务室,布局体现人性化和功能需要。交调中心下设道路交通事故人民调解委员会,包括交调中心和8个交警中队设立的调解室。交调中心主任由市公安局选派,调解委员会主任推选产生、专职人民调解员由司法局指导,公安局进行统一选聘。

2014年1月至2017年11月,诸暨市交调委收案18472起,成功调解17601起,起诉到法院的只有900余起,纠纷调解成功率达95%左右。调解结案的纠纷,即时履行率达100%。

案例:方某驾驶汽车,在某交叉路口与李某驾驶的电动自行车相撞,导致李某受伤。交警认定方某负主要责任,且因李某伤情不重,通过简易程序处理。诸暨市交调委接案后,人民调解员就发觉该案有些不寻常,了解后发现双方在事故发生时就动过粗,还为责任认定的事同交警争执过。由于上述情况,人民调解员最初约方某和李某调解时被拒绝。经过人民调解员反复劝说,两人同意聚头,但态度都比较消极。约定调解那天,双方来了七八个人,言语之间都带着

一股“火气”。人民调解员见气氛不对，改变了策略，不谈案子，先讲道理，稳定了现场的气氛。在调解员的主持下，双方讨价还价了很长时间，最后确定由方某赔偿李某6000元。但当人民调解员打印好协议书重新回到调解室时，李某变卦了，说他老婆不同意，非要6300元。人民调解员通过李某联系其妻子，在电话里动之以情，晓之以理，硬是做通了李某妻子的工作。之后，人民调解员又做方某工作，请他们两人进行第二次调解。二次调解时，因为赔偿额度谈妥，双方很快在协议上签了字。但当人民调解员去办公室制作司法确认申请书时，方某因为李某的妻子说了他几句又愤然离开了。人民调解员又给方某打电话做工作，方某最终同意继续调解，但不愿意再和李某面对面。人民调解员立马行动，先叫李某前来办理了有关手续。次日下午，方某也办理了有关手续，并付清了6000元赔偿款。

诸暨市医调委创造性地将人民调解机制引入医疗纠纷化解。从事医疗纠纷的3名调解员均具有丰富的调解经验，调解中心聘请82名医学、法律专家，建立医学、法律专家库，为医疗纠纷调解工作提供专业技术及法律咨询服务。虽然医疗纠纷相对复杂，但专业性保证了调解效果。专业的调解员辅之以专家库专家的帮助，保证人民调解取得了良好的效果。诸暨市已经连续多年实现了医疗纠纷“零上访”。2010年，诸暨市医调委被司法部命名为“全国模范人民调解委员会”。



案例：患者杜某因车祸受伤住院，被诊断为“左侧锁骨粉碎性骨折，胸11、胸12、腰1锥体楔形变”，在全麻下行左锁骨切开钢板内固定植骨术，病愈出院。之后，患者在复查时被发现内固定断裂，骨折端移位，之后行内固定取出、骨痂清除、取髂骨植骨复位内固定术。术后，患者诉左上肢酸胀不适，后行左臂丛神经松解探查术。出院后，患者仍觉左上肢酸胀不适，肌力减退，左手功能受到影响，患者以医院存在医疗过错为由向诸暨市医调委提出调解申请，要求医院赔偿各种费用35万元。该案纠纷双方的争议焦点主要有三：一是医方对钢板断裂是否有责任；二是左臂丛神经损伤的责任认定问题；三是赔偿标准如何确定。由于植入钢板断裂原因很多，既有伤肢不当使用、外力碰撞、摔伤等归结于患者的原因，也有医方手术时固定不当的可能，同时也不能排除钢板的产品质量问题，人民调解员认为对钢板断裂的损害赔偿问题根据公平责任的原则应由医患双方合理分担。据此,人民调解员主持双方进行了面对面的调解,摆事实,定责任,终于达成了由医院赔偿各种费用6.5万元,所欠费用2.6万元也由医院承担的赔偿方案,并于当日签订了人民调解协议书。协议签订当日,医院就将6.5万元赔偿款付给了患者。

诸暨市婚姻家庭纠纷调解委员会隶属于诸暨市妇联,成立于2010年7月,主要调处婚姻家庭纠纷。2014年至2017年11月,婚姻家庭纠纷调解委员会共调解案件177起,成功调解案件152起。人民调解委员会在聘任2名具有法律专业的调解员的基础上,组建起了一支由妇联干部、心理咨询师、律师、退休法官等组成的专家队伍,进行咨询、调解等服务。

案例:钟某系诸暨市暨阳街道人,与丈夫陈某属自由恋爱后成婚,生育一女儿(现年17周岁)。婚后,陈某染上了赌博恶习,也不好好工作,家里经济条件较差。钟某为了养家糊口及照顾女儿,靠自己在厂里上班的一点微薄工资度日。双方经常为赌博及经济上的事情吵架,陈某一吵架就要殴打钟某,为此夫妻感情越来越不好。在女儿尚年幼时,钟某曾向法院起诉要求离婚。案件审理过程中,陈某用刀砍自己的腿,发誓不再赌博,好好赚钱养家。考虑到陈某态度这么坚决,女儿又小,钟某也就原谅了他,撤回了起诉。起初,陈某还能遵守承诺,可好景不长,以前的恶习又回来了。对此,钟某一直忍受着,想着等他年纪大了,女儿长大了就会好的,直到双方再次为女儿读书及费用的事情发生争吵。在争吵中陈某打了钟某,钟某来到诸暨市医调委报案,要求不惜一切代价离婚。调委会工作人员征求了陈某的同意后,将两人约到一起调解。经过调委会工作人员的耐心劝导,双方达成了如下协议:陈某对自己的家暴行为向钟某道歉,并表示以后绝不再犯;双方暂时分居,给双方一个调整心情的时间;在分居期间,陈某应支付钟某每月1000元生活费;女儿的抚养教育费由陈某负担;因钟某身患疾病,陈某应陪同她去治疗。如果做不到的话,则两人自主决定是否离婚。

### 三、诸暨市行业调解的主要特点

首先,综合施策,追求最佳效果。如针对医疗事故专业调解,以制度建设为先。早在2008年10月,诸暨市就出台了《诸暨市医疗纠纷预防和处置暂行办法》和《关于建立诸暨市医疗纠纷人民调解委员会的工作意见》,要求卫生、司法行政、公安、财政和法院等部门密切配合，齐抓共管，为有效化解医疗纠纷提供强力支持。针对交通事故专业调解，诸暨市先后出台了《关于建立诸暨市道路交通事故调解中心的通知》和《道路交通事故案件流转程序及各类案件材料要求的有关规定》，建立了高效、便捷的纠纷处理流程和规范的运作制度。如交通事故发生后，交警部门接警处理，出具责任认定书，并根据双方当事人意愿进行行政调解；人民调解委员会对一般程序处理的道路交通事故纠纷案件或不愿行政调解的案件，依法进行调解；价格认定室对受损车辆及其他物品及时作出估价。建立调解结果的回访制度、廉政建设制度等，确保纠纷解决的效果，充分体现人民调解的公正性。

其次，狠抓专业调解员队伍建设，建立专、兼职结合的行业调解员队伍。医疗调解室从医院、法院的退休人员中聘任了 4 名具有医学、法学等专业知识，热心人民调解工作的同志为专职调解员，专门从事医疗纠纷的调解；聘请了所辖区镇乡（街道）的 27 名司法所长为兼职调解员，参与、协助医疗纠纷调解工作。从专家库中选择专家实行“1 +1”组合轮流“坐堂会诊”，发挥专业优势，以独立第三方的身份，提出客观评估意见，保证人民调解的专业性。道路交通事故调解委员会聘请的专职调解员，需要接受为期一周的上岗培训，并进行半年时间的市交警大队分组轮岗实习，确保处理交通事故纠纷的能力和水平。建立月例会制度，组织开展业务训练、疑难案件探讨、经验交流等活动。坚持“专业矛盾专家调”的工作模式，增强了人民调解的专业性和权威性，对化解矛盾纠纷的数量和效果，均起到了积极的作用。



最后，建立专业的行业调解程序，通过制度化、规范化、法治化确保人民调解员以第三方身份开展调解并取得实效。如道路交通事故调解案件被分为四类，即现场解决案件、简易程序案件、一般程序案件、重大事故案件，按照“统一受理、审核登记、分类移交、案件处理、分类归档”进行运作。建立了规范的内部工作流程，即“统一受理登记，分组调解，按时销案，统一编号归档，定期回访”。行业调解还注重纠纷解决的成效，设计了“纠纷调解反馈表”，使当事人有机会对纠纷调解的效果进行评价；对于调解成功的案件，当场签订调解协议，并督促当场兑现。对于涉及分期给付的，引导双方当事人申请司法确认。通过电话回访等形式，跟踪了解协议的履行情况，巩固调解成果。一般事故 1—2 小时解决，重大事故2—3天结案，实现“一站式服务”，“最多跑一次”。

总之，“小事不出村，大事不出镇，矛盾不上交”是传统人民调解的特色，坚持源头预防，抓小、抓早、抓苗头、抓关键，及时就地化解矛盾纠纷，离不开党委领导和政府主导。人民调解只有实现“有场地做事，有专人干事，有经费办事”，才能保证依法规范调解，维护好当事人合法权益，服务于社会和谐稳定。诸暨市人民调解员主动发扬“访千家万户、说千言万语、吃千辛万苦、想千方百计”的“四千”工作精神，成功化解民间纠纷、各类矛盾，取得了可喜的成绩。行业调解拓展了人民调解的范围，对各行各业的规范化管理、高标准运作，对改善行业服务质量，满足人民群众新期待、新要求，具有积极的意义。

# 第七章　人民调解组织介入轻微刑事案件和解的“枫桥经验”

“刑事和解”并非单纯是受害人与被告人双方的自行和解以及司法机关主持调解,可能还涉及人民调解委员会等第三方调解机构的居中调解。这其中,刑事和解的主持人(调解人)究竟应由谁担任更合适,是一个关键的问题。2012年修订的《刑事诉讼法》并没有否定司法工作者可以担当调解人的角色,而且在实务中,司法工作者的确担当着调解人的角色,主持调解。[1] 然而,囿于检察等司法机关在刑事诉讼中的职权以及易产生角色混同等诸多现实担忧,他们难以作为一个适格或是最佳的刑事和解主持人人选。因此,在刑事和解主持者的选择上,强调以人民调解组织等中立的第三方调解力量介入刑事和解的主张,逐渐得到关注和认同。

近年来,一些地方积极探索推进刑事和解制度。这其中,作为“枫桥经验”重要内容的基层和解经验,不仅为我们提供了丰富的乡土资源和实证素材,也是我国刑事和解制度探索的一个缩影,成为刑事和解制度成功的典范之一。[2] 在我国的刑事和解实践中,由于“检察机关是最先发起这场司法改革也是现今主导的力量”,[3] 因此,选取“枫桥经验”的发源地——浙江省诸暨市,以诸暨市人民检察院近年来的刑事和解实践为样本,就人民调解组织介入轻微刑事案件和解的“诸暨实践”进行考察、梳理,以期为构建中国特色的刑事和解制度、打造共建共治共享的社会治理格局提供本土经验。

---

〔1〕 参见林培晓:《刑事和解模式的现实审视——兼论人民调解委员会刑事和解模式》,载《石河子大学学报》(哲学社会科学版)2015年第5期。

〔2〕 参见朱祖洋:《“枫桥经验”指导下刑事和解的实践与制度架构》,载《公安学刊》2013年第3期。

〔3〕 林志毅:《刑事和解主体论》,载《国家检察官学院学报》2011年第2期。

## 一、轻微刑事案件和解与“枫桥经验”的传承

### (一)陕甘宁边区及中华人民共和国成立后的刑事和解实践

多数学者认为,修复式司法最早源于加拿大、澳大利亚等国家。但回顾历史就不难发现,在中国传统法律文化中,恢复性正义的观念和实践的历史可谓是源远流长,“无讼”“和合”等理念和精神始终贯穿其中。尤其是在陕甘宁边区政府时期,中国共产党人就已经开始着手对旧有的刑事司法制度进行改造与革新,并有了旨在修复被害者、加害方关系,促进社会和谐的刑事和解的制度和实践。对此,贾宇教授曾引用1941年7月21日陕甘宁边区延安地方法院判决书第10号的一个案例,以证明刑事和解制度起源于我国。[1]

1943年前后,随着以《陕甘宁边区民刑事件调解条例》(1943年6月10日)为核心的一系列加强调解工作的政策法令、指示信的出台发布,陕甘宁边区的刑事和解得到了空前的发展和普及。曾担任边区高等法院院长的马锡五撰文指出:“从1942至1944年全边区审判机关处理的民、刑件中,因调解而结案的百分比逐年上升……轻微刑事案件方面,1942年调解结案的是0.4%;1943年上升到5.6%;1944年达到20%。”[2]边区刑事和解的实践,由此可见一斑。

中华人民共和国成立后,人民调解组织介入轻微刑事案件和解的理念和实践得以延续。《东北人民政府关于加强区村调解工作的指示》(1950年10月13日)规定,人民调解组织对于“除危害国家利益、公共治安及严重危害个人权益外的其余一般侵害个人利益的轻微刑事案件亦得进行调解”。[3]《修正浙江省区乡政府调解民刑案件暂行办法(草案)》(1951年5月8日)也赋予调解委员会处理刑事案件的调解权,规定对于“除侵犯或危害国家社会治安、公共财产及损害人民合法权益较重外的轻微伤害、妨害自由情节较轻等案件、妨害名誉信用、普通盗窃侵占等案件,亦得进行调解”。[4]1954年3月22日,由政务院颁

〔1〕参见李翔:《重罪案件刑事和解中的价值冲突和裁判平衡研究》,上海人民出版社2015年版,第56页。

〔2〕马锡五:《新民主主义时期陕甘宁边区的司法工作》,载《政法研究》1955年第1期。

〔3〕中国社会科学院法学研究所图书资料室:《人民调解资料选编》,群众出版社1980年版,第167页。

〔4〕同上书,第177~178页。

布的《人民调解委员会暂行组织通则》再次明确,“调解委员会的任务为调解民间一般民事纠纷与轻微刑事案件,并通过调解进行政策法令的宣传教育”。[1] 由此看来,人民调解组织参与轻微刑事案件和解不仅有历史源流,更有先例和实践。

(二)依靠群众教化治理与“枫桥经验”

诞生于1963年的“枫桥经验”,在经过半个多世纪的洗礼后愈加历久弥新,并不断地被注入新的内涵。其历史穿透性和持久生命力的背后,更多的是“依靠群众、教化治理”的本土实践和传承创新。

“依靠群众、教化治理”的理念,在“枫桥经验”形成之初——1963年对“四类分子”的改造实践中就有充分体现。当时诸暨县枫桥区的“社教”试点进入对敌斗争阶段,经过摸底调查,认为7个公社有163名未改造好的“四类分子”有比较严重的违法破坏行为。受国内外形势的影响,不少基层干部和少数工作队成员把“四类分子”看成“铁板一块”,主张“逮捕一批,武斗一遍,矛盾上交”,以此来打开“社教”运动的局面。[2] 针对这一情况,浙江省委工作队发动枫桥群众开展了“多捕好还是少捕好”“武斗好还是文斗好”的大讨论,广大干部和群众最后形成了一致看法:“武斗斗皮肉,外焦里不熟;文斗摆事实、讲道理,以理服人。”最后,枫桥区没有逮捕一个人,就制服了有违法行为的“四类分子”,从而创造了“依靠和发动群众,坚持矛盾不上交,就地解决,把绝大多数四类分子改造成新人,实现捕人少,治安好”的经验。[3]

这一对敌专政的做法,后经过公安部、浙江省委的总结,形成著名的“枫桥经验”。这一经验有两个关键词,一是“文斗”,二是“依靠和发动群众”。“文斗”与“有治无教”的“武斗”形成鲜明对比,就是通过摆事实、讲道理,教育感化,寓治于教。“文斗”的经验既较好地改造了“四类分子”,取得了“捕人少、治安好、矛盾就地化解不上交”的效果,也彻底改变了以往只是依靠少数干部而没有发动广大干部群众的问题。可以说,“枫桥经验”从一开始就注重依靠和引导



---

〔1〕 中国社会科学院法学研究所图书资料室:《人民调解资料选编》,群众出版社1980年版,第1页。

〔2〕 参见俞红霞:《枫桥经验的形成和发展历程》,载《中共党史资料》2006年第2期。

〔3〕 同上。

人民群众,这也是“枫桥经验”55 年来之所以历久弥新,并成为浙江模式、中国经验的原因所在。

“依靠群众、教化治理”不仅是“枫桥经验”原生形态的应有之义,还贯穿于“枫桥经验”发展、创新的各个历史阶段。55 年来,从最早的依靠和发动群众改造“四类分子”,直到现在以“法治、德治、自治、共治、善治”为统领的“五位一体”的基层社会治理创新,“枫桥经验”都始终坚持把党的领导和群众路线紧密结合起来,把法律的规范作用和道德的教化作用结合起来,形成了一套“依靠群众、寓治于教”的基层社会治理体系和实践。

(三)诸暨市人民调解组织介入轻微刑事案件和解的历程

始于对阶级敌人进行改造的“枫桥经验”,随着历史的发展变化在恪守其原义的同时,又被不断地注入新的内涵。有学者考证,1982 年,诸暨司法局的简报在介绍“枫桥经验”时,提到了要运用“枫桥经验”重视调解工作,“枫桥经验”纳入了民事调解的经验,其组织设置也从治保组织发展到建立各种调解组织。[1]经过 30 多年的发展完善,人民调解组织的调解范围,也从最初的民事领域逐渐向刑事案件延伸和拓展。

诸暨市人民调解组织介入治安案件始于该市大唐镇的探索。[2] 近年来,经济社会快速发展的同时,也给大唐镇基层社会治理带来了种种不可避免的现实问题:劳资纠纷冲突加剧;外来流动人口众多,社会治安案件频发。2010 年时,该镇治安案件“每年多达 6000 多起”,[3]有的纠纷若不及时加以疏导,可能激化为刑事案件,而单靠警方行政执法,已经远远不能满足群众的需要。大唐镇经济社会发展中所凸显出来的问题,恰恰也是诸暨市在新时期社会治理所面临的挑战和变革的一个缩影。2010 年 5 月,诸暨市公安局、市司法局和大唐镇政府三方联合在大唐镇派出所开展试点,引入人民调解工作机制处理治安纠

---

〔1〕 参见诸暨市公安局:《“枫桥经验”大事记(1963—1992 年)》,转引自谌洪果:《“枫桥经验”与中国特色的法治生成模式》,载《法律科学》2009 年第 1 期。

〔2〕 大唐镇位于西施故里诸暨市西南部,有“国际袜都”美誉,系“国家小城镇建设试点镇”“全国文明镇”“中国特色小镇”。镇域面积 53.8 平方千米,总人口 3.17 万人,外来人口 7.20 万。全镇共有袜业相关企业 5040 家,2000 万元以上规模企业 135 家。2014 年,全镇实现生产总值 74.73 亿元。

〔3〕 大唐司法所:《大唐镇成立联合人民调解委员会》,载诸暨市政府门户网站:http://www.zhuji.gov.cn/zjsf/chnl7304/81428.htm,最后访问日期:2017 年 9 月 5 日。

纷,开创了诸暨市人民调解组织介入治安纠纷处理的先河。诸暨市大唐镇的实践,为诸暨市统一推进、全面铺开人民调解介入治安案件调处以及轻微刑事案件和解积累了经验。

几乎是在诸暨市大唐镇试点治安案件引入人民调解机制的同时,2010 年 7 月 27 日,诸暨市人民检察院、市司法局联合出台了《关于轻伤害案件委托人民调解的若干意见(试行)》,将人民调解延伸到检察机关的逮捕、审查起诉环节。次年的 3 月 31 日,诸暨市人民检察院、市公安局、市司法局再次联手制定了《检察批捕、起诉环节检调对接工作实施细则》,就检察批捕、起诉环节以及基层检察室的检调对接工作进行进一步规范、细化,使之更具有可操作性。

## 二、诸暨市人民调解组织介入刑事案件和解的规范

结合浙江省及诸暨市出台的刑事和解相关规范性文件,以下重点从人民调解组织介入刑事和解的案件范围、适用条件、具体程序以及刑事和解效力四方面进行梳理和探讨。

### (一)案件范围



浙江省人民检察院在 2007 年 11 月 26 日出台的《关于办理当事人达成和解的轻微刑事案件的规定(试行)》将刑事和解案件适用范围明确为四种:(1)亲友、邻里、同学、同事之间因纠纷引发的故意伤害案件(轻伤);(2)因生活无着而初次盗窃的案件;(3)因生活无着而初次诈骗的案件;(4)部分交通肇事案件。[1]浙江省高级人民法院、省人民检察院、省公安厅、省司法厅联合出台的《关于办理当事人和解的刑事公诉案件的若干规定》在界定轻微刑事案时,主要采用的是"刑期+案件类型"的模式,即其适用范围为:(1)因民间纠纷引起,涉嫌《刑法》分则第四章、第五章规定的犯罪案件,可能判处三年有期徒刑以下刑罚的;(2)除渎职犯罪以外的可能判处七年有期徒刑以下刑罚的过失犯罪案件。同时,对于雇凶伤害他人的、涉及黑社会性质组织犯罪的、涉及寻衅滋事的、涉及聚众斗殴的、多次故意伤害他人身体的等则明确予以排除。[2] 诸暨市出台的

---

〔1〕 参见浙江省人民检察院《关于办理当事人达成和解的轻微刑事案件的规定(试行)》(浙检研〔2007〕200 号)第 4 条。

〔2〕 参见《关于办理当事人和解的刑事公诉案件的若干规定》(浙检发研字〔2013〕4 号)第 4 条。

《关于轻伤害案件委托人民调解的若干意见(试行)》,则将人民调解组织介入轻微刑事案件的范围限定于因民间纠纷引发的故意伤害致人轻伤的轻伤害案件。[1] 与此同时,对具有累犯等情形的轻伤害案件,明确不适用委托人民调解。诸暨市《检察批捕、起诉环节检调对接工作实施细则》规定的适用范围则较前者更为宽泛些,该细则将适用刑事和解的案件范围进一步细化为 13 种情形。[2] 由此看来,尽管关于人民调解组织介入轻微刑事案件和解的案件范围在理论和实务界并无太多争议,但从浙江省以及诸暨市的制度设计上看,却不尽一致。

(二)适用条件

对于属于刑事和解范围的案件,也并非全部都适用该制度,还必须具备一定的条件,这里的条件包括主观条件与客观条件。主观条件是指当事人双方的和解自愿性,客观条件则指案件事实与证据方面的基本要求。如浙江省《关于办理当事人和解的刑事公诉案件的若干规定》要求当事人进行和解的公诉案件应当同时符合下列条件:(1)有明确被害人的故意犯罪或者有直接被害人的过失犯罪;(2)案件事实清楚,证据确实、充分;(3)双方当事人自愿进行和解。[3] 除此之外,在具体的司法实践中,一个案件是否适用和解,往往还要考虑其他许多因素,如加害人与被害人在犯罪发生前的关系,加害人的认罪悔罪态度和被害人的谅解意愿,加害人的家庭情况及经济赔偿能力,等等。这些因素需要根据案件的具体情况来综合考虑。

(三)具体程序

诸暨市检察机关"委托人民调解"的程序为:(1)市人民检察院在审查起诉

〔1〕 参见诸暨市人民检察院、诸暨市司法局《关于轻伤害案件委托人民调解的若干意见(试行)》(诸检会〔2010〕2 号)。

〔2〕 具体情形为:(1)因婚姻、家庭矛盾或者民间纠纷引发的故意伤害案。(2)故意毁坏财物案。(3)破坏生产经营案。(4)妨害通讯自由案。(5)盗窃案。(6)诈骗案。(7)部分交通肇事案。(8)过失致人重伤案。(9)情节较轻的过失致人死亡案。(10)非法侵入住宅案。犯罪嫌疑人主观故意为入户盗窃的除外。(11)因合法债务、经济纠纷引发的非法拘禁案。(12)未成年人、已满 18 周岁的全日制的在校生、70 周岁以上老年人以及怀孕、哺乳自己未满 1 周岁婴儿的妇女犯罪案件;预备犯、中止犯、防卫过当、避险过当以及亲友、邻里、同学、同事等纠纷引发的,属于自诉范围的案件。(13)其他经检察机关审查认为作出和解处理不致产生不良社会影响的案件。参见诸暨市人民检察院、诸暨市公安局、诸暨市司法局《检察批捕、起诉环节检调对接工作实施细则》(诸检会〔2011〕3 号)。

〔3〕 参见《关于办理当事人和解的刑事公诉案件的若干规定》(浙检发研字〔2013〕4 号)第 5 条。

时,对于符合和解条件的,告知当事人刑事和解政策的主要内容及法律后果,在当事人自愿的前提下,填写《案件委托人民调解联系函》和《人民调解申请书》,并连同公安机关的《移送起诉意见书》复印件,将民事赔偿部分转入人民调解委员会进行调解。(2)市司法局接到市人民检察院转交的《案件委托人民调解联系函》等相关材料后,指定当事人所在街道(镇)、社区(村)人民调解委员会调解员进行调解。(3)人民调解委员会应在受理之日起 10 日内组织当事人各方进行调解。达成协议的,应当在 7 日内将《刑事和解调解书》及相关材料整理、移交市人民检察院公诉部门;逾期达不成协议的,应及时告知市人民检察院公诉部门。[1]

诸暨市《关于检调对接工作的规定》进一步规定,检察机关对受理的轻微刑事案件,认为通过人民调解方式有利于化解矛盾纠纷的,由“检调对接办公室”制作《委托人民调解函》,并附涉案当事人双方同意调解的申请书等材料,移送人民调解工作室。人民调解工作室对审查逮捕案件一般在 3 日内调解结束,其他检调对接案件一般在 10 日内调解结束。经人民调解工作室调解,双方当事人达成一致意见的,由人民调解委员会出具人民调解协议书。自协议签订之日起 2 日内将协议书及《人民调解结案单》送达检察机关检调对接工作办公室。未能达成调解协议或者达成调解协议后拒不履行的,调解程序终止。[2]



### (四)和解效力

诸暨市《检察批捕、起诉环节检调对接工作实施细则》对刑事和解成功案件的效力作出了较为详细的规定,即:(1)对于犯罪情节显著轻微、危害不大的未成年人或全日制在校学生,可以将案件退回侦查机关处理。(2)对于符合不捕条件的案件,可以作出不予批准逮捕的决定。(3)对于符合相对不起诉的案件,可以作出相对不起诉处理。(4)对逮捕在案的犯罪嫌疑人,可以作出取保候审的决定。(5)对于需要提起公诉的刑事和解案件,向人民法院提出对刑事部分从轻处理的书面建议,对符合判处缓刑或免予刑事处罚条件的,可以提出适用缓刑或免予刑事处罚的量刑建议;对于被不起诉人需要给予行政处罚、行政处

---

〔1〕 参见诸暨市人民检察院、诸暨市司法局《关于轻伤害案件委托人民调解的若干意见(试行)》(诸检会〔2010〕2 号)。

〔2〕 参见诸暨市人民检察院、诸暨市司法局《关于检调对接工作的规定》(诸检会〔2012〕10 号)。

分或者没收其违法所得的,应当提出检察意见,移送有关主管机关处理。



## 三、诸暨市人民调解组织介入刑事案件和解的现状

刑事和解具有理论上和实践中的正当性。[1] 但这种优势部分是基于理论分析或个案分析而得出的,尚未经过一定数量案件的检验。基于此,笔者在前文对人民调解组织介入刑事案件和解历史脉络及制度设计进行分析的基础上,通过实地调研走访等实证研究方法,对人民调解介入刑事案件和解的"诸暨实践"做进一步的探究。

### (一)人民调解介入刑事和解的案件数量

总体上看,由于受诸多现实因素的制约,在检察环节人民调解介入轻微刑事案件的数量有限。例如,2014—2016 年,诸暨市人民检察院共批捕 3121 件、公诉 5165 件,适用刑事和解案件数量为 122 件,[2] 人民调解组织介入刑事和解案件数量为 46 件。应该说,无论是刑事和解的案件数量,还是人民调解介入刑事和解的案件数量,都显得非常有限,如表 7-1 所示。



**表 7-1 诸暨市人民检察院刑事和解案件统计(2014—2016 年)**

| 时间 | 刑事案件总数 | 刑事和解案件数量/件 | 人民调解组织介入刑事和解案件数量/件 |
|---|---|---|---|
| 2014 年 | 批捕:1097 件/1542 人<br>公诉:1537 件/2313 人 | 34 | 10 |
| 2015 年 | 批捕:1225 件/1789 人<br>公诉:1879 件/2876 人 | 46 | 14 |
| 2016 年 | 批捕:799 件/1028 人<br>公诉:1749 件/2877 人 | 42 | 22 |

人民调解组织介入刑事和解案件数量有限,主要有以下原因:(1)检察机关

---

[1] 参见宋英辉等:《公诉案件刑事和解实证研究》,载《法学研究》2009 年第 3 期。

[2] 诸暨市的刑事和解的案件基本都集中于下辖的两个基层检察室。根据统计,枫桥检察室 2014 年刑事和解的案件数量为 9 件,2015 年为 10 件,2016 年 1 至 6 月为 9 件;店口检察室 2014 年刑事和解的案件数量为 13 件,2015 年为 14 件,2016 年 1 至 6 月为 7 件。参见周朝煜:《当前刑事和解的现状与对策分析》,载诸暨市人民检察院编:《诸暨检察》2016 年第 23 期。

办案人员不足，刑事和解本身程序繁杂，从而降低了刑事和解适用率。(2)刑事和解的适用范围不统一且规定得相对过窄。实践中仅限于亲友等因纠纷引发的故意轻伤害案件、因生活无着落而初次盗窃或初次诈骗，以及部分交通肇事等轻微刑事案件。(3)刑事和解协议有时得不到有效、充分的履行，损伤了检察公信力，使得检察干警在启动刑事和解之初便心存疑虑。如有些赔偿金额巨大的案件（尤其是交通肇事案），犯罪嫌疑人往往提出以“分期付款”的方式履行，案件调处后很有可能就以和解的形式“打白条”，[1]从而将检察机关和办案人员置于尴尬的境地。

（二）人民调解介入刑事和解的案件类型

诸暨市人民检察院的统计数据显示，人民调解组织介入刑事和解的案件以轻伤害案件和交通肇事案件为主，近年来类型不断在拓展。2013年1月1日至2014年4月底，诸暨市人民检察院作出的刑事和解相对不起诉案件共61件，其中故意伤害案33件、交通肇事案22件、盗窃案3件、抢劫案1件、诈骗案1件、故意毁坏财物案1件。另外，调查显示，2014—2016年，诸暨市人民检察院适用刑事和解案件数量为122件，其中，轻伤害案件108件，占86%。具体类型分析如下：



1. 轻伤害案件

与许多地区以轻伤害案件为突破口来探索刑事和解的运行一样，[2]此类案件也是诸暨市人民检察院适用刑事和解最多的案件类型。原因如下：(1)由于人文传统、性格脾气等因素，“枫桥经验”发源地——诸暨市的伤害案件一直较多，其中尤其以轻伤害案件居多。[3] (2)此类案件多为因邻里纠纷或家庭矛盾导致的激情犯罪，具有偶发性，犯罪嫌疑人的主观恶性及社会危害性均相对较小。据不完全统计，2012年至2014年，诸暨市故意伤害案件中因故偶发性犯

---

[1] 参见曾于生、楼淑瑜：《试论检调对接的软法规制》，载《中国检察官》2013年第3期。

[2] 如早在2002年，北京市朝阳区人民检察院制定《轻伤害案件处理程序实施规则》，以此在全国范围内率先开始了关于刑事和解的尝试。2002年1月，上海市杨浦区司法局和区公安分局首先选择延吉和定海两个街道，开展了轻伤害案件委托人民调解的试点工作。参见李翔：《重罪案件刑事和解中的价值冲突和裁判平衡研究》，上海人民出版社2015年版，第79～80页。

[3] 参见朱祖洋：《“枫桥经验”指导下刑事和解的实践与制度架构》，载《公安学刊》2013年第3期。

罪达到了63%。例如,李某故意伤害一案,李某与被害人郭某系同村村民,且关系亲近,两人在老年活动室打麻将时,因1元钱的归属问题发生争吵、打斗,其间,郭某的左手中指骨折。(3)损害的结果较小,双方当事人具有和解的意愿。

2. 交通肇事案件

在诸暨市的刑事和解实践中,交通肇事案件仅次于轻伤害案件。主要原因有:(1)近年来,随着城乡道路的不断延伸以及车流量的急剧增加,诸暨市同全国其他城市一样,同样也面临交通事故不断增长的严峻态势。(2)交通肇事罪是过失犯罪,被称为"过失犯罪之王"。在交通肇事犯罪案件中,犯罪主体的主观危险性一般较小,悔罪心理极强,且一般具有一定的经济赔偿能力。当然,交通肇事案件也并非无条件地适用刑事和解,对于具有吸食毒品、饮酒后驾驶机动车辆、交通肇事后逃逸行为等情形的,诸暨市则明确规定不允许进行刑事和解。

3. 未成年人、在校生等特殊人群犯罪案件

对未成年人适用刑事和解是各国通例,也是刑事司法国际准则对少年司法特殊要求的具体化。从全国范围看,大规模的未成年人刑事和解试点出现在2003年之后,北京、上海、重庆、湖南、四川等九个省级政法机关都出台了相关规定,全国至少有24个省、自治区、直辖市都有关于未成年人刑事和解的试点。[1]在诸暨市,近年来未成年人犯罪案件总体呈下降趋势。据不完全统计,2008年1月至2013年12月,诸暨市人民法院共判处未成年人罪犯653人,占同期总犯罪人数的6.14%。[2] 2015年8月至2017年8月,诸暨市人民检察院共受理未成年人涉罪批捕案件68件85人,公诉案件158件257人。[3] 对这些涉及未成年人、在校学生等特殊人群的犯罪案件,司法实践中也较多采取和解的方式予以处理,体现了教育、感化为主的刑事政策。

---

〔1〕 参见苏镜祥、马静华:《未成年人刑事和解——基于中国实践的考察和分析》,载《四川大学学报》(哲学社会科学版)2009年第3期。

〔2〕 参见《诸暨法院举行未成年人犯罪案件审理情况新闻发布会》,载诸暨在线:http://www.zhuji.net/tzgg_show.asp? id =9908,最后访问日期:2017年10月21日。

〔3〕 参见何若愚:《浙江诸暨:开展未成年人社区矫正法治教育及心理辅导》,载正义网:http://www.jcrb.com/procuratorate/jcpd/201710/t20171017_1806084.html,最后访问日期:2017年10月21日。

（三）刑事和解案件的处理方式

诚如前文提及，诸暨市检察机关对在人民调解组织主持、参与下达成和解协议的刑事案件，在处理上主要采取如下方式：（1）对于犯罪情节显著轻微、危害不大的，将案件退回侦查机关并建议撤销案件；（2）在审查逮捕阶段，作出不予批准逮捕的决定；（3）在审查起诉阶段，作出相对不起诉的决定；（4）对于提起公诉的，向人民法院提出适用缓刑或减轻刑事处罚的量刑建议。例如，2013年5月26日，在诸暨市枫桥镇齐东村毛家桥下自然村，樊某在锄地时与毛某发生矛盾，樊某用锄头背打伤毛某左面部，致毛某左颧弓骨折伴位移，多处软组织挫伤等，后经法医鉴定毛某所受人体损伤程度属轻伤。诸暨市枫桥检察室在审查起诉该案时，委托枫桥镇人民调解委员会就该案主持调解，最终促成双方当事人达成和解。由樊某补偿毛某医药费等共计33000元，毛某对樊某表示谅解，希望不追究樊某的刑事责任，后枫桥检察室建议对犯罪嫌疑人樊某作相对不起诉处理。

2014—2016年，诸暨市人民检察院刑事和解案件的处理方式如表7－2所示。

**表7－2　诸暨市人民检察院刑事和解案件统计（2014—2016年）**

| 时间 | 不起诉/件 | 建议撤案/件 | 建议量刑/件 |
|---|---|---|---|
| 2014年 | 19 | 5 | 10 |
| 2015年 | 25 | 6 | 15 |
| 2016年 | 24 | 5 | 13 |

## 四、诸暨市人民调解组织介入轻微刑事案件和解的特点

2008年前后，重庆、河南、四川等地相继出台了轻微刑事案件委托人民调解的相关规定，为人民调解介入轻微刑事案件和解提供了制度依据。[1] 从全国范围内看，诸暨市人民调解介入刑事案件和解的实践探索在时间上并不算早，但却具有如下显著特点：

〔1〕 参见《四川省出台刑事和解与人民调解联动机制指导意见》，载《人民调解》2010年第9期；《河南省出台轻微刑事案件委托人民调解暂行办法》，载《人民调解》2010年第5期；陈亮：《刑事和解与人民调解联动对接尚有提升空间》，载《检察日报》2010年11月19日，第3版。

### （一）范围相对比较广泛

在讨论刑事和解的适用范围上，大多学者喜欢采用“轻微刑事案件”和“重罪案件”的“两分法”。这种非轻即重的二元划分法，也将一部分普通刑事案件排除在适用范围之外。尽管浙江省和诸暨市的相关规范性文件都将人民调解介入刑事和解的案件范围严格限定于“轻微刑事案件”，但诸暨的刑事和解实践显然有向非“轻微刑事案件”拓展的趋势。主要表现为：从案件类型及适用刑期来看，不局限于故意伤害致人轻伤案件。诸暨市刑事和解的案件范围没有严格的限制，常见的轻伤害、交通肇事、故意毁坏财物案一般均进入和解的范围，一些重伤害、故意杀人案也可以先进行和解。[1]

案例：杨某与被害人黄某、王某（女）夫妇系邻居，2010 年 12 月的一天，杨某因自家修围墙而与邻居黄某一家起了纠纷，争执中，杨某用砌墙用的不锈钢刀在黄某的左脸处砍了一刀，又在黄某妻子王某的左腹部捅了一刀。经鉴定：王某受伤程度属重伤，黄某受伤程度属轻伤。案件移送审查起诉后，杨某及其家属向枫桥检察室提出了调解申请。承办检察官通过走访了解到，杨、黄两家平时相处不错，且案发后杨某认罪悔罪态度诚恳，遂多次联合当地调解中心、村民委员会对两家进行调解，最终促成双方达成和解协议。一审法院对杨某作出了从轻处罚的判决。[2]

### （二）不局限于诉讼阶段

人民调解介入轻微刑事案件和解，本质上是公安、检察、法院等司法机关在刑事诉讼阶段的一种委托调解。然而，从诸暨市的实践来看，人民调解介入轻微刑事案件和解不局限于诉讼阶段，而是延伸到刑事诉讼前。例如，当事人周某在开车倾倒垃圾时碰到店口镇的陈某插队，周某看后不忿便下车讨说法，后与陈某发生殴打，最终，陈某被打断了三根肋骨。周某愿出 4 万元赔偿金，陈某开价 6.5 万元不松口。后在诸暨市枫桥镇“老杨调解中心”的调解下，双方达成“由周某赔偿陈某 5.5 万元、陈某自愿放弃司法鉴定不追求对方法律

〔1〕 参见朱祖洋：《“枫桥经验”指导下刑事和解的实践与制度架构》，载《公安学刊》2013 年第 3 期。

〔2〕 参见范跃红、史建发：《“枫桥经验”的检察样本》，载《检察日报》2013 年 9 月 23 日，第 2 版；范跃红、傅筱云：《老邻居端起了喜酒》，载《检察日报》2011 年 10 月 12 日，第 11 版。

责任”的协议。[1]

(三)形成了完善的相关配套机制

人民调解介入轻微刑事案件和解是一项系统工程,其合理运行需要完善的配套机制作为保障。从浙江省及诸暨市的制度设计及司法实践来看,人民调解介入轻微刑事案件的相关配套措施有:

1. 启动评估机制

诸暨市人民检察院在受理轻微刑事案件后,利用法律监督职能优势,联合辖区内承办案件的派出所、该院侦监或公诉部门对能否启动刑事和解进行分析研究,对是否符合刑事和解范围、适用刑事和解成功率(包括犯罪嫌疑人的经济条件、悔罪态度、被害人的要求等)、适用刑事和解的法律后果等方面进行评估,形成可行性方案以指导和解工作。

2. 提前介入机制

诸暨市人民检察院店口检察室针对有的案件当事人对赔偿后的从轻处理法律后果的不确定性产生质疑而不愿赔偿,公安办案人员因构成犯罪案件不能撤案、不愿做和解工作的情况,积极与辖区内派出所联系,提前介入、参与侦查环节的和解工作。一方面对参与和解的案件当事人开展法律咨询工作,另一方面发挥刑事和解的监督职责,对刑事和解过程进行程序和实体双重监督。



3. 审查监督机制

在主持刑事和解的过程中,检察机关办案人员与人民调解组织的调解员各有优势和缺陷。诸暨市《关于轻伤害案件委托人民调解的若干意见(试行)》要求市人民检察院对于已经纳入人民调解机制的案件,要适时了解、监督,掌握调解进程,及时给予人民调解员指导和帮助,对已经达成的刑事和解案件的合法性、真实性、有效性进行审查。

4. 跟踪帮教机制

如果说刑事和解的赔礼道歉和经济赔偿是对已经被破坏的社会关系的一种修复,那么帮教措施则是预防社会关系被再次破坏的重要途径。[2] 诸暨市

---

〔1〕 张丽玮:《杨光照:矛盾调解率高达98%　群众是最大的秘诀》,载人民网浙江频道:http://zj.people.com.cn/n2/2017/0924/c228592-30769507-2.html,最后访问日期:2017年10月24日。

〔2〕 参见宋英辉主编:《刑事和解实证研究》,北京大学出版社2010年版,第56页。

《关于轻伤害案件委托人民调解的若干意见(试行)》要求经人民调解达成调解协议的案件,市人民检察院依法作出不起诉处理后,可根据情况会同市司法局及时进行跟踪回访,重点是老年人、未成年人和在校生犯罪案件,以了解上述对象的改造情况、矫正程度。

5. 联席通报制度

为保证轻伤害案件委托人民调解机制的有效运行,诸暨市人民检察院与市司法局建立联席会议制度和案件通报制度。联席会议原则上每季度召开一次,通过评析人民调解统计报表和人民调解协议书,总结经验,找出不足,提高工作水平。各人民调解委员会应及时将其调解的案件的数量、类型、进度情况和处理结果形成统计报表,报市司法局基层科,同时抄送市人民检察院。[1]

(四)人民调解组织与检察机关各司其职、分工协作

在刑事案件和解程序中,人民调解组织和公检法各有其优势和职责。具体而言:人民调解组织主要是发挥其自身中立地位及做群众工作的传统优势,安抚当事人情绪,促使双方当事人就损失赔偿、赔礼道歉、精神抚慰等民事责任事项进行和解。人民检察院在对刑事和解的自愿性、合法性进行审查的基础上,综合具体案件及和解协议作出相应处理。当然,人民调解组织与检察机关在刑事和解中各司其职、分工协作,但在民事赔偿事项上,往往又是相互配合、共同发力。

案例:犯罪嫌疑人魏某某因琐事与王某某发生打斗,造成被害人王某某鼻骨粉碎性骨折。经公安局司法鉴定中心鉴定:王某某所受的人体损伤属轻伤二级。案件进入审查起诉阶段后,检察干警与枫桥镇人民调解员老杨对当事人就伤害赔偿标准、政策进行了详细的介绍,并多次征求当事人意见。最终,犯罪嫌疑人魏某某同意支付被害人赔偿款4.5万元,取得了被害人的谅解。

(五)刑事和解协议及时履行

实际履行调解协议的内容是调解成功、实现当事人利益的关键,协议履行包括精神赔付和物质赔付。双方当事人达成的和解协议一般应当即时履行。

[1] 参见诸暨市检察院、诸暨市司法局:《关于轻伤害案件委托人民调解的若干意见(试行)》(诸检会〔2010〕2号)。

涉及赔偿损失内容的，应当在协议签署后约定的期限内履行，至迟应当在公安机关、人民检察院、人民法院作出决定前履行完毕。2013 年 4 月 27 日，诸暨市赵家镇大柳仙村发生车辆侧翻倾轧事故，黄某、张某经抢救无效死亡。赵家镇调解委员会在接到事故通知后，迅速组织多支力量进行调解。一方面主动和交警对接，掌握事故事实，分清责任；另一方面主动和死者家属对接，安抚情绪，稳控事态。经多方共同努力，仅用 48 小时就促成双方民事部分的和解，有效地防止了事态的升级和恶化。〔1〕 诸暨市店口检察室在开展刑事和解中，全力配合调解中心开展说理工作，要求犯罪嫌疑人具结悔过，向被害人赔礼道歉。存在经济赔偿的，要求当事人一次性履行经济赔偿的内容，不能一次履行完毕的要求提供担保，最大限度地保障被害人的经济利益。

## 五、诸暨市人民调解组织介入刑事案件和解的效果及启示

### （一）与检察机关形成互补互动

根据刑事和解的主体不同，司法实践中形成了以“当事人自行和解”、“委托人民调解委员会调解”和“检察机关直接调解”为代表的三种不同和解模式。检察机关直接主持刑事和解，其职业优势非常明显。这种做法应该说是当前我国推行刑事和解过程中的主流。〔2〕 然而，这并不意味着“检察机关直接调解”就是最佳模式。〔3〕 这是因为，人民调解组织、人民调解员与加害人、被害人没有利害关系，在群众中往往有较高威信，其以第三方的中立身份介入刑事和解，实则与拥有绝对强大的控诉权和与生俱来的监督权的检察机关主持调解形成互补互动。诸暨市人民调解组织介入刑事和解的探索表明，检察机关与人民调解组织相互发力，优势互补，凝聚成推动刑事和解内在推动力。

### （二）有效节约检察机关的司法办案成本

客观地讲，基层检察机关在推进刑事和解中存在诸多主客观阻力，面临着



〔1〕 参见《赵家司法所实施矛盾纠纷分类调处收实效》，载诸暨市政府门户网站：http://www.zhuji.gov.cn/zjsf/chnl7304/81559.htm，最后访问日期：2017 年 9 月 12 日。

〔2〕 参见钱昌夫、彭新华：《论检察官充当刑事和解调解人角色的理性思考》，载《河北法学》2012 年第 5 期。

〔3〕 司法实践中，检察机关出面主持调解，由于信息的不对称和国家机关的威慑力，可能出现“以捕压调”“以诉压调”等侵犯当事人利益的情况。

“审批程序繁琐与办案效率”“审查起诉期限与刑事和解时间”“内部考核机制与外部沟通协调”等多重矛盾。比如,实务中发现,承办人往往采用退回侦查机关补充侦查,以“借”时间促成调解,才能保证有足够的时间等待检察委员会讨论并作出决定。另外,存在符合相对不诉条件的案件,因办案时间限制而无法及时完成不起诉程序导致无奈起诉的情形。而人民调解委员会制度拥有国家的各种资源支持,诸暨市更是在基层普遍设立人民调解组织。[1] 村治调员生活在群众中间,镇人民调解委员会对本地区的风俗和习惯比司法机关更为熟悉,这些调解人员在群众心目中具有相当的威信。调解组织与犯罪案件的发生地最接近,可以及时地进行调解,防止冲突的加剧。[2] 这些,无疑都是轻微刑事案件委托人民调解的重要组织基础及人员基础。如此一来,不仅避免了检察机关在调解过程中既当裁判员又当运动员的尴尬局面,而且一定程度上缓解了检察机关的“人案矛盾”,提高了刑事诉讼效率。

(三)符合恢复性司法理念

我们党的人民调解工作的一条重要传统经验,就是人民调解工作者要靠道理说服人、教育人,同时要以自己的高尚道德情操和模范行动去启发人、感化人,去影响和带动群众。[3] 人民调解委员会作为案件局外人的身份,其在调解中能以一种公平正义的朴素理念对加害人进行劝谕,使其认识自身错误,改邪归正,融入社会,同时也能以一种宽恕的态度劝说被害人方进行谅解,从而化解纠纷,恢复破损的社会关系。[4]

案例:2016 年 10 月 14 日,蒋某某骑一辆电动两轮轻便摩托车载老伴陆某及朋友何某回家,途经本市枫桥镇新绛霞村一弯道时,迎面驶来一辆面包车,由于应对不当,摩托车冲出了路面,造成包括蒋某某在内一死两伤的交通事故。经认定,蒋某某负事故主要责任。案发后,蒋某某身心受到重大创伤,并表示无力承担被害人何某家属提出的赔偿。检察室干警通过走访了解到,蒋某某家庭

〔1〕 诸暨市有人民调解员 3536 名,市级 11 大专调委专职人民调解员 72 名,驻派出所人民调解员 55 名。

〔2〕 参见陈京春:《刑事和解制度研究:以刑事实体法为视角》,法律出版社 2014 年版,第 199 页。

〔3〕 参见孙伟:《浅析新时期人民调解工作者的影响力》,载《法律学习与研究》1990 年第 6 期。

〔4〕 参见林培晓:《刑事和解模式的现实审视——兼论人民调解委员会刑事和解模式》,载《石河子大学学报》(哲学社会科学版)2015 年第 5 期。

状况原本不佳,车祸后,其生活更为困难。在案件办理中,检察干警多次与蒋某某的儿子、受害人何某及其家属谈心、释法说理,并邀请"老杨调解中心"针对赔偿金额进行调解。最终,何某表示不向蒋某某提赔偿条件,并谅解了对方。检察机关对蒋某某作出相对不起诉处理。

在刑事和解的诸多模式中,人民调解组织介入刑事和解具有先天的优势。刑事案件的调解工作完全由社会调解组织进行调解,司法机关只担任调解的移送和调解结果的认定工作,这是刑事和解的最佳模式和方向。[1] 但是,其作用的发挥,依赖于各地人民调解组织的力量及人民调解员水平的高低。诸暨市人民调解组织介入刑事和解的实践表明,在一定时期及区域内,应避免"一刀切"地将刑事案件的调解工作简单交由某一方组织的做法,注重发挥司法机关、人民调解组织等多方主体的各自优势。

党的十九大报告指出,"加强和创新社会治理","打造共建共治共享的社会治理格局"。[2] 在新时代的基层社会治理中,地方党委、政府和基层司法机关不再是治理的唯一主体。相应地,基于社会组织和个人等多元治理主体各守其界、相互赋权、分工合作的基层联动治理模式,将成为基层治理的主要方式。诸暨市人民调解组织介入轻微刑事案件和解的探索,既是新时期"枫桥经验"的传承,又为拓展人民调解参与基层社会治理、打造共建共治共享的社会治理格局提供了弥足珍贵的本土样本。

---

〔1〕 参见陈京春:《刑事和解制度研究:以刑事实体法为视角》,法律出版社2014年版,第294页。

〔2〕 习近平:《决胜全面建成小康社会　夺取新时代中国特色社会主义伟大胜利——在中国共产党第十九次全国代表大会上的报告》,载《求是》2017年第21期。

# 第八章　品牌人民调解工作室建设的"枫桥经验"

当下,越来越多的争讼显然已成为一个世界问题。一方面,被誉为"东方经验"和维护社会稳定"第一道防线"的人民调解,因其所独有的主动性、低成本以及高效、便捷等诸多传统优势而在矛盾纠纷化解中被看好并寄予厚望。然而,另一方面,面对社会转型以及不断增多的专业性、行业性纠纷,尤其是在国家治理能力和治理体系现代化的背景下,传统人民调解组织的功能作用呈现出逐渐弱化的迹象。为此,在新时代如何发展、创新人民调解并保持其活力,如何有效发挥人民调解在基层社会治理中的基础性、支撑性作用,值得我们认真思考和研究。

人民调解工作室作为以各级人民调解委员会为主体的传统人民调解组织社会化、再组织的产物,在各地创新发展人民调解工作中颇受青睐和推崇,并成为推进人民调解专业化、发挥人民调解品牌示范效应的一个重要的组织载体。但是,由于人民调解工作室尚处于探索起步阶段,在运行中也面临诸多现实困惑和难题,亟待予以廓清和解决。基于此,笔者以"枫桥经验"发源地——诸暨市枫桥镇"老杨调解中心"为个案,结合多次在诸暨市实地调研、访谈的经历,就人民调解工作室的组织定位、运行机制、作用发挥等进行梳理;并在个案微观分析的基础上,尝试就新时代推动品牌人民调解工作室创新发展提出对策建议。

## 一、品牌人民调解工作室的历史发展及其典型

在我国,人民调解委员会是依法设立的调解民间纠纷的群众性组织,其具有群众性、民间性和自治性。相比较于人民调解委员会而言,人民调解工作室并非一个严格意义上的用语。通俗的理解,人民调解工作室就是以人民调解为主要活动内容的人民调解机构。实践中,其具体的组织形态既有群众性组织,

又有经登记注册的社团法人。

（一）品牌人民调解工作室的历史发展

民间调解作为一种古老的纠纷解决方式，历史悠久，源远流长。学者们一般认为，当代的人民调解制度是萌芽于土地革命战争时期。人民调解工作室作为一种新型的、以个人名字命名的调解组织，则通常被认为是2000年以后形成和发展起来的。2003年，国内最早的以个人命名的"李琴人民调解工作室"在上海成立。尤为值得关注的是，2004年5月，上海市长宁区江苏路街道与"李琴人民调解工作室"签订了购买人民调解服务的协议。[1] 同年的12月2日，"李琴人民调解工作室"经上海市民政局注册，登记为"上海李琴人民调解工作室"，成为上海市首家民办非企业的人民调解工作室。[2] 2004年后，上海市又陆续涌现出了以"杨伯寿人民工作室"奉贤"桂英人民调解工作室"等为代表的一批品牌人民调解室。到2014年为止，在上海市19个区县中，已有93个街道、镇建立了100多家调解工作室。[3] 上海"李琴人民调解工作室"的示范意义通过媒体和网络得以传播放大，浙江、江苏、四川等地也开始纷纷尝试。尤其是2011年5月12日司法部《关于加强行业性专业性人民调解委员会建设的意见》的出台，[4]推动了各地专业性、行业性人民调解组织的建立。



在浙江省诸暨市，以新时期"枫桥经验"传承人——杨光照个人命名的"老杨调解中心"，则是该市人民调解室的一个样板。1994年前后，身为诸暨市枫桥派出所民警的杨光照被派遣到集镇附近担任11个村庄的责任民警，开始参与社区、村庄的治安纠纷调解。在十几年维护社会治安、化解基层矛盾中，身为民警的杨光照也赢得了当地群众的信任和爱戴。正是这么多年来在群众中积攒下的口碑，让"有矛盾、找老杨"的顺口溜在诸暨市当地妇孺皆知。2008年7月，在杨光照临近退休之时，"老杨调解工作室"在诸暨市枫桥派出所宣告成立。

---

〔1〕 参见协议内容约定：江苏路街道出资12万元为辖区内6万居民购买专业的民间纠纷调解服务，"李琴人民调解工作室"负责承担该街道四成一般纠纷和九成疑难纠纷的调解。

〔2〕 参见龚瑜：《上海成立全国首家民办调解工作室》，载《中国青年报》2004年12月6日版。

〔3〕 参见田思倩：《社会组织参与城市社区调解研究——以上海李琴人民调解工作室为例》，上海师范大学2016年硕士学位论文，第25页。

〔4〕 2016年1月5日，司法部、中央综治办、最高人民法院、民政部联合下发《关于推进行业性专业性人民调解工作的指导意见》（司发通〔2016〕1号），对进一步加强专业性人民调解组织建设、队伍建设、制度化规范化建设，提高工作保障能力和水平，全力化解矛盾纠纷等提出了具体要求。

2010 年,"老杨调解工作室"又升级为以专业调解为主,社区民警参与,特邀人民调解员辅助、志愿者联动的"老杨调解中心"。近年来,杨光照和他的调解团队先后被中组部评委"全国离退休干部先进集体",杨光照本人也获得了"浙江省十大法治人物""浙江省司法行政系统第五届百名优秀人物"等荣誉称号。央视媒体先后以杨光照及其调解团队为原型在枫桥实地拍摄了《枫桥故事》《枫桥好人》等多部电视剧与专题片。[1]

由于"老杨调解中心"的示范带动效应,2009 年 10 月,"老朱调解工作室"在诸暨市璜山镇政府挂牌成立。[2] 近年来,在原来"老杨调解中心""老朱调解工作室"的基础上,诸暨市又新培育了江藻镇的"詹大姐帮忙团"、枫桥镇"娟子工作室"等一批品牌人民调解工作室。据诸暨市司法局统计,到 2016 年年底,全市成功创建品牌人民调解室 30 个,基本实现"一镇一品"。

### (二)品牌人民调解工作室的典型样本

由于受学术研究视野以及掌握资料的限制,在下文中,笔者结合已有研究成果及有关媒体报道,重点以上海"李琴人民调解工作室"等四个典型样本为主,进行个案比较分析研究。

#### 1. 上海"李琴人民调解工作室"

前已述及,上海"李琴人民调解工作室"开启了人民调解的诸多先河,是当之无愧的人民调解"明星品牌",其典型意义如下:(1)李琴人民调解工作室的设立运行,并在不久注册登记为社团法人,打破了传统的人民调解组织架构,淡化了人民调解组织行政色彩。(2)工作室以第三方社会组织的身份承接政府的人民调解服务,体现了政府购买人民调解服务的新思路,为创新人民调解工作的经费保障开辟了新路径。(3)在运行中,"李琴人民调解工作室"实际承担的工作已经远远超出了人民调解范畴,其实际职能已经扩展到社区建设、社会组



[1] 参见孔令泉:《浙江枫桥有个"老杨调解中心"》,载《民主与法制时报》2010 年 5 月 17 日,第 6 版;何玲玲、商意盈:《"光照"百姓》,载《新华每日电讯》2011 年 9 月 15 日,第 1 版;《枫桥杨光照调解团队》,载浙江新闻网:http://zjnews.zjol.com.cn/system/2016/06/29/021207784.shtml,最后访问日期:2017 年 8 月 14 日。

[2] "老朱调解工作室"的负责人名为朱仲青,1956 年 8 月出生,大专学历,1985 年开始从事调解工作,先后担任副乡长、镇综治工作中心专职副主任、璜山镇司法所所长、璜山镇人民调解委员会主任等职,拥有 30 多年的政法综治及人民调解工作经验,曾获得"诸暨市十佳调解员""浙江省人民调解能手"等荣誉称号。

织建设、信访工作等领域。[1]

2. 四川“郭太平调解工作室”

“郭太平调解工作室”成立于2009年11月27日，办公地址位于四川省广安市广安区，现任负责人郭太平为退休干部。[2] “郭太平调解工作室”有如下特点：(1)从组织架构看，“郭太平调解工作室”是经广安区人民调解委员会联合会批准、广安区人民调解委员会下设的附属调解工作机构。[3] (2)从功能定位看，“郭太平调解工作室”是在地方财政紧张的状态下成立的，对此的预期回报率也很高——要求解决重特大疑难纠纷。[4] (3)工作室实行政府购买服务，上与行政机关、司法机关、信访部门对接，下与乡镇（街道）行业性、企事业、村（社区）调解委员会联结。[5]

3. 江苏“夕阳红人民调解工作室”

坐落于南京市栖霞区的“夕阳红人民调解工作室”成立于2011年7月，它是以栖霞区燕子矶街道退休干部、全国模范人民调解员郭凤萍为核心组建的。2017年7月，在栖霞区司法局和迈皋桥街道的支持下，“夕阳红人民调解工作室”更名为“凤萍法律公益服务社”，人员由原先的一人扩充为包含律师、人民调解员、志愿者等7人组成的专业法律服务团队，业务也由单纯的人民调解拓展为提供法律咨询、协助困难群众获得法律援助、开展法治宣传教育等司法行政综合职能。迈皋桥“凤萍法律公益服务社”的成立，标志着栖霞区司法局推进购买公共法律服务机制进入实践性运行阶段。[6]



4. 广东“杨杨律师调解工作室”

相比较于上述几个“明星调解室”，2017年9月25日挂牌成立的广州市番

[1] 参见余钊飞：《人民调解的历史形成研究》，西北大学出版社2011年版，第183页。

[2] 郭太平连续18年奔波在人民调解第一线，运用自己总结出的人民调解“重大疑难纠纷处置工作十心法”，先后成功调解各类矛盾纠纷1800余件，其本人先后获“全国模范人民调解员”“全国调解能手”“2017年度四川省十大法治人物”等荣誉称号。

[3] 参见张永进：《中国调解工作室制度研究——基于上海与广安模式的考察》，载《四川理工学院学报》（社会科学版）2011年第3期。

[4] 同上。

[5] 参见《广安：明星调解工作室遍地开花》，载《四川日报》2010年3月25日，第1版。

[6] 参见栖霞区司法局：《栖霞区首家政府购买法律公益服务组织正式揭牌运行》，载南京市政府门户网站：http://www.nanjing.gov.cn/xxgk/qzf/qxq/qxqsfj/201707/t20170727_4880049.html，最后访问日期：2018年1月4日。

禺区化龙镇沙亭村“杨杨律师调解工作室”则显得“年轻”了许多。从有关新闻报道看,[1]“杨杨律师调解工作室”的设立至少取得了如下示范意义:(1)作为广东省首家以律师命名的个人调解工作室,开启了律师调解工作室的先河。职业律师的加入,也使人民调解更富专业化和权威性。(2)“杨杨律师调解工作室”的负责人杨杨律师,本身就是沙亭村的法律顾问。调解工作室的设立,是“一村(居)一法律顾问”工作的延伸,实现了与村级调解委员会的有机结合。

以上各地关于人民调解工作室的探索实践,为加快推进人民调解工作行业化、专业化进程积累了经验,也带给了我们颇多启示。首先,从人民调解组织的性质定位来看,尽管我国法律明确人民调解组织为群众性组织,然而,实践中乡镇、县一级的人民调解组织,具有官方或“半官方”背景的人员仍然占了一定的比例。这种人事安排上的交叉与重叠,尽管有助于借助传统行政权力提升人民调解的权威和公信力,进而实现人民调解的政治功能,但却一定程度上在政府和人民调解之间形成了一种事实上的上下级关系。而品牌调解室的设立,恰恰打破了传统人民调解机构的组织架构,尤其是经注册登记为社团法人的品牌人民调解工作室,淡化了人民调解组织的行政化色彩,彰显了人民调解的中立性、民间性。其次,从人民调解员个人权威来看,品牌人民调解室的负责人多有在政府机关工作的经历,他们身上汇集了官方领导人的接见及诸多“国字号”的荣誉,均是在当地有一定群众基础和个人威望的退休干部和社区精英。比如,李琴是全国模范调解员、上海市“三八红旗手”,郭太平本人先后被评为“全国模范人民调解员”“全国调解能手”。从某种意义上讲,这些人民调解员就是“传统型权威”和“魅力型权威”的混合体。这种“混合型”权威,也使他们在开展人民调解工作中具备了得天独厚的优势。最后,从人民调解经费保障来看,政府购买人民调解服务在我国仍然属于新生事物,将长期由政府提供的人民调解服务,改为政府从协会、专业服务机构等社会组织购买的方式向社会提供,无论从政府角度还是从公众角度都有不适应的地方。而从上述典型样本来看,其较多采用了政府购买人民调解服务的经费保障形式,此举不仅拓宽了人民调解经费保障渠道,也推动了社会组织的发展和壮大。

---

〔1〕 相关报道参见薛江华、钱可屏:《构建多元化矛盾纠纷化解机制广东首个个人调解工作室成立》,载《羊城晚报》2017年10月24日,A07版。

## 二、枫桥“老杨调解中心”的性质定位

“老杨调解中心”的前身是2008年在枫桥镇派出所成立的“老杨调解工作室”。从成立之初的人员结构看，除杨光照具有民警身份外，工作室的其他3名工作人员均是来自镇政府的退休干部。因为核心人物杨光照的公务员身份，加之办公场所对国家资源的依附性（办公场所设在派出所，活动经费由派出所提供），所以，这个时候的“老杨调解工作室”，更倾向于是公安机关内部的一个治安调解机构。

2010年以来，诸暨市作为全国35家社会管理创新综合试点单位之一，开始对人民调解、司法调解、行政调解于一体的“大调解”体系进行探索创新。[1] 就是在同年，“老杨调解工作室”也在发生着微妙的变化：一是随着老杨的光荣退休，他的身份也从国家公务人员变为枫桥镇人民调解委员会的一名专职人民调解员。二是“老杨调解工作室”升级为“老杨调解中心”，该中心同时吸纳枫桥派出所的社区民警、特邀人民调解员以及辅助人民调解员等参与进来。

应该说，从派出所民警到人民调解员，从“老杨调解室”到“老杨调解中心”，并非只是一个简单的身份转换、名称变化。这里边，至少涵摄了这么几个方面：(1)实践证明，“老杨调解室”经过两年的运作，使大部分纠纷在基层及派出所高效、就地得以解决，既方便了群众，也避免走司法程序所带来的诉讼难、执行难等困境。“老杨调解中心”已经成为当地一个“免检产品”，或者说是“驰名商标”，有助于推动形成人民调解的品牌。(2)过去仅靠一两个部门的单打独斗显然难以有效应付和处置复杂交织的社会矛盾，由地方党委和政府领导、政法各机关各司其职，以及社会组织协同参与的矛盾纠纷多元化解工作机制，显然有助于从源头上、根本上解决问题。正因如此，“老杨调解中心”的办公场地并没有因为老杨的光荣退休而“挪作他用”。相反地，在当地党委、政府和枫桥派出所的大力支持下，还专门给“老杨调解中心”购置了“老杨流动调解车”。(3)随着杨光照身份的转化，又有新的社区民警补充进来，最终形成了以杨光照等知名人民调解员为主，社区民警参与、特邀人民调解员相辅的调解机制。这



---

〔1〕 参见中共诸暨市委办公室、诸暨市人民政府办公室：《关于进一步深化完善社会矛盾纠纷“大调解”体系建设的实施意见》（市委办〔2012〕100号）。

种调解机制，显然已经不再是公安行政机关内部的一个治安调解机构，而更倾向于是一个以人民调解为基础，人民调解与行政调解、司法调解相互衔接配合的矛盾纠纷多元化解机制。

基于以上分析，笔者认为，尽管从法律角度看，人民调解委员会是依法设立的调解民间纠纷的群众性组织。人民调解组织与政府司法行政部门和人民法院的关系分别为指导和业务指导的关系。但从性质定位上讲，“老杨调解中心”既非枫桥派出所的下属机构，也非简单意义上的驻枫桥派出所人民调解室，而应将其置于诸暨市社会治理“一张网”的大背景下去考量。实际上，近年来“老杨调解中心”调处的纠纷从地域上看已经不再局限于枫桥镇，而是扩大到了周边的乡镇、县市。[1] 为此，从某种意义上讲，“老杨调解中心”是诸暨市矛盾纠纷多元化解机制建设的缩影和成功实践。

## 三、“老杨调解中心”的组织网络与运行体制

人民调解的再组织不是对既有组织体系的颠覆，而是“打补丁式”的增量改革，在保持原有人民调解组织的基础上增加了人民调解工作室这一新组织。[2] 作为人民调解创新发展的一种新组织，“老杨调解中心”在实际运行中已经自觉不自觉地被“焊接”到既有的调解网络和国家正式权力体系中，形成了一张以诸暨市各级党委为领导，以调解中心为枢纽，以区司法局、各街道、派出所、派出法庭、检察室和村(居)民委员会为主要结点的调解组织网络。

### (一)组织网络

1. 与诸暨市各级地方党委、政府的关系

坚持党委领导，就是要发挥党委在社会治理中总揽全局、协同各方的领导核心作用。实践证明，诸暨市各级党委的坚强领导、统筹推进，始终是该市人民调解工作不断创新发展、永葆青春活力的关键所在。诸暨市各级党委对人民调解工作的领导，贯穿于人民调解工作的始终，主要体现为以下几个方面：(1)从

〔1〕 如2017年“老杨调解中心”主动协助绍兴市人民医院、绍兴市柯桥区交警支队以及本市次坞镇等调处各类重大死亡民事赔偿案件10余起。同时，其职责也从矛盾纠纷调处延伸到信访化解乃至基层社会治理等领域。

〔2〕 参见熊易寒：《人民调解的社会化与再组织——对上海市杨伯寿工作室的个案分析》，载《社会》2006年第6期。

人民调解组织的设立看，在 2012 年 4 月，诸暨市委常委会议上就提出要建立诸暨市调解总会，[1]并明确会长由市级退休的正职领导担任，之后确定由市人民代表大会常务委员会原主任杨胜同志担任（市委常委会议纪要〔2012〕5 号）。与此同时，2012 年 8 月 29 日，经诸暨市编委批复同意，设立诸暨市调解工作指导中心。该中心系司法局下属全额拨款事业单位，其主要职责为指导管理全市人民调解组织、专业调解委员会建设，负责对市调解总会的业务指导等。(2)从人民调解制度的建立来看，2008 年以后，诸暨市先后多次以市委、市委与市政府联合的名义等方式，从组织领导、工作职责、保障措施等方面就推进人民调解与行政调解、诉讼调解等工作机制进行部署，明确不仅市委、市政府要牵头成立领导小组，设立领导小组办公室，各镇乡（街道）、相关部门（单位）也要成立相应组织机构，由党政一把手担任第一责任人，指导协调和包案化解重大矛盾纠纷。(3)从人民调解经费保障来看，诸暨市政府于 2008 年、2015 年先后出台了《关于实施人民调解以奖代补机制的意见》和《关于调整人民调解“以奖代补”政策的意见》，财政上每年拿出约 60 万元的经费，按照“以奖代补”的形式给予补贴。市级专调委采取百分制进行考核，考核标准为每分 40 元，奖励分不得超过 30 分。根据考核得分数，计算人民调解员奖励金额。



应该说，诸暨市党委、政府对人民调解工作的重视和支持，始终是做好人民调解工作的重要保障。在“枫桥经验”发源地枫桥镇，这一特点更为突出。比如，早在 2002 年，枫桥镇就成立了人民调解委员会，[2]调解委员会主任是由镇党委副书记兼任，杨光照和调解中心的杨少剑、陈松根三人同时又是枫桥镇人民调解委员会的调解员。再如，在基础设施建设保障、办公经费保障、办公条件保障、工作人员待遇保障等方面，枫桥镇综治经费是按需支取，没有上限。[3]

---

〔1〕 诸暨市调解总会是非营利的全市性群众性社会组织，依法登记注册，具有独立法人资格。市调解总会成立于 2012 年 8 月，由市第十四届人民代表大会常务委员会主任杨胜任市调解总会会长，马志大当选副会长。其主要职责为负责对会员调解工作指导、协调、宣传、监督，侧重于行业管理。目前，市调解总会常驻工作人员 5 名，设有总会理事 54 名，其中常务理事 13 名，团体和个人会员共 107 名。

〔2〕 2017 年 7 月，枫桥镇人民调解委员会被司法部授予“全国模范人民调解委员会”。目前，该调解委员会共有工作人员 11 人，其中，调解委员会主任 1 人，副主任 1 人，委员 9 人，专职人民调解员 4 人，兼职人民调解员 7 人。

〔3〕 参见尹华广：《“枫桥经验”：以“大调解”推进农村社会管理创新的实践与启示》，载《常州大学学报》（社会科学版）2013 年第 2 期。

枫桥派出所则为“老杨调解中心”提供办公场地，配备电脑、办公桌椅、材料档案柜等办公设施，安装了视频监控探头，全程记录调解过程。

2. 与诸暨市司法局的关系

人民调解组织作为群众组织，并不属于既有的国家权力系统。而在矛盾纠纷的调处化解中，“老杨调解中心”难免经常要与司法行政部门以及其之外的公安、检察院、法院等政法机关发生业务对接，这往往是通过市司法局这个中间环节来完成的。早在2008年10月，诸暨市委办公室、市政府办公室就制定了《关于建立人民调解与民事诉讼衔接联动机制的工作意见》，就“诉调对接”进行规定。2010年7月，诸暨市司法局与市人民检察院联合印发了《关于轻伤害案件委托人民调解的若干意见（试行）》，将人民调解延伸到检察机关的审查起诉环节。2014年11月，诸暨市司法局又与市公安局联合制定了《全市公安行政调解与人民调解对接工作实施细则（试行）》，创设了“公调对接”机制。至此，诸暨市“公调对接”“检调对接”“诉调对接”三大机制已经完全建立，也使得“老杨调解中心”与枫桥派出所、枫桥法庭及枫桥检察室的业务对接有了制度上的保障。

3. 与诸暨市三级调解组织的关系

如果说，“老杨调解中心”与枫桥派出所、枫桥检察室和枫桥法庭是一种横向的工作关系的话，那么，其与诸暨市三级调解组织之间，则是一种纵向的合作关系，而尤以与村级调解委员会的联系最为紧密。据统计，近年来，“老杨调解中心”调处的纠纷中，通过村、镇调解委员会及诸暨市各行业调解委员会移送的纠纷占了12%。

在诸暨市枫桥镇，经过多年积累，枫桥的干部群众以自己的实践探索出了富有地方特色的“镇村联动式”调解模式、[1]矛盾化解甄别疏导机制[2]等诸多创新机制。实践中，“老杨调解中心”在调解中多采用“村镇联动式”调解，从

〔1〕 参见余钊飞、谢绍华：《镇村联动式调解模式研究——以浙江省诸暨市枫桥镇的实践为例》，载《法制与社会》2009年第31期。

〔2〕 矛盾化解甄别疏导机制运行办法为：镇综治办和社会治理“一张网”办公室根据平安通信息网及时汇总矛盾纠纷和各类诉求，并进行分类甄别，力争化解在初始阶段；对具有调解无法达成协议等情形的，劝导当事人通过司法途径解决，并视情况由综治办牵头，派出所、检察室、法庭等联合进行会审甄别，移交相关政法部门；对属于处理范围内的，整合多方力量进行调解，并对处置情况进行跟踪评估。

而使50%左右的小矛盾、小纠纷都能在老百姓家门口得到化解。一般来讲，村调解委员会调解不了的纠纷，往往通过口头或书面移送单移送。而"老杨调解中心"在调处纠纷时，也经常主动依靠村企干部、社区民警等社会资源联合化解。

案例1:2017年11月，三江村村民何某某赡养纠纷一案经村调解委员会调解无果后，移送"老杨调解中心"。"老杨调解中心"人民调解员会同社区民警、驻村协警、村人民调解员等多次上门做工作，最终使兄妹三人就老人赡养问题达成协议。调解后回访老人时，老人含泪致谢。

案例2:2014年9月，枫桥镇某村村民陈某与赵某在打麻将时因抓牌发生争论，继而引发打斗，致陈某受伤住院治疗。陈某基本康复后上门请求"老杨调解中心"调解。调解中，因双方提出的赔偿数额相差较大，虽经多次调解都有让步，但始终无法达成一致。事后，了解到双方在同村有一个威信较高、当过十多年村支书的老干部，"老杨调解中心"人民调解员遂邀请其一同参与调解，最终促使双方愉快地达成共识。

(二)运行机制



"老杨调解中心"作为镇级层面的人民调解组织，本身也是枫桥镇人民调解委员会驻枫桥派出所的人民调解室。同时，它又与诸暨市人民法院枫桥法庭、诸暨市人民检察院枫桥检察室存在工作交往和业务衔接。据统计，从近年来"老杨调解中心"受理的纠纷来源看，群众主动求助的占25%，派出所移交的占55%，经村、镇调解委员会及行业调解委员会移送的占12%，法院、检察院委托调解的占5%，外乡镇求助的占3%。可以说，老杨调解中心受理的纠纷范围，是集派出所移交，法院、检察院等其他单位委托调解和群众上门请求于一体的各类矛盾纠纷。

1. 与枫桥派出所的"警调对接"机制

诸暨市人民调解组织介入治安案件始于大唐镇的探索。[1] 2010年5月，诸暨市公安局、司法局在大唐派出所开展试点，设立治安调解中心，引入人民调

---

〔1〕 参见薛永毅:《人民调解组织介入轻微刑事案件和解的诸暨实践——基于浙江省诸暨市检察院刑事和解的实证分析》，载《山东科技大学学报》(社会科学版)2018年第1期。

解工作机制处理治安纠纷。[1] 应该说，在枫桥镇综治机构中，“老杨调解中心”与枫桥派出所交集最多。单从纠纷来源看，派出所移交的案件就占到五成多。“老杨调解中心”与枫桥镇派出所“警调对接”的运行机制为：一是邀请调解。据警情要求，视情况安排人民调解员随行处警，先期介入现场调解，联合开展调解工作，提高现场调结率和处警效率。二是委托调解。对“110”接警或来所报警的矛盾纠纷进行分类，将不构成治安案件、适于人民调解的矛盾纠纷，填写有关移送文书并连同现场调查取证材料一并移送“老杨调解中心”。对影响较大、难以独立调解的矛盾纠纷或重大疑难纠纷，经人民调解员提出请求后，枫桥派出所派员参与矛盾纠纷调处工作。

案例：枫桥镇某村林某家里装修房屋，装修到一半，发现买来的木头不够用了，于是在第二天上山偷偷砍了隔壁老王家的两棵树。老王发现后，找林某理论，双方言词激烈，引发了互殴，后林某头部受伤。枫桥派出所在接警后，考虑到双方均意识到自己的错误并表示后悔，枫桥派出所遂将案子移交到“老杨调解中心”调处。后经老杨和杨少剑两位人民调解员调解，双方达成协议，由老王赔偿林某80%的医疗费，林某赔偿老王两棵树钱，双方当场兑现。[2]

2. 与枫桥法庭的“诉调对接”机制

在诉调对接的机制和手段创新上，诸暨做了很多积极有益的探索和尝试，形成了“三前调解法”、“四环指导法”以及“纠纷劝导制度”等诸多特色经验。在诸暨市人民法院枫桥法庭内，就设有驻法庭调解中心，法庭立案时对于案情简单的案件，在征求当事人同意后由人民调解员诉前调解；对于诉讼调解的案件，法庭视情况邀请人民调解员共同做当事人工作。[3] 尤为值得一提的是，枫桥法庭制作的《调解劝导书》已经实行了近20年，对没有经过调解直接起诉到法院的矛盾纠纷，劝导书以“群众纠纷，首选人民调解”为主要内容，劝导当事人



---

[1] 截至2016年12月13日，诸暨市公安局共设立调解机构20个，人民调解员346人，其中专职人民调解员42人，兼职人民调解员304人。2016年1—12月，诸暨市公安局通过“公调对接”共受理各类矛盾纠纷4569起，调解成功4040起，履行4033起。参见诸暨市公安局：《行政调解组织队伍情况统计表》、《2016年度诸暨市公安局公调对接工作总结》和《2016年行政调解案件情况统计表》。

[2] 蔡娟主编：《“枫桥经验”之人民调解案例故事》，浙江工商大学出版社2018年版，第5～6页。

[3] 参见杨树明、余建华：《半世纪经验的新发展——枫桥法庭见闻》，载《人民法院报》2014年5月9日，第1版。

首先寻求人民调解途径解决矛盾纠纷。

除诉前将案件分流给“老杨调解中心”调处，或在诉讼中邀请“老杨调解中心”联合调解外，对于“老杨调解中心”作出的调解协议，诸暨市人民法院及时进行司法确认。而对于经过多次做工作确实无法达成调解协议等情形的，“老杨调解中心”会及时劝导双方当事人走司法程序去解决问题。据统计，2014 至 2017 年四年，“老杨调解中心”劝导双方当事人走司法程序的分别为 10 起、28 起、17 起和 10 起，分别占到当年受理纠纷总数的 7.69%、18.80%、10.60% 和 5.88%。同时，调解中心还会制作调解笔录，载明纠纷双方当事人及调解中心三方的意见，随卷移送枫桥法庭，从而也为法庭的调解或审判打下基础。

3. 与枫桥检察室的“检调对接”机制

诸暨市人民检察院枫桥检察室成立于 2010 年 5 月。[1] 成立之初，即着手开展轻微刑事案件“检调对接”工作。据统计，2011 年至 2012 年 3 月，枫桥检察室受理刑事和解案例 21 件，其中调解成功 10 件，涉及金额达近百万元。[2] 2016 年，共受理轻微刑事案件 52 件 62 人，促成刑事和解 20 件 24 人。在开展刑事案件和解中，针对轻伤害案件多为因邻里纠纷或家庭矛盾导致的激情犯罪，具有偶发性，犯罪嫌疑人的主观恶性及社会危害性均相对较小等特点，枫桥检察室积极邀请“老杨调解中心”派员以其第三方中立的身份对轻微刑事案件的当事人进行调解，通过释法说理，让当事人双方面对面沟通，解决问题，化解积怨，做到案结事了。



案例 1：被害人陈某甲系被告人陈某乙的妹夫，双方在 2015 年大年初一闹过矛盾，陈某乙对陈某甲便一直怀恨在心。2015 年 6 月 19 日 19 时许，陈某甲到其丈人家中过端午节吃晚饭时，陈某乙便拿着一根扁担和一把剪刀到自己父亲家中，用扁担敲打餐桌，在众人阻拦其时陈某乙用剪刀戳伤了陈某甲左手，经诸暨市公安局法医鉴定：被害人陈某甲所受的人体损伤程度属轻伤二级。因诸暨户籍制度改革，城乡一体化，且被害人已构成十级伤残，本案法定赔偿标准较高，赔偿金额高达约 13 万元，被告人陈某乙早年因工伤导致左脚残疾，经济条

[1] 参见苗勇：《把“枫桥经验”融入检察室工作》，载《检察日报》2011 年 1 月 12 日，第 10 版。
[2] 参见叶剑、袁凌志：《对基层检察室检调对接工作的几点思考》，未刊稿。

件十分有限，导致调解一时无法顺利进行。枫桥检察室干警和“老杨调解中心”调解员做了多方面工作，对双方动之以情，晓之以理，被害人念在双方亲情主动表示愿意退步，最终，双方达成和解协议：被告人陈某乙赔偿被害人陈某甲7万元，取得陈某甲的谅解，双方握手言和。

案例2：2014年4月，杨某某与被害人金某某因经济纠纷发生争打，杨某某用木棒击打金某某，致金某某构成轻伤二级。枫桥检察室在办理案件过程中，发现二人均为枫桥镇先进村人，且有亲戚关系。为有效化解双方矛盾，检察室干警多次下村了解案件情况，找双方当事人沟通协调，并联系人民调解员杨光照协助化解矛盾，平息纠纷。8月28日下午，在两名人民调解员的主持和检察室的全程监督下，杨某某与金某某就民事赔偿自愿达成和解协议，杨某某当场向金某某道歉，金某某也表示对杨某某的行为予以谅解。9月1日，杨某某按照约定将赔偿款125000元当场支付给金某某。

## 四、“老杨调解中心”的功能发挥

“老杨调解中心”继承了我国民间调解的诸多优良传统，但与此同时，以品牌调解室调处矛盾纠纷，不再只是一种单纯的纠纷解决方式，而是在新时代下承担了一系列社会治理功能。

### （一）有助于提升人民调解的核心竞争力

在社会急剧转型，矛盾纠纷日益增长且呈现多元化的今天，人民调解员原有的知识结构、工作技巧已经远远不能满足新的社会环境的需要，传统的单纯依靠人民调解员的人格魅力和道德权威解决纠纷的方式面临着种种挑战。就此而言，行业性、专业性人民调解工作则是适应新时期社会矛盾纠纷新趋势、新特点，在实践中不断发展完善的人民调解工作的有效形式，是人民调解工作的重要发展方向。[1]

以“老杨调解中心”为代表的品牌人民调解室，是近年来诸暨市创新发展人民调解、推进人民调解工作专业化的一个缩影。而在诸暨，与“老杨调解中心”

〔1〕 参见张军：《进一步加强新形势下人民调解工作——在全国人民调解工作会议上的讲话》（2017年6月27日），载《中国司法》2017年第7期。

相似的人民调解机构数目众多，形成了一批诸如“老朱调解室”“江大姐调解室”“娟子工作室”等品牌调解机构，他们受到当地群众广泛认可，其专业化特色可以从如下要素中分析：（1）从调解的主体看，“老杨调解中心”的负责人杨光照自1986年部队转业归来一直是诸暨市公安局民警，24年从警期间，他先后荣获全省、全国优秀人民警察、浙江省“人民满意”十大杰出民警、浙江省优秀共产党员、绍兴市劳动模范等诸多荣誉称号。丰富的工作阅历和法律知识背景，使他在调解民间纠纷中具有得天独厚的优势，也能较好地保证案件在法律的框架内得到解决。（2）从调解的依据看，调解首先是依法调解，“依法”是调解的基础。老杨认为，“品牌的公信力不在于人，靠的是处事是否依法、公道”。人民调解员陈松根表示，小时候，爷伯叔父们做调解，带一张脸、一张嘴，说得双方握手言和，就可打道回府；但现在，矛盾要挖断根源，一定要靠法律。陈松根说：“‘依法疏导法’和‘案例举例法’是我们调解成功的有效‘法宝’。”[1]（3）形成了一整套完备、规范的调解工作规章制度和调解方法。比如，杨光照带领其调解团队总结推行了“四延伸、四服务、四到场”[2]等工作机制及“调解七法”“四千精神”“四心素质”[3]等调解心得和技巧。其中，老杨调解团队总结的“调解七法”被绍兴市公安局推广与应用。也正是基于此，让“有矛盾、找老杨”的顺口溜在诸暨市当地妇孺皆知。[4]



（二）以民间纠纷调解为主并集信访化解等诸多职能于一体

1. 民间纠纷化解

纠纷解决是人民调解制度当然具有的最基本也是最重要的一项功能。从近几年诸暨市人民调解组织调解的纠纷与诸暨市人民法院审理的各类案件数

---

〔1〕 徐晓、徐疆、董光泽：《践行党的十九大精神“枫桥经验”创新再升级》，载中国长安网：http://www.chinapeace.gov.cn/zixun/2017-11/18/content_11439208.htm，最后访问日期：2018年1月16日。

〔2〕 “四延伸、四服务、四到场”工作机制，即：调解工作向社区、向企业、向校园、向农户延伸；对老弱病残等对象、家庭问题引起的治安纠纷、未成年人及中小学生矛盾纠纷和隐私案件纠纷，实行四个上门服务；勘查现场、征求当事人意见意向、协议（经济）兑现和回访、回复当事人到场。

〔3〕 “四千精神”是指访千家万户、说千言万语、吃千辛万苦，想千方百计。“四心素质”是指对待群众真心、化解矛盾热心、说服群众耐心、服务群众诚心。

〔4〕 参见金春华：《调解就要挖掉矛盾“根”源》，载新浪网新闻中心：http://news.sina.com.cn/o/2015-12-01/doc-ifxmazpa0540886.shtml，最后访问日期：2017年8月16日。

对比(见表8-1)来看[1],人民调解化解的纠纷数量基本占到了1/2到1/3,不仅分流了大量纠纷,缓解了人民法院的办案压力,还在预防矛盾纠纷升级、化解群体性事件等方面发挥出了不可替代的优势。据诸暨市司法局统计,仅2017年上半年,诸暨市人民调解工作共预防纠纷468件,防止民转刑3件22人,防止群体性上访5件46人,发挥了人民调解"第一道防线"的作用。

**表8-1 诸暨市人民法院审理的案件与人民调解组织调解纠纷数量对比**

单位:件

| 年份 | | 2013年 | 2014年 | 2015年 | 2016年 |
| --- | --- | --- | --- | --- | --- |
| 诸暨市人民法院 | 受理 | 25722 | 23263 | 27220 | 30959 |
| | 办结 | 24731 | 23260 | 25782 | 31009 |
| 诸暨市人民调解组织 | 受理 | 10475 | 13975 | 13435 | 13484 |
| | 调解 | 10257 | 13591 | 13096 | 13048 |

"老杨调解中心"作为诸暨市人民调解工作的一张"名片",在日常调解工作中同时承担着矛盾化解、纠纷预防、风险控制、法治宣传等一系列工作职能,发挥着修复破裂人际关系、稳定社会秩序等多重社会治理功能。成立七年来,"老杨调解中心"受理各类调解案件1300余件,调解成功1180余件,兑现各类经济损失赔偿(补偿)4800余万元。[2] 对于"老杨调解中心"调解成效的满意率,多年来也一直为100%。

**表8-2 "老杨调解中心"2012—2017年化解纠纷情况**

| 年份 | 受理数量/件 | 调解结案/件 | 兑现补(赔)偿款/元 | 协议兑现率/% | 化解信访案件/件 |
| --- | --- | --- | --- | --- | --- |
| 2012年 | 130余 | — | 248.68万 | 99.8 | — |
| 2013年 | 130余 | — | 268万余 | 100 | — |

[1] 数据来源:诸暨市人民法院2013年、2014年、2015年工作报告,2016年诸暨市人民法院各类案件收结情况;诸暨市司法局2013年、2014年、2015年、2016全年全市分镇乡统计案件。

[2] 参见孙璐:《"枫桥经验"的传承:办一点实事、做一点好事、解一点难事——记诸暨市公安局枫桥派出所退休民警杨光照》,载中共浙江省委老干部局:http://www.zjlgbj.gov.cn/index.php? m = content&c = index&a = show&catid = 45&id = 19172,最后访问日期:2018年1月8日。

续表

| 年份 | 受理数量/件 | 调解结案/件 | 兑现补(赔)偿款/元 | 协议兑现率/% | 化解信访案件/件 |
|---|---|---|---|---|---|
| 2014 年 | 130 余 | 111 | 948 万余 | 100 | — |
| 2015 年 | 149 | 121 | 1006.4 万 | 100 | — |
| 2016 年 | 160 余 | 141 | 977.2791 万 | 100 | 5 |
| 2017 年 | 170 余 | 150 余 | 1000 余万 | 100 | 12 |

调解协议的即时履行和兑现,是人民调解相比较于诉讼的一大优势,避免了走司法程序带来的"执行难"困局。从表 8-2 来看,其调解协议兑现率基本都保持在 99% 以上,实现了案结事了。[1] 比如,对于赔偿数额较小、当事人又无法当场兑现的,为预防事端有反复,采用人民调解员主动垫资的方法,促使双方当事人都对彼此怀有感激之情。再如,对于调解结案的案件,在调解结束后实施人性化的回访制度,通过"当场回访、预约回访、电话回访、短信回访、上门走访"的"五访"活动,促进调解协议及时履行。就人民调解协议即时履行问题,杨光照在接受访谈时表示:"人民调解协议之所以兑现率较高,基本保持在 100% 左右,原因在于:一是做到事前工作释法说理,使当事人心服口服,从内心接受理赔的理由、金额或条件。二是在疏导谈话时,明确法律责任,分清对错、是非,使当事人认识到打官司的后果与成本。三是与当事人协调时用人性化的理念,换位思考,以理服人,得到当事人的认可,使当事人服法、认理、顺心。"[2]



2. 信访案件化解

随着利益诉求逐渐多元,各类社会矛盾大量涌现并表现为日趋增多的信访活动,成为各级政府"最头疼""最难办"的问题。正如当前中国整个维稳体制面临许多问题一样,诸暨市也不例外。党委、政府在预防和解决群体性纠纷时,由于其"官方身份"及其立场的"对立性",往往效果不佳。因而,作为社会稳定"第一道防线"的人民调解,理所当然地被赋予了"维稳"任务。[3] 2015 年,随

---

〔1〕 数据来自"老杨调解中心"提供的 2012—2017 年六年来的工作总结。

〔2〕 2018 年 2 月 7 日,杨光照电话访谈资料。

〔3〕 2012 年 6 月 14 日,时任诸暨市委书记钱三雄在市调解总会调研时提出,"对重点上访、重大纠纷和其他重大不稳定事件,探索采取群众听证会和民间道德法庭等方式来评判化解,让群众有更多机会参与社会管理"。

着枫桥镇调解志愿者协会的设立,老杨及其调解团队作为协会的核心成员,同时参与到信访接待及信访案件化解中,探索、推进"信调对接"工作机制。据统计,2016 年,"老杨调解中心"协助枫桥镇综治中心联合化解信访案件 5 起;2017 年,化解信访案件 12 起。海角村陈光亮纠纷案、全堂村陈香娥信访案、大山村钱月志信访案、梅苑村葛某与枫桥供销社房产纠纷案等一大批信访、上访案件得到化解和息诉。枫桥镇聚瑛村村民俞某与马某因房屋余地地界纠纷纷争多年,马某因此成为该村的老上访户。2010 年 10 月 15 日,双方因菜园地种植树木一事发生纠纷继而引发打斗。"老杨调解中心"受理后,在深入探讨案情的基础上,抓住地界不清这一核心问题,采取钉桩、拉线、定方位等措施,力促双方达成共识,并在一个月内连续 10 余次上门调解,最终促使双方拆除心墙,重归于好。

(三)在矛盾纠纷多元化解机制中发挥着基础性作用

无论是传统社会,还是现代法治社会,都会产生特定的纠纷解决需求,基于社会主体的价值观和偏好、纠纷解决途径的多样化、纠纷类型及其处理的特殊性等因素,需要一种多元化的纠纷解决机制。[1] 在矛盾纠纷多元化解机制中,人民调解因其民间性、中立性、便捷性、低成本等诸多传统优势,受到广大群众青睐,并成为矛盾纠纷多元化解机制中重要和基础的一环。

前文已述及,"老杨调解中心"作为人民调解组织组织化的产物,其在实际运行中已经自觉不自觉地被"焊接"到既有的调解网络和国家正式权力体系中,形成了一张纵向以矛盾纠纷逐级甄别移送、上下联动式调解为内容,横向以"警调对接"、"检调对接"、"诉调对接"和"信调对接"为主要结点的矛盾纠纷多元化解组织网络。这其中,"老杨调解中心"显然起到了一个"联系内外、沟通左右"的基础性作用,成为枫桥镇矛盾纠纷多元化解机制中的核心枢纽。与此同时,"老杨调解中心"也不再拘泥于传统的矛盾纠纷属地受理原则,而是根据工作实际需要,积极参与到跨镇、跨县市的矛盾纠纷调处中,其衔接关系如图 8-1 所示。

---

〔1〕 参见范愉:《社会转型中的人民调解制度——以上海市长宁区人民调解组织改革的经验为视点》,载《中国司法》2004 年第 10 期。

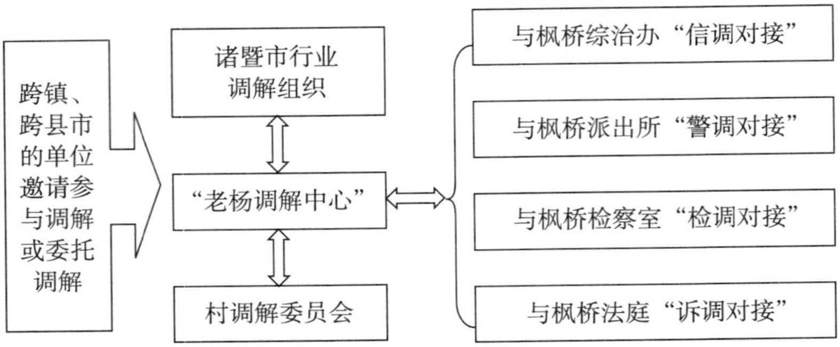


**图 8－1 "老杨调解中心"参与跨镇、跨县市的调解衔接**

## 五、品牌人民调解工作室"枫桥经验"的发展完善

当下,人民调解工作室已成为各地推进人民调解行业化、专业化的普遍做法。但是,通过对上述各地经验做法的梳理及诸暨市"老杨调解中心"的个案剖析,也要注意其中存在的可能局限。对此,尝试从如下几方面提出完善对策。

### (一)扩大专职、年轻人民调解员的比例

品牌人民调解工作室的设立,好比医院开设的"专家门诊",其影响力和口碑来自于人民调解员的专业素养、个人威信和人格魅力。品牌人民调解工作室作为典型,往往会有各级领导的调研、视察、批示以及新闻媒体的宣传报道,这又反过来扩大了其影响力。实践证明,这些来自群众与官方的赞誉与肯定,绝非一日之功,而是人民调解员十几年、几十年如一日默默奋战在化解矛盾纠纷的第一线的结果。



品牌的力量源自时间和经验的积累,但也隐含着现实担忧:这些品牌人民调解室的"明星"调解员,往往都是退休干部,年龄普遍偏大。譬如,上海"李琴人民调解工作室"的李琴已经年逾八十,在 2014 年时她便从社区人民调解的台前退居幕后,成为了工作室的资深顾问。以李琴的名字命名的工作室,进入由"小李琴们""主政"的时代。而南京栖霞区"凤萍法律公益服务社"的郭凤萍,也已经 75 岁。在诸暨枫桥镇,"老杨调解中心"三名专职人民调解员平均年龄 62 岁,1950 年出生的杨光照也是已经到了古稀之年。[1] 专职人民调解员年龄

〔1〕 2017 年 7 月 27 日,笔者随西北政法大学"枫桥经验"调研组在"老杨调解中心"同杨光照座谈时,老杨也坦言,人民调解工作必须要一直做下去,人民调解队伍尤其是培养后生力量是关键,自己也将做好传、帮、带,将"枫桥经验"这个品牌一代代传承下去。

偏大，缺乏年轻人传承，是当前人民调解工作室面临的主要困难之一。如果这些核心人物因年龄、身体等原因一旦离开团队，容易使人民调解组织因为缺乏灵魂人物而陷入被动，甚至是面临瘫痪和解散的困境。

培养年轻人民调解员，做好传、帮、带，成为“老杨调解中心”另外一项重要工作。其实，每年除接待前来参观学习的考察团外，老杨还定期不定期外出为人民调解员亲自授课。“娟子工作室”的负责人——蔡娟，[1]就是老杨的一位“得意门生”。2017年年初，出于传承“枫桥经验”、让更多年轻人举旗接班的考虑，在枫桥镇党委的推动下，以蔡娟个人名字命名的集人民调解、妇女维权于一体的“娟子工作室”在枫桥镇成立。[2] “娟子工作室”成立短短一年多来，迅速成为当地“网红”。尤为难能可贵的是，擅长写作的蔡娟还将“老杨调解中心”和枫桥镇调解志愿者联合会的人民调解案例进行悉心整理，编著的《“枫桥经验”之人民调解案例故事》一书已于2018年初公开出版。

老杨、娟子传承“枫桥经验”的人民调解实践，彰显了诸暨市、枫桥镇弘扬“枫桥经验”的种种努力。这种师傅带徒弟的个别式培养，其价值和作用是不言而喻的，“娟子工作室”快速发展并赢得群众的信任也从侧面印证了这一点。但面对专职人民调解员少、队伍年龄结构偏大的实际，加快建立一支年龄结构合理、专业水平较高的专、兼职结合的人民调解员队伍刻不容缓。为此，第一，可以通过政府购买人民调解服务、开发公益性岗位等方式拓展“入口”，提高专职人民调解员比例，吸引优秀人才尤其是具有专业知识背景的人才加入到人民调解员队伍中来。第二，加快开展人民调解员等级评定工作，[3]并将等级评定与调解案件疑难程度及人民调解员薪酬挂钩，拓宽年轻人民调解员职业发展空间，稳定人民调解员队伍。第三，加强和创新人民调解员的教育培训方式。在传承传统“师傅带徒弟”个别式培养的同时，司法行政机关要主动取得人民法院、公安机关支持，加大专业培训力度，采取集中授课、案例评析、旁听庭审、实

---

〔1〕 蔡娟，1979年出生，当过教师，做过记者，经历丰富。2015年受老杨的邀请，她应聘担任枫桥镇调解志愿者联合会的人民调解员。

〔2〕 王笑铭：《老杨与娟子——一对实践传承枫桥经验师徒俩的故事》，载蔡娟主编：《“枫桥经验”之人民调解案例故事》，浙江工商大学出版社2018年版，第242页。

〔3〕 2017年7月17日，诸暨市司法局下发《关于开展人民调解员等级评定工作的通知》（诸司〔2017〕37号），就该市首批人民调解员等级评定工作进行安排部署。

训演练、网络远程培训等形式,提高培训的针对性、有效性。[1] 此外,加强人民调解典型案例的收集,探索建立人民调解案例库,通过相关案例指导开展调解工作,提升人民调解工作的质量水平。

(二)实施"互联网+"人民调解

党的十九大报告提出,"要提高社会治理的智能化"。社会治理智能化,意味着应顺应网络时代的发展大潮,充分应用好大数据资源,在促进信息化与社会治理的深入融合中,提升社会治理智能化水平。[2] 人民调解工作作为社会治理的一项重要内容,只有与信息技术深度融合,才能在未来的发展中占据主动,赢得先机。

在浙江,人民调解工作智能化始于该省矛盾纠纷多元化解一体化平台建设。2016年4月,中央综治委赋予浙江省进行"矛盾纠纷多元化解一体化网络平台"创新项目试点。该平台的一项重要职能,就是"在线调解"。在线调解模块对接了"在线法院"调解平台,用户可以通过手机APP在线选择人民调解员,上传证据材料,参与以电话、视频等形式进行的调解,查看并确认自动生成的调解协议,还可以在线申请法院进行司法确认。[3] 2018年1月9日,浙江"矛盾纠纷多元化解平台"先行上线运行,并确定宁海等10个县市为先行上线运行地区,[4]诸暨是其中之一。



应该说,信息技术对人民调解的影响是广泛而深远的。尽管目前人民调解的智能化尚处于起步阶段,存在许多不足和困难,但也意味着会拥有更加广阔的发展空间。就品牌人民调解室而言,信息化技术的应用可以从处理好以下几对关系中去推进:一是处理好顶层设计和地方试点的关系。人民调解的智能化绝非信息化技术在人民调解工作中的简单应用,而是事关人民调解工作全局的战略性、基础性工作。因此,有必要突出省级层面的顶层设计,抓好人民调解智

[1] 参见张军:《进一步加强新形势下人民调解工作——在全国人民调解工作会议上的讲话》(2017年6月27日),载《中国司法》2017年第7期。

[2] 参见刘俊海:《智能化提供新动能》,载《人民日报》2017年11月1日,第19版。

[3] 参见陈辽敏、杨丽:《在线矛盾纠纷多元化解平台的构建》,载《人民法院报》2017年9月20日,第8版。

[4] 参见孟焕良、董东:《五大功能在线服务 万人队伍在线调解 浙江"矛盾纠纷多元化解平台"上线运行》,载《人民法院报》2018年1月12日,第1版。

能化的整体规划,避免重复建设、重复施工,浪费有效的调解工作经费。与此同时,发挥人民调解工作室的首创精神,先行先试,为在全省范围内统一推广积累经验。二是处理好长远规划和重点突破的关系。毋庸置疑,人民调解智能化投资大、周期长、范围广,绝非一蹴而就。为此,在当前,有必要把有限的调解经费投向较为成熟且易见成效的建设项目。比如,考虑到人民调解员年纪普遍偏大、计算机操作困难等实际情况,[1]引入智能语音识别系统,实现语言到文字的同声转换,方便人民调解员在第一时间就达成的调解协议以调解文书的形式予以固定。再如,推行在线网络调解系统,以方便调解申请人。当然,在线调解平台在设计时应注意与人民法院及仲裁等平台的对接,以实现工作的有效衔接。

(三)加大政府购买人民调解服务力度

浙江是中国较早探索政府购买服务的省份之一。[2] 经过20多年的探索实践,浙江各级政府向社会组织购买服务从小到大、从点到面,已开始进入全面推进的阶段。2014年6月25日,浙江省政府办公厅印发《关于政府向社会力量购买服务的实施意见》,提出政府购买的服务包括适合采取市场化方式提供、社会力量能够承担的公共服务及政府履职中所需的辅助性服务,突出公共性、公益性和辅助性。浙江省《公共法律服务产品指导目录(第一批)》将公共法律服务产品划分为“法治宣传”“法律援助”“人民调解”等七大类。其中,人民调解类有劳动纠纷调解、道路交通事故纠纷调解、医疗纠纷调解、其他纠纷人民调解四项服务产品。[3] 另外,诸暨市相继出台了《政府向社会力量购买服务的实施办法(试行)》和《政府向社会力量购买服务指导目录(2016—2017年度)》。应该说,上述一系列文件、政策的出台,为政府购买人民调解服务提供了制度保障。

培育和发展社会组织,形成多元主体治理格局,是“枫桥经验”的自我革新。



〔1〕 在调研期间,当问及“老杨调解中心”当前面临的主要困难有哪些时,杨光照表示,随着高科技的迅猛发展,新技术操作难,大家较难适应网络调解。

〔2〕 1997年7月,浙江省政府下发了《关于建立政府采购制度的通知》,并成立了省政府采购工作领导小组,以加强对地方各级政府采购工作的指导、协调和管理。参见李崇义:《政府购买服务与社会组织发展——以浙江省社会组织服务与发展为例》,载《社团管理研究》2011年第1期。

〔3〕 《浙江省公共法律服务产品指导目录(第一批)》政策解读,载浙江省律师综合管理平台:http://sft.zj.gov.cn/art/2017/11/1/art_83_2681.html,最后访问日期:2018年1月23日。

以枫桥镇为例,近年来培育和发展了“枫桥镇调解志愿者协会”“枫桥大妈”等乡村社会组织237家,覆盖了经济发展、民生建设等各个领域,较好地发挥了社会组织在基层治理中的作用。[1] 为此,可以通过政府购买人民调解服务的方式,加大人民调解室的培育和扶持力度。具体思路为:(1)根据承接主体实际情况,分计划、有步骤地加大政府向社会组织购买人民调解服务的力度,逐步提高政府向社会组织购买人民调解服务的份额或比例。(2)合理确定社会组织参与承接政府购买人民调解服务应当符合的有关资质要求,逐步改善、提高准入环境,积极引导运行成熟、作用发挥较好的人民调解室到民政局注册登记,支持登记类人民调解员参与市级层面的等级评估。(3)加强所购买人民调解服务的考核和评估,将评估结果与合同资金支付挂钩,建立社会组织承接政府购买服务的激励约束机制。(4)帮助其完善内部治理,加强日常教育和培训,发展、壮大人民调解员队伍。总之,通过政府购买人民调解服务的形式,引导人民调解工作室专业化发展,打造一批示范性人民调解品牌工作室。

(四)推进人民调解工作室规范化、标准化建设

近年来,中央、省市都非常关注和重视基层治理标准化问题。2016年7月18日,浙江省政府在出台的《浙江省“标准化+”行动计划》中明确指出,“探索用标准化手段构筑多元化社会矛盾治理体系,完善预防和化解社会矛盾机制”。2017年4月3日,中共中央、国务院《关于加强和完善城乡社区治理的意见》指出,加快建立城乡社区治理标准体系,研究制定城乡社区组织、社区服务、社区信息化建设等方面的基础通用标准、管理服务标准和设施设备配置标准。而早在2003年10月,诸暨市枫桥镇就在浙江省率先建立了综治、司法、调解、信访、应急五位一体的综治工作中心,并被浙江省委政法委采纳作为乡镇社会治安综合治理标准组织形式在全省推广。2014年4月9日,“诸暨市枫桥镇社会治理综合标准化试点”被国家标准化管理委员会确定为第一批社会管理和公共服务综合标准化试点项目。通过三年多的项目实施,从矛盾化解、公共安全等五方面累计制定22个核心项目,形成一套富有可操作性、时代性的“枫桥标准”标准化体系。2016年11月10日,诸暨市《坚持发展“枫桥经验”三年(2016—2018)



[1] 陈钢勇:《协同治理背景下乡村社会组织培育发展研究——以诸暨市枫桥镇为例》,载《江南论坛》2017年第12期。

行动计划》提出，“率先在矛盾化解、公共安全等方面建立一整套可操作、能复制的基层社会治理标准体系，并争取到2018年将基层社会治理标准升级为省标乃至国标，打造全国基层社会治理规范化建设示范区”。

“枫桥经验”作为一种地方治理经验，何以能成为普适性经验，这是一个必须解决的理论和现实问题。而人民调解的标准化，为我们提供了一种视角和路径。在人民调解规范化建设中，诸暨市曾有“五有”、“四落实”和“六统一”标准。2015年11月8日，枫桥镇人民政府、诸暨市司法局联合发布诸暨市地方标准规范——《基层社会矛盾纠纷大调解体系建设规范》，就人民调解、司法调解、行政调解、社会组织调解及大调解衔接机制进行规范。为此，在人民调解室的培育和发展过程中，完全可以引入“标准化+人民调解”的理念和方法，通过标准化的手段把人民调解工作室的经验固化，明确量化指标和执行程序，提供一本经验“操作手册”。如此一来，人民调解工作室的组织机构、人民调解员队伍、基础设施、工作流程、日常管理制度等得以进一步量化规范，这更有利于人民调解工作经验的复制和推广。

# 第九章　企业调解的“枫桥经验”

人民调解是维护社会稳定和谐的第一道防线,而企业调解是人民调解工作的重要组成部分。企业作为特殊的社会组织,不仅是经济建设的主力军,而且在现代社会治理中扮演着重要角色。做好企业调解工作,有助于落实企业的社会责任,促进社会稳定;同时,也有助于完善企业自身治理,推动企业健康发展。以“调解”为主要特色的“枫桥经验”在企业调解方面也卓有成效,形成了诸多特色和亮点,对丰富和发展新时代的“枫桥经验”贡献良多。

## 一、诸暨市企业调解组织建设概况

诸暨市虽然只是一个县级市,但属于人口大市、经济强市,经济实力不容小觑。目前诸暨市拥有10万余家经济实体、3000多家规模以上企业。近年来,诸暨市先后被评为福布斯中国大陆最佳商业城市,入选全国中小城市综合实力百强县市(排名第14位)、全国县域经济竞争力百强县市(排名第7位)。诸暨的经济一直保持平稳健康发展势头,2017年,全市实现地区生产总值1180.02亿元,同比增长7.0%,人均生产总值达108706元,其中,工业增加值518.65亿元。农业是诸暨的传统优势产业,全市不断加快农业产业化步伐,涌现了“绿剑”名茶、“枫桥”香榧等一批全国、省级名牌农产品,畅销国内外市场。同时,作为浙江省的传统工业强市,诸暨的工业经济一直占全市经济总量一半以上,袜业、纺织、服装、珍珠、弹簧、环保装备等产业在国内举足轻重。诸暨市大唐镇是全国闻名的袜业之乡,年产袜子260亿双,年产量占全国的70%,拥有全球最大的袜品生产基地,有规模以上袜业企业215家。山下湖镇则在珠宝界闻名遐迩,这里的珍珠产量占全球总产量的70%以上,占全国总产量的80%以上,是名副其实的“珍珠之都”。近年来,诸暨涌现出海亮集团、富润集团、菲达环保、海越股份、大东南集团、天洁集团、步森集团等一批大企业、大集团,仅上市公司就达 13 家之多。仅诸暨店口镇这块 106 平方公里的小镇上,就有两家中国 500 强企业、8 家上市公司、135 家高新技术和科技型企业、10 家销售产值 10 亿元以上企业、3 家国家企业技术中心。

企业人员密集,人财物流动频繁,加之市场经济背景下企业间竞争日趋激烈,企业无疑是矛盾纠纷易发、高发的场所。随着经济的快速发展,企业的数量和规模不断增长,涉企业的矛盾纠纷不可避免地出现增多之势。同传统的民间纠纷相比,涉企业的矛盾纠纷具有主体更加多元、类型更加多样、关系更加复杂等特点。首先,就主体而言,既包括企业内部的员工之间的纠纷,员工与企业的纠纷,也包括企业与企业、企业与消费者及投资者、企业与其他组织或人员之间的纠纷。其次,就类型和关系而言,既有传统的人身、财产等纠纷,也有比较复杂的劳资纠纷、合同纠纷、产品质量纠纷、知识产权纠纷,以及新型的环境污染纠纷、投资纠纷、股权纠纷等。有效化解涉企业的矛盾纠纷,对维护相关主体的合法权益、保障企业正常的生产经营、推动社会的和谐发展具有重要意义。

诸暨市高度重视涉企业矛盾纠纷的化解工作,不断加强企业调解组织的建设,这已成为新时期"枫桥经验"创新发展的重要内容。截至 2017 年年底,诸暨市共建立企业调解委员会 56 家,行业性专业调解委员会 12 家,另外,在市司法局和市人民法院的推动和协助下,该市纺织服装、袜业、珍珠、五金机电等产业组织和协会,都建立起了行业纠纷调解室。

在涉企业纠纷的调处和化解工作中,诸暨市工商联发挥了独特而积极的作用。市工商联充分利用其资源优势,为企业搭建融资服务和维权服务的平台。市工商联还于 2014 年发起成立了诸暨市商调委,聘请多名律师受理并调处商会会员之间的民商事纠纷。此外,工商联还积极参与总工会、社保局、工商联、企业家协会三方四家劳动关系协调活动,推进非公企业和谐劳动关系建设。

近年来,受宏观形势影响,诸暨部分企业尤其是中小企业发展面临困境,劳资矛盾纠纷日益突出,劳动争议案件数量居高不下,处理难度进一步加大。为切实维护劳动者合法权益,进一步提高劳动争议案件处理的质量和效率,该市把健全调解网络体系作为一项重要的基础性工作,通过组建市级劳动争议人民调解委员会、构建镇乡街道劳动争议调解体系和创建企业劳动争议调解组织,逐步建立形成多渠道、多层次的调解网络体系。2010 年 4 月,诸暨市成立了劳动争议人民调解指导委员会,委员会由分管副市长担任主任,由市府办、市人力社保局、司法局、总工会、信访局、工商联、法院主要领导任副主任,由各相关部门业务科室负责人为委员,明确了各相关成员单位的工作职责。在此基础上,设立了诸暨市劳动争议人民调解委员会,从人力社保局、司法局、总工会各抽调一名人员作为专职人民调解员,具体负责劳动争议调解工作。同时,投资十余万元设立了调解中心、案件受理室各一个,并落实专人坐台接受咨询、受理案件。2004 年至 2017 年,诸暨市劳动争议人民调解委员会共调解案件 1034 起,成功 904 起。[1] 诸暨市还大力创建企业内部的劳动争议调解组织。2011 年 4 月,诸暨市政府下发了《关于加强劳动争议调解工作的意见》,明确要求凡职工人数较多的企业,均应建立企业劳动争议调解委员会。截至 2011 年年底,全市共有企业劳动争议调解委员会 585 家,调解人员 878 名。

## 二、诸暨市企业调解的运行与效果

诸暨市不仅建立了较为完备的企业调解组织体系,还形成了比较有力、顺畅的企业调解运行机制与保障机制,保证了高效、良好的调解效果。下面以几个代表性的企业及相关行业性调解组织为例,介绍诸暨市企业调解的运行与效果。



### (一)富润集团

富润集团可以说是诸暨市国有企业的标杆。在 20 世纪 80 年代初,“富润”还是一家由地方政府拨款 10 万元建立的针织小厂,通过中外合资、股份制改造、公发上市和连续的兼并重组,发展成了一家有万余名职工、30 多亿元资产的综合性企业集团。由于家大业大,人多事杂,该集团十分重视纠纷化解与企业调解工作,而且将调解工作同企业党建与思想政治工作、民主管理及工会工作等有机结合起来。早在 1996 年,该集团就在多年实践的基础上形成了 60 条思想政治工作运作机制,即《富润控股集团经常性思想政治工作条例》,简称《富润六十条》,这一文件是该企业关于如何做群众工作的有益探索,已成为其长期坚持、深化、完善的一项基础性管理制度,且与时俱进,历经八次修订,更趋完善,

[1] 杨理江、金家树:《全市 11 家专业调委会,4 年成功调处 2 万多起矛盾纠纷》,载《诸暨日报》2017 年 11 月 16 日版。

更具时效性。2006 年 6 月，中国纺织工业协会向全国纺织行业推介了《富润六十条》的做法。最新修改的《富润六十条》将关心职工生活列为第 1 条，要求“职工的冷暖有人问，急难有人帮，生老病死有人管，呼声建议有人听，成绩进步有人赞，歪风邪气有人抓，好人好事有人夸”，对职工生日、职工结婚、女工生育、职工体检、健身锻炼、生病住院慰问、职工家庭遭遇突发性事件、困难职工家庭助学借款、职工解除劳动关系、家庭矛盾协助调解以及如何关心外来务工人员等都做了详细规定，并落实人员负责。

《富润六十条》要求，当职工与用人单位发生劳动争议时，公司调解小组要在一周之内完成第一轮调解工作，调解工作要尽可能做到不过夜。调解结论都要有书面答复，备案存档，并报告监事会。对无法达成和解的，争议双方可向上一级劳动部门申请仲裁。对职工来信来访反映的问题，要分轻重缓急，及时处理。对来访者的无理要求或过激行为要给予说服教育，不激化矛盾。为了保证让公司的思想政治工作和群众工作落到实处，公司制定了集团主要领导联系制度。职工有建议、呼声、要求或工作、生活、思想等方面的问题，也可直接向集团主要领导反映。对职工的来信、来函、来电，企业负责人都要及时处理，还要及时登记存档。



富润集团成立劳动争议调解委员会，各序列企业设立劳动争议调解小组和集体协商小组，依法推进、监督集体合同制度和工资集体协商制度的实施。全集团现有工会劳动保障法律监督员（兼外来员工联络员）30 人，8 人经培训获得法律监督员资格。2012 年以来依法调解劳动工资、劳动安全等劳动争议 50 多件次，调解成功率达 95% 以上。

由于各方面工作的卓越成绩，富润集团获得全国“五一劳动奖状”，被授予全国先进基层党组织、全国文明单位、全国纺织精神文明建设示范基地、全国精神文明建设工作先进单位、全国纺织工业先进企业、全国纺织工业“双文明”建设优秀企业、首届“浙江和谐企业”等多项荣誉称号。

（二）步森集团

步森集团是一家以服装服饰为主导产业，房地产、流通贸易、金融投资等为新型产业的大型民营企业集团公司，创立于 1985 年，现有员工近 3000 人，总资产近 20 亿元。步森集团总部坐落于诸暨市枫桥镇，长期以来受到“枫桥经验”

的熏陶与浸染，该集团也成为“枫桥经验”的有力践行者，为“枫桥经验”在企业领域的弘扬与拓展做出了贡献。

步森集团积极探索“综治进民企”，是最早建立综治工作站的民营企业之一。公司制定了《综治工作站工作制度》，明确了信息报告、纠纷化解、法制宣传教育、流动人口管理、安全防范、突发事件处置、消防及安全生产等方面的工作职责和要求。公司出台了《步森集团内部纠纷调解处理规定》，明确了在本公司区域内发生的员工纠纷的处理原则与程序。根据该规定，对于在本公司区域内（含车间、宿舍）发生的员工纠纷，应遵循自下而上、直接调解处理的原则，即员工纠纷先由纠纷当事人所在车间（部门）主管进行调解，调解不成的移送保卫科调解，分公司保卫科调解不成的送集团保安部调解。对于公司区域外发生的本公司员工之间的纠纷，参照上述原则调处。因工作原因与外单位人员发生的纠纷，应及时与集团保安部联系并报当地公安司法机关处理。

在建立“治安调解委员会”基础上，步森集团在所有生产部都设立了调解委员会，在各车间（班组）建立了治安调解小组，由车间主任（班组长）任治调小组组长。各治调小组下又根据实际情况设立了纠纷信息员。依靠这四个层次的调解网络，各类纠纷被消除在萌芽状态，做到了“小事不出班组，一般纠纷不出车间，矛盾不上交”。近年来，步森集团综治工作站的纠纷调解成功率很高，该集团已经连续十余年未发生一起劳资纠纷，未发生一起因调处不力而引发的“两转”案件，未发生一起盗窃、失火及其他劳动安全事故。



作为以服装服饰业为主的劳动密集型企业，步森集团有员工近 3000 名，且外来员工较多，高峰时有 800 多名外来员工，占到公司员工总数的 1/4。切实加强劳动争议的预防化解，构建和谐的劳动关系，一直是步森集团孜孜以求的重要目标。该集团在努力落实职代会制度、加强公司事务公示和民主监督管理的同时，不断完善劳动争议调解组织和制度，稳步推进员工维权机制建设。公司成立了劳动关系协调小组，健全了劳动法律监督体系，并认真处理劳动争议。劳动关系协调小组在处理职工内部流动、问题职工处理等事件时，对涉及员工切身利益的方案，都要提出合理的意见和建议。另外，建立了三级劳动关系调解组织 20 多个，认真妥善处理员工来信来访，努力将矛盾解决在萌芽阶段。根据步森集团相关文件规定，当职工与公司、部门发生劳动争议时，职工和企业方都可向工会和劳动关系协调小组提出调解要求。集团综治办和劳动关系协调小组应本着“办事认真、处事公正”的精神，对争议事件做细致的调查和合情合理的调处，并积极做好思想政治工作，使职工和企业的合法权益得到维护，争议矛盾得到化解，促进企业的安定团结。劳动争议的受报部门为工会和劳动关系协调小组。要求调解者以书面形式提出调解要求和报告调解事件，调解小组要在一周之内完成第一轮调解工作，有的调解工作要做到不过夜。调解结论都要有书面答复，备案存档，并报告工会。对调解不服的，争议双方可向当地仲裁机关申请仲裁。

鉴于外来员工人数较多，步森集团一直重视对外来员工的管理服务，探索出了一条有步森特色的外来员工管理之路。从外来员工一进公司，就坚持做到“四个一”，就是签订一份劳动合同、办理一份员工保险、发放一本员工手册、办理一本暂住证。为不断推进企业民主管理，密切企业与外来员工的联系，从2007年开始，集团创新外来员工管理模式，出台专门制度，建立了外来员工联络员制度，从外来员工中聘请联络员，听取他们对外来员工管理和企业内部管理的意见和建议，并积极落实、改进，确保外来员工引得进、留得住。

由于扎实有效的日常调解工作，步森集团已连续十余年未发生一起劳动争议仲裁案件，成为非公企业劳动争议调解组织建设示范企业，先后被评为诸暨市、绍兴市劳动关系和谐企业、绍兴市先进职工之家、绍兴市卓越企业团队、浙江省创建和谐劳动关系先进企业、浙江省劳动管理诚信单位等。该集团负责人曾出席全国构建和谐劳动关系先进表彰暨经验交流会。

（三）诸暨市供电局

电力属于社会基础设施，同生产生活关系极为密切，供电企业属于公用事业单位，是特殊的国有企业。诸暨市供电局充分运用“枫桥经验”，秉承“人民电力为人民，矛盾化解在基层”的工作理念，扎根群众、依靠群众、服务群众，探索出“群众路线、法治思维、源头治理、网格管理”的电力系统实践“枫桥经验”工作法，促进了电力与经济、社会、环境和谐发展。

近年来，随着城乡经济发展和人民群众生活水平的提高，对电力的需求量不断增长，电力工程建设速度加快；与此同时，由此引发的征地拆迁、环境污染、人身安全等方面的纠纷也越来越多。为了确保企业稳定发展、践行社会责任，诸暨市供电局以建设“和谐电网、和谐服务、和谐电力”为目标，着力打造三项机制，即安全供电服务保障机制、企业文明和谐发展工作机制、涉电纠纷化解机制。应当说，这三项机制有着内在的密切联系，一方面能够为社会提供优质服务、加强企业文明建设，必然有利于减少社会矛盾纠纷；另一方面，化解矛盾纠纷不是企业的最终目的，有效地预防和化解矛盾，是为了促进企业可持续发展，更好地服务社会。

诸暨市供电局构建的涉电矛盾纠纷化解机制，是“枫桥经验”矛盾化解“四前工作法”和“四先四早”工作机制的在电力领域的具体运用和创新发展。涉电矛盾纠纷化解机制的重点和特色在于：

1. 坚持群众利益优先原则

当工作中面临企业利益与群众利益冲突时，诸暨市供电局倡导“换位思考”，尊重受影响居民的需求和顾虑，保护受影响群体的利益，尽量避免或减少工程施工对周边环境、公共设施、企业经营和村民生活等方面的影响。在电网建设过程中，在坚持依法合规的前提下，始终将保障群众合法权益放在首位。在涉及征地拆迁等政策处理上，认真对待项目所在地居民反映和提出的赔偿问题，反复沟通，商讨合理赔偿和补偿方案。在开展政策处理时，充分做到换位思考，了解居民情况和心理活动，主动登门与居民进行诚意沟通，在保障居民利益的前提下，共同协商解决难题。



2. 注重预防和源头治理

诸暨市供电局强调涉电矛盾纠纷的化解，要实现由事后处置、被动应付向事前预防、主动掌控转变，从源头上解决矛盾问题。为此，该局推出了一系列具体措施。例如，全面建设治理完善、经营合规、管理精细、守法诚信的法治企业，以“制度有效、制度执行、执行有效”为核心，扎实推进业务规范性建设，将涉法风险管控纳入中层干部、班组长培训，提升依法治企能力，从而减少涉电纠纷的产生；以“电木柁”自媒体为平台，以企业法律顾问为依托，开通“法治快车”，在线为员工提供法律咨询，及时化解员工之间的矛盾纠纷，营造了风清气正的良好企业氛围。

3. 建立专业的风险评估与预警机制

诸暨市供电局建立了重大电网工程风险评估机制，对所有重大电网工程，供电局都邀请第三方专家,系统梳理电力重点工程建设既有经验和相关问题,分析电网工程建设各个阶段的相关方及其影响和诉求,将社会风险评估融入电网工程的立项审批、规划设计、政策处理、施工建设和运行维护全过程。并针对可能存在的风险,制定防范与控制的预案。该局对可能发生的社会风险进行了归类,并制定了相应的处置措施与预案,即将电网运行中的社会风险划分为意识缺失型、技能缺失型、利益冲突型和违法违规型四大类。对于意识缺失型,开展现场教育,引导公众参与对高压线附近的危险行为的监督。对技能缺失型,建立对接机制,定期对操作人员进行风险防范培训,保障施工作业中的电网安全。对利益冲突型,整合农林部门、地方村委、农户等多方资源,将高压线附近的苗木改种为低矮经济作物,同时,减少大棚使用。对违法违规型,依托“平安诸暨”建设,加强与政府部门的合作,共同治理威胁电网安全的违法违规行为,实现对电网外力破坏从被动防御向主动预防的转变。

4. 提前介入,主动、及时沟通

如在灵绍特高压绍兴换流站建设中,工作人员在施工建设现场设置居民投诉办公室,接待施工阶段的信访和投诉,及时掌握并处理施工对居民的影响。同时加强与社会各界的沟通表达,最大限度减少由于沟通不到位、信息不对称等原因引起的矛盾和纠纷。针对居民对电磁辐射、噪声污染等存在担心的心理,组织人员带上电力设计规范,进村挨户对村干部和村民进行解释,让村民知道换流站建设符合设计规范,对人体的影响极小。通过及时、细致的沟通解释工作,使村民逐步消除了对换流站建设的抵触情绪,赢得了公众对电力工作的信任和支持,实现了电网工程的“无障碍建设”。在该工程两年建设过程中,未发生一起责任性投诉和群体性阻工事件。

5. 把纠纷调解融于网格化服务体系

自 2014 年开始,诸暨市供电局针对辖区内用户分散、用电需求多元化等情况,创新开展电力“网格式”服务模式。以数字信息平台为依托,将供电服务辖区划分为 10 个大网格、27 个中网格和 209 个小网格,分派 209 名客户经理到每个指定“网格”,负责用电信息收集、调解矛盾纠纷、特殊人群帮扶、政策法规宣传等多项工作,做到“一网多格,按格定岗,无缝对接,责任捆绑”。网格化用电服务联动机制建立后,“台区经理”发挥供电部门与社区(村)电力客户的沟通桥梁作用,进一步畅通了社情民意渠道,为百姓提供方便、快捷的服务。

6. 构建专门化调解机构和涉访处置联动机制

目前,诸暨市供电局正在建设专门的"电力调解室"及"电力老娘舅"人民调解员队伍,并完善企业、政府、执法机构处置突发信访事件的协同联动机制,以更有效地化解在征地拆迁、企业用电、供电安全等方面产生的矛盾纠纷。

由于在矛盾纠纷化解与社会服务等方面的出色成绩,诸暨市供电局先后获得2016年度浙江省企业现代化管理创新一等奖、第四届全国文明单位、国家电网公司"企业文化建设示范点"等奖励和荣誉称号。[1]

(四)商会调解组织

1. 诸暨市商调委

诸暨市商调委于2014年成立,截至2017年年底,该调解委员会共调解案件173起,成功170起。[2]

案例:王某是江西省某县人,在浙江以承包小工程谋生。王某于2013年8月,承揽了诸暨市某村的池塘大理石护栏工程,总工程款为16913.32元。工程结束后,他曾多次向村里讨要工程款。村里一开始说没有钱,过段时间再付款。几个月后王某再去要,村里又说要有手续,要开正规发票才可以。而开发票需要村里的证明,村里为开这个证明又拖了几个月。后来,王某终于拿到了证明,也开了发票,谁知村里又推托没有钱。之后,王某跑遍他能想到的各个部门机构,都没有结果。万般无奈之下,王某在2016年5月向诸暨市人民法院提起诉讼。2016年5月23日,诸暨市人民法院委派诸暨市商调委调解王某与某村经济合作社的承揽合同纠纷案。

商调委向该镇的司法所以及该村经济合作社等作了多方面了解。原来,村级财务支出需经过乡镇"三资"管理服务中心审核,村级工程10000元以上都需要招投标,王某所做的工程总额为16913.32元,当时因该村两委班子管理不到位,没有经过正常的招投标程序就发包给王某,而乡镇"三资"管理服务中心对这笔工程的审核要求是,必须提供以下资料:招标公告、招标记录、中标记录、做



〔1〕 诸暨市供电局:《弘扬"枫桥经验",共建和谐电力》,内部材料。

〔2〕 杨理江、金家树:《全市11家专业调委会,4年成功调处2万多起矛盾纠纷》,载《诸暨日报》2017年11月16日版。

工程之前两委会会议记录、资料拨付申请表、备案表、验收报告等,这些资料缺一不可。但该村经济合作社除了2014年12月8日与王某补签的一份工程承包合同(该工程承包合同是王某与村经济合作社为了能通过司法途径解决工程款拨付问题,与王某起诉前补签的)外,无任何其他资料,根本无法通过乡镇“三资”管理服务中心的审核,该工程款的结算就卡在了这一关。经过商调委人民调解员的多次沟通协调,2016年5月25日,王某与该村经济合作社主任共同到商调委进行调解。为提高该案件的调解成功率,商调委还特别邀请了案件所在镇的司法所所长共同参与调解。该村经济合作社在调解过程中对工程款16913.32元产生了疑问。王某解释说,按照米数计价,50米的长度,零头是开发票产生的税金。按当时的价格,施工方不支付税金。双方当事人都不愿意承担这笔税金,在人民调解员的调解下,最终由王某承担税金。随后,村经济合作社主任又提出,为了给村民一个交代,需重新实地丈量工程长度。调解暂停,等待村干部重新实地丈量工程长度。该村村干部重新实地丈量工程长度为50米,与王某提供的数据相吻合。最终,双方当事人达成调解协议,双方约定,以16000元了结此案,村经济合作社向王某支付工程款16000元,款项于2016年6月10日前付清。后商调委又制作《人民调解协议书》,申请人民法院进行司法确认,使该案件得以圆满解决。

上述案件之所以能够通过调解方式得以圆满解决,商调委发挥了积极而重要的作用。调解人员能秉持依法、公正、客观的立场,对身为外地人的当事人王某不偏不倚,在细致调查的基础上厘清事实,促成了和解协议的签订,表现出了高度的敬业精神和专业水准。另外,本案也是诉调对接的成功范例。在案件已经起诉到法院的情况下,法院说服当事人,及时委派商调委进行调解,在达成调解协议后,又申请司法确认,保证了协议的及时履行。

诸暨市商调委受理调解的相当一部分案件,都是由市人民法院移送而来的。商会与法院的这种紧密而顺畅的诉调对接机制,是诸暨市商会调解的鲜明特色,被称为浙江省商会调解的六大模式之一。诸暨市工商联与诸暨市人民法院加强合作,联合成立诉讼调解与商会调解对接机制领导小组,研究确定“协调配合、合法自愿、高效便民”的工作原则,制定联席会议、信息通报交流等11项工作制度和5条保障措施,确保法院与工商联诉调对接工作顺利开展。通过建立完善的诉前、诉中、诉后对接机制，采取诉前委派调解，诉中委托调解、邀请协助调解等形式，实现了商会调解组织同人民法院之间的无缝对接，促进了依法、公正、高效地处理各类涉及商会会员合法权益的民商事纠纷，有力维护了社会和谐稳定。商调委自成立至2017年7月底，通过诉调对接受理纠纷151件，其中调解成功149件，成效显著。2015年，浙江省高级人民法院和浙江省工商联联合下发《关于建立诉讼调解与商协会调解对接机制的意见》，向全省推广诸暨商会调解诉调对接的经验做法。在互联网的时代背景下，诸暨市商调委还开启了“互联网+”社会治理新模式在商会调解中的新应用。商调委与市人民法院共同开通“在线法院调解”平台，让纠纷调解实现“最多跑一次”成为现实。该平台开通三个月来，诸暨商调委与诸暨市人民法院通过“在线法院”平台，调解成功了25起纠纷案。

2. 江西商会人民调解委员会

诸暨市是外来人口规模比较大的城市。大量外来人口的进入，给诸暨的经济发展带来活力，但也增加了矛盾纠纷发生的概率。近年来，诸暨市扶植民间商会的建立，并鼓励在民间商会内建立调解组织，依托商会平台开展调解，这类调解组织以乡音、乡俗、乡情为纽带，凭借老乡之间信任度高、容易沟通的独特优势，取得了调解工作事半功倍的成效。成立不久的诸暨市江西商会人民调解委员会，就在纠纷调解方面卓有建树。诸暨市江西商会成立于2016年，已经吸收了100余家会员单位。目前，在诸暨经商创业的江西籍人士超过10万人，产业涉及纺织、电子、汽配、装饰、轻工、建材、餐饮等多个领域，成为诸暨经济社会发展的一支生力军。诸暨市江西商会的正式成立，为诸暨赣商资源整合、抱团发展提供了一个新的平台。诸暨市江西商会在市工商联的指导和协助下，于2017年7月成立了人民调解委员会，该调解委员会除了依靠商会自身的力量外，还聘请了数名专职律师参与调解，另外还聘请了杨光照、陈松根、毛仲木、杨少剑等在诸暨乃至省内外有名的调解能手担任特邀人民调解员。江西商会调解委员会成立以来的半年多时间，已经成功调解了16起纠纷，涉及金额92多万元，有效维护了各方权益，为营造良好的经商与创业环境做出了贡献。该调解委员会调处的纠纷以合同纠纷为主，有的是一方或双方在诸暨经商、务工的江西籍人因发生纠纷主动申请调解，也有的是由人民法院委派或委托进行调解。例如，诸暨市盈丰钢材有限公司与浙江国华机械有限公司合同纠纷一案，法院在立案审查中认为适宜调解，于是给江西商会调解委员会发来建议人民调解函，经调解委员会主持调解，纠纷当事人达成调解协议，纠纷得以圆满解决。

## 三、企业调解的"枫桥经验"的特色与启示

诸暨市企业调解的实践与探索，是新时代"枫桥经验"的延伸与拓展，也为人民调解制度的丰富和发展提供了助力。"枫桥式"企业调解的主要特色体现在以下方面：

### （一）建设有力，运行规范

诸暨市形成了比较健全的企业调解组织体系，首先得益于市委、市政府的高度重视和大力推动。在对待企业建立调解组织的问题上，曾经也有一些企业、一些人存在认识上的误区。有人认为，企业以生产经营为主，建立调解组织，会增加企业负担；还有人认为，企业已经普遍设立党建、工会、综治室等机构，加之企业内部矛盾相对不多，建调解组织作用不大。针对这两种错误认识，诸暨市委、市政府及有关部门加大了宣传力度，统一了人们的思想认识，使企业普遍认识到建立调解组织的必要性和积极作用。近年来，诸暨市出台的一系列有关文件，都对企业调解组织的建设提出了要求，如 2011 年中共诸暨市委《关于坚持发展"枫桥经验"加强和创新社会管理的决定》、2012 年中共诸暨市委办公室、诸暨市人民政府办公室《关于进一步深化完善社会矛盾纠纷"大调解"体系建设的实施意见》中，都对完善企业治理机构、推进企业调解工作做出部署。根据上述文件要求，企业要健全职工利益协调机制，健全社会矛盾调处机制；要着力完善非公有制经济组织服务管理体系，强化企业服务管理员工的社会责任，全面构建和谐劳动关系；要推进"综治进民企"，充分发挥企业综治组织和调解组织的基础平台作用；要建立健全消费权益、劳动争议等专业调解中心，规范和完善企业人民调解委员会，发挥企业车间设立的人民调解小组作用，要在行业协会、大型市场、跨县边界等社会组织建立健全人民调解组织。

在推动企业调解组织建立、完善人民调解组织网络的同时，诸暨市充分发挥司法行政部门的归口管理职能和人民法院的业务指导作用，不断加强对企业调解组织的管理和指导，健全具体制度，细化工作流程，促进规范运行。按照

《人民调解法》和《人民调解委员会组织条例》的相关规定，要求各企业调解委员会做到“五有”“六统一”，建立“七项制度”，实现“六个上墙”。

“五有”，即有工作机构、有调解人员、有工作场所、有工作制度、有运行机制。

“六统一”，即名称统一、印章统一、场所标志统一、徽章统一、工作程序统一、文书格式统一。

“七项制度”，即例会制度、工作责任制度、请示汇报制度、排查制度、登记制度、学习制度以及奖惩制度。

“六个上墙”，即即调解人员名单上墙、调解委员会职责上墙、调解委员会任务上墙、调解工作的原则上墙、调解纪律上墙、当事人权利和义务上墙。

健全的制度是做好调解工作的基础，高素质的调解人员队伍则是做好调解工作的关键。在加强制度建设的同时，诸暨市还狠抓队伍建设，不断提高调解人员的综合素质。一方面，选用好调解人员，把真正有威望、素质高、责任心强、热爱调解工作的人员选进来；另一方面，做好培训工作，使调解人员熟悉人民调解工作的基本职责、工作制度、调解程序和纪律，掌握基本的法律知识及业务能力，不断提升调解工作水平。



（二）调解工作被纳入企业的民主管理

人民调解是我国宪法规定的基层民主自治的重要内容，自治性是人民调解的基本特征，体现在人民调解委员会成员来自群众、扎根群众、服务群众，实行自我管理、自我教育、自我服务的管理模式。人民调解的群众性、自治性特点，同企业民主管理的精神是契合的，企业人民调解，是企业职工自我管理、自我教育、自我服务的活动，本身是企业民主管理的内容之一。企业民主管理，主要指企业职工依法参与企业决策、管理和监督，同时，企业的经营管理者要尊重、支持和保证职工的知情权、参与权、表达权、监督权等民主权利的行使与落实。企业民主管理的形式包括职工代表大会制度、厂务公开制度、职工董事职工监事制度、平等协商集体合同制度等。

诸暨市把发展企业调解作为落实企业民主管理的重要方面，同时，通过促进企业民主管理推动企业调解工作的开展。以步森集团为例，该公司扎实落实职代会制度，做到“三坚持”，即坚持企业重大事项向职代会报告；坚持企业重大决策按规定提交职代会讨论审议通过后实施;坚持与职工切身利益相关的事项都以各种形式召开职工代表会议,听取职工意见。该公司建立了厂务公开监督管理制度,不断拓宽厂务公开的途径与范围,不断完善厂务公开监督考核机制,运用职代会、公司网络信息平台、厂务公开栏等形式公开公司重大决策及其他重要事项。该公司积极推行平等协商制度,建立健全维权机制,依法按规定签订集体合同。该公司还积极开展合理化建议活动,拓宽议事渠道。

以往在企业发生的矛盾纠纷中,相当一部分纠纷同企业管理中存在的问题有关系。企业民主管理的落实,有利于监督企业管理层的决策与管理行为,防止不当决策与管理权的滥用,维护职工的权利和正当利益,从而减少矛盾纠纷的发生。目前,我国企业民主管理实践中还存在不少问题,例如,职工代表大会制度作为职工民主参与企业管理的基本形式,一些企业存在对其地位和作用认识不到位、职代会制度内容形式化、职工代表整体素质不强等问题;另外,作为群众性组织的工会也存在职能弱化、不能充分代表职工利益的问题。这些问题削弱了职代会制度及工会制度在企业民主管理中的积极作用。

中共十九大报告中提出,要推动协商民主广泛、多层、制度化发展,推进基层协商以及社会组织协商。在新时代背景下,应当把推进企业协商民主作为企业民主管理的中心。应当不断创新和丰富协商民主形式,深化和拓展协商民主内容,健全和完善协商民主程序,将协商民主贯穿于企业决策与决策实施、生产经营与日常管理、调整与规范劳动关系全过程,充分发挥企业协商民主在问计问策于职工和排解化解劳资矛盾中的作用。当前,要重点加强职工代表大会和工会制度建设,使之真正发挥在企业协商民主中的特殊作用,同时,要通过培训等途径,努力提高职工代表及工会负责人的民主意识和民主素质,使之增强责任担当意识和履职努力,以更有效地参与企业民主管理。工会组织应当积极组织职工参与企业的民主管理,尤其是当企业制定涉及职工利益的规章制度以及召开研究劳动用工、劳动报酬、劳动条件、生活福利、社会保障等问题的会议时,都应当依法通知工会的代表参加。要保证工会组织从源头参与协调劳动关系,发挥主体作用,这样才能更好地维护职工权益。



人民调解制度在某种意义上讲,就是通过协商对话解决矛盾纠纷的制度安排,体现了协商民主的精神内核。在实践中,应当从发展企业协商民主的高度来认识和推动人民调解工作。企业人民调解委员会应当密切与工会等群众组织的联系与协调，共同促进企业协商民主的发展，更好地维护职工权益。应当积极开展普法宣传等活动，促使广大职工知法、懂法、守法，并学会运用法治思维和法律手段维护自己的权益，一方面努力避免纠纷的发生，另一方面使已经发生的纠纷通过调解等多元化纠纷解决机制得到及时处理，避免纠纷的扩大和升级，以维护企业的稳定，实现职工权益的最大化。

（三）以党建工作为抓手引领企业调解工作

新时代“枫桥经验”的优势之一在于党建工作。诸暨市委始终把加强企业党建工作摆在服务经济社会发展大局的高度，走出了“以党建保企业稳定，以党建促企业发展”的新路子，使党建工作与经济工作、企业改革发展紧密结合、相得益彰，有效发挥了党建工作对经济工作保证、引导、服务的作用。卓有成效的企业党建工作，带动了企业各方面工作的发展，也对企业法治建设、综治工作、人民调解工作等起到了积极推动作用。

诸暨市按照党组织隶属关系，27 个镇乡（街道）和 3 个部门党（工）委主要领导结对联系 57 家培育企业，每月定期调研指导。在企业层面，积极开展党建带工建“三级联创”活动和企业党群一体化工作示范点创建活动，建立以党组织为政治核心、经营班子为管理中心的协同运行机制，不断壮大企业党建工作的队伍与力量；推行党群一体化，积极引导企业健全完善党群活动共建制度，完善党群组织负责人交叉任职制度，通过党群组织负责人职位互兼，做到计划共订、遇事共商，充分发挥企业党组织的领导核心作用和群团组织的桥梁纽带作用；完善党工团活动联办制度。近年来，诸暨市创新思路，推进社会组织发展与党建工作深度融合，建立了一批集党群服务、社会组织服务、群众文化功能于一体的党群服务中心，如枫桥镇“红枫”党群服务中心、店口镇“红立方”，这些党群服务中心在基层党建工作中发挥了积极作用。



由于诸暨市以民营经济为主体，诸暨市委十分重视非公企业的党建工作。近年来，诸暨市大力推进“两新”组织党建工作，[1] 同时，将非公企业人民调解

〔1〕“两新”组织，是新经济组织和新社会组织的简称。新经济组织，是指私营企业、外商投资企业、港澳台商投资企业、股份合作企业、民营科技企业、个体工商户、混合所有制经济组织等各类非国有、非集体的经济组织。新社会组织，是指社会团体和民办非企业单位的统称。

委员会建设工作与“两新”组织党建紧密结合，充分拓展工作平台，整合各方资源，支撑和推动了非公企业人民调解工作队伍建设水平提升、业务能力提升、预防化解成效提升，实现了“两新”组织党建与矛盾预防化解工作“两结合、两促进”。以“两新”组织党建作为着力点，为“两新”组织推进矛盾纠纷预防化解，开展平安建设、维护社会稳定发挥了积极的作用，成效显著。

诸暨市店口镇是全国有名的工业重镇，该镇党委、政府十分注重“两新”组织党建工作。镇里落实专人管理“两新”组织党建工作，企业选优配强党组织班子，同时创新载体，创建党建示范群，开展“两新”组织民情通，增强党建生命力，真正使“两新”党建工作融入到企业发展中，在推动店口经济社会建设中发挥出作用。目前，全镇已发展非公企业党组织 64 个，其中，全国先进基层组织 1 家，全国“双强百佳”党组织 1 家，省级“双重管理”非公企业党组织 2 家，海亮、万安三家企业还被评为绍兴市五星级党组织。[1]

海亮集团有限公司是以铜加工、房地产、金属贸易、矿产开发、基础教育等为主体的大型民营企业集团，根据 2016 年的数据，其综合实力位居中国企业 500 强第 113 位，中国民企 500 强第 13 位。目前，海亮集团党委下设 1 个党总支、17 个党支部，党员 344 名。海亮集团党委坚持“围绕发展抓党建、抓好党建促发展”的理念，从实践中探索出了五个“双双工程”的党建工作特色做法，从党建引领企业发展、人才培养、群团共建、文化建设和社会担当五方面，充分发挥了党组织和党员的先锋模范作用，实现了党的建设和企业发展的“双赢”，企业发展和社会和谐的共赢。

富润集团作为国有大型企业集团，30 多年来，坚持不懈地加强企业党建和思想政治工作，为企业营造了良好的经营管理环境，也为企业改革发展提供坚实的政治保证。目前，富润集团形成了党委统一领导、党政共同负责、党政工团妇齐抓共管、党员干部广泛参与的党建和思想政治工作网络。党建和思想政治工作已成为富润集团的一个响亮品牌。如前所述，富润集团总结多年思想政治工作经验形成的《富润六十条》，确立了一套企业党建与思想政治工作的有效运作机制。《富润六十条》内容涉及职工生活管理、家访慰问、劳动管理、劳动争议

〔1〕 周雨文、边富良：《店口两新组织筑起党建“红色堡垒”》，载《诸暨日报》2015 年 9 月 8 日版。

和劳动安全,每项条款的实施都有具体的操作方法,每项操作方法都落实提示人和责任人,使思想政治工作有"法"可依、有章可循。《富润六十条》的很多内容,都同企业矛盾纠纷的化解有直接关系,对促进企业平安建设与人民调解工作起到积极作用。2014 年以《富润六十条》为主要内容的思想政治工作通过质量管理体系认证,在全国属于首例。《富润六十条》先后获得"半月谈"思想政治工作创新奖,入选中国政研会思想政治工作年度创新榜,富润集团党委被中组部命名为"全国先进基层党组织",集团荣获全国"五一劳动奖状"。

(四)构建和谐劳动关系维护职工群众利益

追求利润是企业的天性,但是,如果企业把经济效益作为唯一的价值追求,忽视职工利益、放弃社会责任,是难以做大做强、实现长远发展的。现代企业要实现可持续发展,获取最大价值与最佳效益,应当在追求效益的同时,把"人本"与"和谐"作为重要的价值目标,而其中的重要内容就是努力构建和谐劳动关系。劳动关系作为最基本的社会关系之一,直接关系到社会的稳定和谐。2011 年 8 月 15 日,在全国构建和谐劳动关系先进表彰暨经验交流会上,时任中共中央政治局常委、国家副主席习近平同志曾经指出,构建和谐劳动关系,要坚持以人为本,把解决广大职工最关心最直接最现实的利益问题,切实维护他们的经济权益、政治权益、文化权益、社会权益作为根本出发点和落脚点;要坚持促进企业发展和维护职工权益相统一,同时调动劳动关系主体双方的积极性、主动性,推动企业与职工群众协商共事、机制共建、效益共创、利益共享。2012 年,党的十八大报告明确提出构建和谐劳动关系。2015 年 4 月,中共中央、国务院印发《关于构建和谐劳动关系的意见》,诸暨市按照中央的部署和要求,努力推动企业和谐劳动关系建设,不断健全劳动关系协调机制和劳动保护机制,在经济发展的基础上不断提高职工群众的生活水平和质量;着重解决困难职工群众的生产生活问题,建立健全了就业帮扶、生活救助、医疗互助、法律援助等帮扶制度。



前述富润集团制定的《富润六十条》,其核心思想就是以人为本,全心全意依靠职工办企业,办好企业让职工有依靠,营造"我为你,你为他,人人为富润,富润为大家,大家为国家"的氛围,激发职工的积极性与创造性。

步森集团始终情系困难职工,努力为群众排忧解难,紧紧围绕员工生活中的突出问题，积极为员工做好事、办实事：一是建立了困难员工档案，实行动态管理、重点帮困、定期补助；二是每年都要成立慰问组，逢年过节走访离退休人员、贫困员工家庭，为老员工和困难员工送去温暖；三是成立爱心基金会，为遭遇不幸、家庭困难的员工献上一份爱心。该集团还努力为职工提供良好的后勤保障。2010 年以来，公司投资近千万元改造职工公寓，改造外来员工的生活和住宿条件。

海亮集团以“职工满意不满意、认可不认可、拥护不拥护”为工作的出发点和落脚点，着力解决职工群众最关心、最直接、最现实的利益问题。为此，公司努力做到以下三点：一是用优厚福利营造幸福海亮，每年拨出 500 万元专项资金，用于员工生日、结婚、生子、生病住院或直系亲属亡故慰问等，还投资 2000 多万元建成了海亮职工疗养院；二是用帮扶机制营造幸福海亮；三是用舒适环境营造温馨海亮；四是以丰富活动营造活力海亮；五是以规范管理营造和谐海亮，坚持依法用工，确保劳动用工合同签订率 100%，已经连续十年实现劳动合同全院覆盖，并连续十年确保“无童工、无拖欠工资、无劳资纠纷”。

关注和维护职工权益应贯穿于企业所有工作中，也包括开展企业调解工作过程。在企业调解工作中，必须坚持权利保障原则。应当明确，化解纠纷、维护稳定的最终目标是促进经济繁荣、社会发展和人民幸福。矛盾纠纷预防解决工作应充分体现“以人为本”的理念，将“维稳”和“维权”有机统一起来，追求化解矛盾纠纷与保护职工权利并重。要改变个别地方以往存在的片面强调平息矛盾纠纷，忽视甚至损害当事人权利的不当做法。对于群众合理合法的利益诉求，应当认真对待并努力解决好，防止因工作不当、权利受损而引发新的矛盾纠纷。在保护群众的实体性权利的同时，对群众依法进行的申诉、控告、信访、诉讼等程序性权利，要予以同等保护，保障合理合法的诉求依照法律规定的程序就能得到合理合法的结果，这样，有利于公众法治信仰的形成及法治社会的构建。

### （五）重视矛盾纠纷的预防和源头治理

企业作为矛盾纠纷的易发地、高发地，是基层社会治理的重点和难点之一。为了有效预防和减少涉企业的矛盾纠纷，诸暨市在深入开展“平安企业”“平安市场”“平安工业园区”等基层平安创建活动同时，大力推动企业治理的改革完善。前述的加强企业党建工作、促进企业民主管理、构建和谐劳动关系等举措，本身都是完善企业治理的重要方面。企业治理的关键，一方面，在于落实民主管理，维护职工的合法权益，促进劳动关系的和谐；另一方面，要不断提高企业依法经营、诚信经营与规范管理的意识、能力和水平。由于市场竞争的压力，企业面临的各种风险（包括法律风险）越来越大。例如，一些国有企业中存在的管理者腐败与玩忽职守问题、国有资产流失等问题，还有一些企业存在的非法集资、商业贿赂、合同欺诈、制假贩假、偷逃税收等问题，都是当前阻碍企业健康发展、损害职工利益与社会利益的突出问题。我国自改革开放以来，法律意识、诚信观念淡薄，经营管理不规范等原因导致了大量的企业与企业家犯罪，这在民营企业尤为突出，企业违法犯罪也是引发矛盾纠纷、造成上访乃至群体性事件的根源。通过完善企业民主管理与监督制度，加强企业诚信建设与法治建设，有助于规范企业的运行，减少矛盾纠纷的发生。

为有效规避企业生产经营中的法律风险，诸暨市主动联合各行业商会等机构，对企业管理人员进行普法教育，推动企业法律服务工作，指导企业依法解决困扰生产经营的各种法律问题，帮助化解影响企业发展的各种不稳定因素。总体来看，诸暨市企业依法经营、防范法律风险的意识和能力不断提升，普遍建立了法务机构或者法律顾问制度，企业拟订合同时，大都聘请专业律师等法律工作者为其“把脉问诊”，避免合同不规范引发的法律风险，建立起一套有效的企业法律风险防范体系。诸暨市司法局还启动了法律服务“惠企便民”工程，组织律师和基层法律服务工作者到社区、企业参与调解重大复杂矛盾纠纷，安排骨干律师参与市领导接访、信访局坐班接访，法院志愿服务等活动，为维护企业与社会和谐稳定提供专项法律服务。



另外，诸暨市高度关注对企业与企业家合法权益的保障，努力为其健康成长和事业发展营造宽松的法治环境，切实强化企业家人身财富安全感，增强和激励企业家创新创业信心，从而促进了企业的活力与经济的繁荣。诸暨市大力倡导“店小二”精神，推动各级各部门为企业提供贴心服务，开展了企业家交流互动沙龙、“千名干部进镇入企困难问题大排查”等活动，帮助企业排忧解难，着力构建“亲”“清”新型政商关系，在服务企业、促进经济发展同时，也减少了企业中的不稳定因素，起到预防矛盾纠纷发生的作用。

（六）发掘社会资源打造开放多元的调解工作格局

矛盾纠纷来源于社会生活，矛盾纠纷的预防化解离不开社会的参与和支持。党的十九大提出要提高社会治理社会化水平，加强预防和化解社会矛盾机制建设，加强社区治理体系建设，推动社会治理重心向基层下移，发挥社会组织在社会治理中的作用。企业本身是特殊的社会组织，一方面要激发企业在社会治理中的作用，另一方面企业也应当以开放姿态，充分利用企业之外的社会资源，服务于企业治理与企业矛盾纠纷的预防化解。诸暨市在利用社会资源开展涉企业纠纷调解方面，敢为人先，积极探索，积累了较为丰富的经验，形成了企业调解组织、社区调解组织、行业调解组织等齐头并进，开放、多元的企业调解工作格局。

1. 加强企业内部调解组织建设

规模较大的企业大都成立了人民调解委员会，并在车间（班组）设立了调解小组。即使没有专门成立人民调解委员会的企业，也普遍建有相应的调解组织机构。企业内部调解组织，处在企业综治工作与矛盾纠纷化解的第一线，信息灵，反应快，同时，依托企业内部相关机构的管理职能，对于有效处理企业内部职工之间的纠纷，发挥着不可替代的作用。事实上，大量的企业内部纠纷在萌芽之初就因企业调解人员第一时间的介入得以化解消除。当然，内部调解组织的作用也存在一定的局限性，如对于企业与职工之间的纠纷，以及企业与企业外的个人与组织之间发生的纠纷，就难以有效处理，因为其不具有中立地位，难以保障处理结果的客观公正性。

2. 健全多层次劳动争议调解体系

诸暨市按照“预防为主、基层为主、调解为主”的工作方针，组建了三级劳动争议调解体系，即市一级劳动争议人民调解委员会、镇乡街道劳动争议调解组织和企业内部的劳动争议调解组织。基层调解组织对于促进和谐劳动关系发挥了重要作用。以王家井镇为例，该镇有400多家企业，外来务工人员多，因欠薪、讨薪引发的纠纷占相当比例。该镇劳动人事争议调解委员会实施了“网格化管理”工作模式，按照23个行政村划分网格，让驻村干部协助劳资纠纷事件的处理。在2017年年度，王家井镇劳动人事争议调解委员会成功调解劳动争议47件，调解率达83.93%。日前，该镇荣获“2017年度全省劳动人事争议基层调解优秀单位”的称号。

3. 充分发挥村、镇乡(居)、市三级人民调解组织作用

诸暨市经过多年的建设,已经建立了村、镇乡(居)、市三级人民调解体系,调解组织比较完备。对于传统类型的民间纠纷,如一般的邻里纠纷、家庭纠纷等,设在村民委员会、居民委员会的社区调解组织完全可以胜任调解工作。即使是一些经济纠纷,专业性不强、涉及的法律关系并不复杂,依靠镇乡(居)或市一级的普通人民调解组织也可以顺利调处。诸暨市相当一部分涉企业的纠纷,尤其是企业与外部人员或组织的纠纷,都是这些传统的人民调解组织调解的,弥补了企业调解组织力量不足、职能有限的问题。

4. 发展行业性、专业性人民调解

涉企业的很多矛盾纠纷行业特征明显,专业性强,法律关系复杂,传统的社区调解往往力不从心,调解效果欠佳效果。党的十八届四中全会决定提出要加强行业性、专业性人民调解。2016 年 1 月,司法部、中央综治办、最高人民法院、民政部联合发布了《关于推进行业性专业性人民调解工作的指导意见》,对加强行业性、专业性人民调解专门作出部署。诸暨市在发展行业性、专业性人民调解方面,起步较早,效果较好。依托行业协会、商会开展企业纠纷调解是发挥这类社会组织专业服务的重要内容,这也是人民调解主体扩大、功能扩展的一个发展趋向。



5. 吸收社会各界中坚力量参与人民调解工作

除了培养、建设高素质的专职人民调解员队伍外,诸暨市还大力吸收人民调解志愿者,邀请社会组织成员参与调解。在全市层面上,吸纳医疗卫生、法律服务、心理咨询等 10 个领域的 100 多名专业人士,组建“十大百名”人民调解志愿者,通过“点单”“派单”的形式协助做好重大疑难纠纷的联合会商和指导化解工作。目前,全市所有镇乡街道都建立了调解志愿者队伍。

(七)大力推动企业文化建设

企业文化是企业软实力的体现,对于凝聚人心、提高经营管理水平,增强企业核心竞争力,发挥着独特作用。2015 年中共中央、国务院发布的《关于构建和谐劳动关系的意见》中提出,企业要培育富有特色的企业精神和健康向上的企业文化,为职工构建共同的精神家园。诸暨市一直重视企业文化建设,积极指

导推动广大企业培育先进企业文化。诸暨市广泛开展了企业文化建设“五个一”活动,即提炼一种企业精神、制作一首企业之歌、办好一个企业刊物、组建一支文体队伍、建好一个活动中心。该市还定期举行优秀企业文化展示,精心指导企业以艺术的形式充分展示发展目标、党的建设、诚信经营和社会责任等内容。目前,全市有215家企业提炼了企业精神,87家企业创办了企业报纸或刊物,有33家创作了企业之歌,有100家企业组建了文化队伍,有234家建有职工活动中心。

诸暨市供电局的企业文化建设,强调“构建优秀社会公民培育体系”,充分发挥以文化人的作用。该公司以“文化,向上的力量”为主题,因地制宜搭建了企业文化礼堂,依托文化长廊、企业展厅,引导职工群众树立积极向上的文化情操;深化全员阅读,建设书香企业,以职工书吧为主要活动阵地,开展荐书、换书、赠书、亲子伴读等活动,激发员工读书热情,提升员工文明素养。以内部网络为平台,搭建网上“文化礼堂”“多维视角”等网络载体,打造“动静相融”“线上线下”的精神家园。编印了《诸暨市供电局优秀社会公民培育手册》,发放给每一名员工。定期举办“道德讲堂”,开展感恩教育主题活动,组织“制度管事、文化管心”征文比赛,每年编印《企业文化故事集》,拍摄“我顺路”“你是我的眼”等微电影来宣传正能量,开通“诸暨电力”“电木坨”等微博、微信公众平台,传播国家电网公司核心理念,把培育社会主义核心价值观融入全局各项工作。实施全员攀登计划,推动员工成长成才;实施暖心工程,从工作、生活、个人成长、职业提升、解决心理诉求等多个渠道为员工“谋福利”,经常性开展各种形式和主题的谈心谈话活动,及时解决一线提出的意见和建议;建立“阳光心理工作室”,常态化开展“员工心理健康成长”活动,对员工实施心理关爱。[1]

在企业文化建设方面,民营企业海亮集团独树一帜,开展了特色鲜明、实效显著的“双传双创”活动,促进员工价值理念与企业文化建设一体化。“双传双创”,即传扬道德规范创经典品牌,传播价值理念创和谐文化。该集团把党建工作与企业文化有机结合,以党的先进性培育先进的企业文化。将“高效、卓越、服务、奉献”的海亮文化渗透到企业的体制创新、经营管理、产品开发、市场拓

〔1〕 诸暨市供电局:《弘扬“枫桥经验”,共建和谐电力》,内部材料。

展、品牌提升、形象塑造等方面，成功地把企业文化与员工的集体追求融为一体，增强企业的凝聚力和向心力。创设企业文化载体，开展“双爱杯”征文比赛、“海亮杯”摄影大赛、廉正文化进企业学习竞赛、革命传统教育等活动，发动党员、入党积极分子、中层以上管理人员撰写廉正文化格言，汇编《廉正箴言》。编印《企业文化手册》《海亮文集》，刊印《海亮报》182 期，建成海亮展示中心、党建中心，开通海亮网站，设立 1 个职工图书室、4 个广播室，创作由海亮员工作词、作曲的《海亮之歌》，通过多种阵地和途径，让职工深入了解企业、融入企业，增强信心，服务发展。2011 年全国企业文化现场会在浙江诸暨召开，海亮集团被授予“全国企业文化示范基地”称号。

（八）积极参与社会治理并承担社会责任

企业的社会责任就是企业在创造利润、对股东利益负责的同时，还要承担对员工、消费者、社区和环境的社会责任，包括遵守商业道德、安全生产、职业健康、维护劳动者的合法权益、保护环境、支持慈善事业、捐助社会公益、保护弱势群体等。企业在依法经营的前提下，创造财富，增加国家税收，解决群众就业，本身就是在履行社会责任。在力所能及的条件下，企业还可以通过参与社会公益事业等途径，承担更多的社会责任，更好地回报社会。



社会治理是以实现和维护群众权利为核心，发挥多元治理主体的作用，针对国家治理中的社会问题，完善社会福利，保障改善民生，化解社会矛盾，促进社会公平，推动社会有序和谐发展的过程。[1] 按照社会治理的本意，创新社会治理体制除了坚持政府主导外，更要强调注重发挥社会组织作用、增强市场主体的社会责任。为形成推动社会发展的合力，需要按照共同治理原则，发挥政府、市场、社会等多元主体在社会治理中的协同互补作用，充分体现多方参与。[2] 企业是现代社会治理的重要主体之一，诸暨市努力引导企业承担一定社会责任，参与社会治理，尤其注重发挥其在治安防控体系建设、环境保护、关爱弱势群体、扶危济困、扶贫助学等方面的积极作用。

在诸暨，非公企业工业产值占全市工业产值总量的 90% 以上。诸暨企业经营者大多脱胎于农民，企业发展壮大后，无论是思想观念、文化层次，还是管理

---

〔1〕 周红云主编：《社会治理》，中央编译出版社 2015 年版，第 24 页。

〔2〕 时立荣、王安岩：《社会企业与社会治理创新》，载《理论探讨》2016 年第 3 期。

能力、经营方式等都逐步显现出一些不适应性，成为影响企业做大做强做长的制约因素，为了加快建设一支适应现代企业竞争、具有较强创业创新能力的高素质企业经营者队伍，诸暨市有关部门定期组织企业经营者参加各种政治、经济、管理知识学习，学习借鉴国内外先进管理经验，帮助企业经营者拓宽眼界，开阔胸襟。诸暨市还利用企业家协会等平台，先后开展"内涵提升，科学发展""创业创新、爱乡惠民"等主题活动，强化企业经营者的创新意识和社会责任。2007 年一年，158 家企业和 138 个贫困村开展结对帮扶，捐助新农村建设资金约 4530 万元，落实项目 143 个。在当前的诸暨企业中，无论是国有企业还是民营企业、大企业还是中小企业，很多企业都积极履行社会责任，努力在社会治理中发挥作用，这已经成为一种普遍共识。

步森集团致富不忘社会，不忘地方建设。该集团十分注重助学扶贫，先后与 100 多位贫困学子结成助学对子，并先后在枫桥镇中学和小学设立奖学金，每年的开学日，公司领导总会亲自到场，为成绩优秀的学生颁发奖学金。2010 年，步森集团成立了关心下一代工作委员会，积极投身青少年保护教育工作，是诸暨市首批成立关工委的 5 家企业之一。从 2002 年开始，步森集团积极响应村企结对号召，先后与东和上步溪村、同山唐仁村结成对子，长期通过提供技术、就业岗位与资金，帮助村民脱贫致富。该集团还为修桥、修路等公益事业慷慨解囊，如为保护拥有近千年历史的古迹五泄禅寺，集团捐助 50 万元，使古老寺院焕发了青春；修建同安公路，公司一次性捐款 150 万元，为乡亲修筑了一条便捷路、致富路；在汶川地震、玉树地震等自然灾害发生后，步森集团都在第一时间捐款捐物，奉献爱心。

海亮集团积极承担社会责任，主动参与公益活动。该集团先后招收残疾人 233 人，解决 500 余名下岗职工再就业问题。捐资 1000 万元设立海亮医疗救助基金。从 1995 年开始，每年组织慰问当地贫困户和孤寡老人，已累计出资 360 余万元。从 2002 年开始，与诸暨市柯溪坞村、开化县霞光村结成对子，长期提供技术、岗位、资金扶持，帮助其脱贫致富，累计出资 120 多万元。此外，还积极参与励志助学、抗震救灾等社会公益活动，已累计为各项社会公益事业捐资 1.98 亿元，以实际行动树立了良好的社会形象。

诸暨市大东南股份有限公司是一家民营上市公司。早在 20 世纪 90 年代，根据诸暨市委市政府的规划,该公司兼并了亏损一亿多元的国营诸暨锦纶厂,通过资产兼并重组,全额承担了国家"黑字还流"贷款500万美元,并安置400余名职工就业。该公司于2008年成功上市,先后募集资金23亿元,成为依法经营、规范运作的资本市场带头人。早在20世纪90年代初,该公司就投资300万元修建璜山镇小学。此后,先后还捐赠千万元修建草塔青山小学、璜山中心幼儿园等数所学校,累计培养大、中专生社会实践人数1000余人次,被绍兴市委、市政府授予"尊师重教绿叶奖"。该公司还对所在地璜山镇上市村60岁以上老年人给予每月生活补助金30元,捐赠中国第八届残疾人运动会100万元,为支持发展慈善事业设立慈善救助金5000万元。该公司董事长、中国企业家协会副会长黄飞刚认为,企业除了依法经营、做深做强实业、承担社会责任、坚持实体经济带来财富、税收、就业、利润等效益外,更需要承担起环境治理的责任。[1]

诸暨市富润宠物用品有限公司,主营宠物衣服制作。该公司规模并不大,2010年公司刚开始盈利,就渴望为社会尽一份绵薄之力。2011年,该公司在诸暨市残疾人联合会的指导和帮助下,建立起市内首家阳光庇护中心,也被称为爱心"工疗站",专门解决劳动年龄段的精神、智力残疾人士就业及康复问题。精神、智力残疾的特殊人士,在现实生活中面临诸多困难,就业问题尤为突出。如果他们无所事事孤僻沉沦下去,不仅不利于其身心健康,还会成为家庭和社会的负担。阳光庇护中心将精神、智力异常的特殊员工聚在一起,使他们自食其力,用力所能及的劳动助力康复治疗。[2] 该中心不仅保障了这些残疾人士的相关权益,还为他们提供一个展示自己、融入社会的舞台,让他们找到了全新的生活。据统计,6年间,前来该中心工作的特殊人士超过70人。其中,不少人"工疗"后因康复比较理想,已找到工作融入社会,生活与正常人无异。"工疗"对象的工作量只有普通员工的1/10左右,但为了保证每个"工疗"对象都能享受与普通员工一样的福利待遇,公司六年来共贴补了300多万元。



---

〔1〕 陈东升、倪钰:《民营企业也要承担社会责任》,载《法制日报》2014年6月20日版。

〔2〕 黄珍珍、何丹、刁卓璐:《诸暨一企业建起爱心"工疗站",智障人士获新生》,载浙江在线:http://society.zjol.com.cn/201702/t20170215_3096080.html,最后访问日期:2017年6月5日。

# 第十章　乡贤调解的“枫桥经验”

诞生于1963年的“枫桥经验”，经过五十余年的时间检验和自我革新，内涵不断丰富，群众的支持率和参与热情不断增加，成为一条成功的、从未间断的、永葆生机的、服务中国基层社会治理现实需求、满足广大群众利益的成功经验。习近平总书记强调，“枫桥经验”意义重大，“依靠群众就地化解矛盾”，“并在发扬优良作风的同时适应时代要求不断赋予新的内涵”，是“全国政法综治战线的一面旗帜”。[1] “枫桥经验”也是与“马锡五审判方式”相媲美的坚持群众路线，从人民群众纠纷化解的生活需要中诞生，有着光荣的红色基因，是社会主义法治文化传承的典型。

乡贤调解作为基层社会治理的传统文化资源，是存在于中华优秀传统文化特别是乡贤文化中跨越时空的矛盾化解方式。在当前加强和创新基层社会治理与法治建设及坚持“文化自信”的进程中，总结和借鉴乡贤调解的历史经验，对健全多元化的纠纷解决机制和实现基层社会治理的法治化建设大有裨益。近年来，随着“乡贤文化”的复兴，乡贤调解逐渐回归人们的视野，并成为有效化解矛盾纠纷的重要途径。在基层社会治理体系创新的实践探索中，诸暨市支持和发展“新乡贤文化”纳入治理体系，使广大社区与农村地区的治理面貌焕然一新，尤其是乡贤调解的遍地开花，不仅让“新乡贤文化”的社会治理功能得到极大充实，也使多元化纠纷解决机制的内容进一步丰富，并且推动了“枫桥经验”在新时期的与时俱进和发展完善。

## 一、乡贤调解的历史积淀与现代发展

新时代“枫桥经验”的精神实质，体现在“党的领导与群众智慧的结合、以人

〔1〕 习近平：《把“枫桥经验”坚持好、发展好，把党的群众路线坚持好、贯彻好》，载《人民日报》2013年10月11日，第1版。

为本与民主法治的结合、尊重传统与发展创新的结合、政府管理与村民自治的结合”等方面。“以人为本”,“崇尚和谐”,“调处息争”,“睦邻友善”,这些中华优秀传统文化特别是乡贤文化中的合理因素,之所以能在“枫桥经验”的发展中熠熠生辉且不断进行新的创造性转化和创新性发展,正是得益于群众对传统文化的有益内容进行自觉选择和弘扬。因而,“枫桥经验”的发展历程,既体现了社会主义先进理论与基层民主法治建设实践的有效勾连,也反映出基层社会治理的优秀传统文化资源在当代的延续、继承和发展。换言之,“枫桥经验”是古今基层治理文化有机结合的典范。

(一)作为母体的乡贤文化

乡贤文化是乡贤调解的生命源泉。乡贤文化有着极其悠久的历史传承和文化积淀,是中国古代基层社会治理经验的智慧结晶。中国古代的国家治理呈现“皇权管理——基层自治”二元权力结构和“双轨政治”,有“皇权不下县”之说,乡贤的存在弥补了基层的权力真空,乡贤文化也因扎根乡土、内涵丰富、作用巨大、生命力强而独具特色。作为社会基础的广大乡村,大多依靠自治便利生产、生活,“乡贤”作为政府与乡民之间的中介,不仅发挥着政令上传下达的作用,也有序地维持着民众安居乐业的基本秩序。



顾名思义,乡贤当以“贤”取信于民众。何谓“贤”,《康熙字典》引“《说文》解释‘多才也’。《玉篇》谓‘有善行也。’《易经·鼎卦》曰‘大亨,以养圣贤。’《尚书·大禹谟》曰‘野无遗贤。’《庄子·徐无鬼》曰‘以财分人之谓贤’”。[1]可知,贤,寓意德才兼备,腹有才德、心地善良。乡贤,即是在乡里有名望、有才能、有善心的人。古代的乡贤是一个极富生命力、影响力和号召力的乡村精英群体,这一群体既有知书达理、素养良好的乡村知识分子,也有好善乐施、家产相对富足的乡绅,还包括德高望重、经验丰富的家族长老,以及致仕或者赋闲在家的士大夫。“乡贤”是维系传统治理体系和教化体系的重要力量,不仅可以是实际发挥作用的精英群体,也逐步演变为国家对劳苦功高或才能卓越、品行端正、口碑良好、民望较佳的社会贤达去世后予以表彰的荣誉称号。迄于明清,各州县均建有乡贤祠,配之以完整的官方纪念与祭奠仪式,专门缅怀历代著名

〔1〕 张廷玉等:《康熙字典》,上海书店出版社1985年版,第1353~1354页。

乡贤。

乡贤文化不仅受正史肯定，也活跃于小说戏曲中。如《白鹿原》中的白嘉轩、鹿子霖、朱先生等，即是传统乡贤的典型。在族长白嘉轩身上，既有尊师重道，好善乐施，办理乡学的一面，也有大公无私，带头执行乡规民约惩罚骨肉白孝文的一面，还有公道正派、支持民众抗捐的一面。鹿子霖身为乡贤，却常与白嘉轩争权夺势，带头破坏善良风俗，怂恿乡民干扰白嘉轩的正常管理，但鹿子霖自己仍须依照国家法律和乡规民约治理乡民，而且在维护乡民利益、抵御兵痞侵扰时，又能与白嘉轩及族人同仇敌忾，齐心协力。

在基层社会治理中，乡贤文化的功用主要表现如下：

1. 顺应民意，贤能治理。传统社会里乡贤的特权和地位，既来源于国家的认可，也在很大程度上受乡民拥护程度的影响。其权力来源虽然并不来自基层乡民的授予，但所作所为又和民意的认可度密不可分。因此，乡贤在承担社会治理职能的同时，也要兼顾乡民的利益。乡贤泽被乡里，贤能治理，也表现为好善乐施，救济贫困，经常帮助贫困乡民，每逢旱涝还带领民众抵御自然灾害。

2. 身体力行，以德化民。乡贤参与基层治理，主要是帮助官府征收赋税，兴办教育，教化民众，制定和执行乡规民约。传统社会所推崇的以儒家思想为核心的道德伦理是乡贤治理的主要理论依据。儒家提倡德治、重视德化，强调“为政以德”“以德化民”“以德化俗”；在治国理政中坚持德法互补，互相促进，在基层治理中更强调恤民爱民、德礼化民、导民向善、造福于民。无论是乡规民约的制定理念，还是乡贤具体的治理活动，都与德治、德化密切相关。

3. 息讼止争，致力和谐。孔子曰：“听讼，吾犹人也，必也使无讼乎。”[1]在儒家思想的支配下，追求无讼、以和为贵、致力和谐、尊老爱幼、诚信敬业、家庭和睦、亲邻友善、爱家爱乡等，一直是中国传统社会治理的目标。古代对于乡里发生的民事纠纷，常称之为“细故”“细事”，一则由于这些纠纷简单琐碎，二则较之于杀伤奸盗等刑事案件，极易产生，数量众多，官方受理应接不暇且耗时费力。所以民间争讼一般是先找亲邻、族长等乡贤调处解决，民众普遍心存息事

〔1〕《论语》，中华书局2006年版，第178页。

宁人、相邻关系融洽的良好期待。

4. 发挥余热,回馈乡土。中国传统社会以家族为本位,提倡“孝”道,官员致仕之后,文官告老还乡,武将解甲归田,返回故里,与家人团聚,在“父慈子孝,兄友弟恭”的家族文化中安享天年,所谓“落叶归根”。同时,利用自己的优势政治地位和威望,又能够在家乡发挥余热,以乡贤身份参与社会治理、帮助办学、修筑道路桥梁、教化乡民;还可以震慑地方官吏,使其不敢胡作非为,维护故土治安,减少扰民之事。

(二)乡贤调解的制度探索

乡贤调解脱胎于民间调解。民间调解,又称民间调处,是中国古代社会普遍存在的社会现象。厚重的农耕文明、悠久的宗族基础、稳定的小农经济结构和持续的制度建设都助力乡贤调解能够在传统社会落地生根并保持顽强的生命力。特别是乡贤调解的制度探索,经历了一个漫长的、逐渐发展的过程。虽然调解活动的必要程序,如固定的调解场所、调解人员的身份条件、调解的结案期限,等等,没有经过历代法律的明文规定,但我国很早便通过立法和司法实践对乡贤调解与诉讼的关系做了深入探索。



秦汉以降,乡贤参与基层社会治理的作用日渐突出,调处息争的职能越来越受到官府重视和民众青睐,宋以后的文献记载尤多。宋代经济繁荣,民事案件频发,《名公书判清明集》中保留了与民事案件调解活动有关的记载。如卷七《户婚门》中“下殇无立继之理”一案,“朱司户在苫块之中,不欲争至讼庭,竟从族人和义,捐钱五百贯足与朱元德……朱元德已和而复讼……谓亲约文书不可照用,有此理否”,官府认为朱元德贪得无厌,为多占财产不顾宗族情谊,置已调解达成的协议文书而不顾。所以对朱元德的诉求不予支持,不仅如此,更不允许其肆意违反调解协议。若朱元德再次起诉,“定照和议状,追入罚钱断罪,仍回申使、府照会”。[1]

除了在司法实践中重视调解的作用,官府也常将诉讼视为“凶事”而非“美事”,对于“妄讼田业”,认为是“荒废本业,破坏家财”的行为,民众不但要面对“胥吏”的纠缠索贿和“卒徒”的呵斥羞辱,还要忍受应诉过程的奔波劳碌,承担

〔1〕《名公书判清明集》,中华书局1987年版,第213页。

败诉后囚禁于监狱的悲惨后果。和亲属打官司,则有伤“宗族之恩”;与乡邻诉是非,则有损“乡党之谊”。即使“幸而获胜”,遭受的损失也很多;“不幸而输”,虽心生愧意却又追悔何及。所以官司不管输赢,都只有百弊而无一利。除非遇到“必须果抱冤抑,或贫而为富所兼,或弱而为强所害,或愚而为智所败”等情况,这是“横逆之来”,欺人太甚,“不容不一鸣其不平”,即出现“倚强凌弱、为富不仁、肆意逼迫”等情况,“曲不在我”,[1]冤屈不在起诉者即弱势一方,官府才愿意接受案件,伸张正义。可见,官府已将民众打官司的可能性降至最低,对一般纠纷,鼓励民众自行通过调解的方式解决,不必告官。

元代立法中出现了有关以乡贤调解处理民间纠纷的内容。如《至元新格》中,为应对“诸狱讼之繁,婚、田为甚”的情况,法律一方面要求“媒人”知晓“不应成婚之例”、“牙人”明白“买卖田宅违法之例”、“写状词人”了解“应告不应告之例”,期望通过向婚姻缔结、田产买卖、代写文书的“中间人”普及法律来堵塞“起讼之源”;另一方面,对于已经起诉的“婚姻、家财、田宅、债负”等案,如果不是“违法重事”,允许“社长”即乡贤“以理谕解”,[2]以避免民众因打官司导致农活荒废、官府也饱受繁讼困扰的后果。《元典章》规定,对“婚姻、地土、家财、债负”等在事实上没有达到违法标准的民事案件,原被告双方可以在起诉后通过自愿和解或调解后撤诉,是为“告拦”。居中调解者也多以乡贤等官府外人士为主。同时规定对于“告拦”者“再兴讼端”的行为,若起诉事由如前,“不许受状”;执意重新起诉,经官府核查确无违法或冤枉情事,视为“妄生词讼”,对起诉者依法严惩。[3]

明清两代继续加强对乡贤调解的立法保障。如明代《教民榜文》规定,对于因“户婚、田土、斗殴”等引起的民事纠纷和轻微刑事纠纷,视为“小事”,要经过“本里、老人”处理,“本里、老人”即为乡里德高望重的家族长辈等乡贤,“平日是非善恶无不周知”。不通过“本里、老人”等乡贤调解的,“不问虚实,先将告人杖断六十,仍发里甲老人理断”。[4] 为方便“本里、老人”调解,明代还在基层

[1] 《名公书判清明集》,中华书局 1987 年版,第 123 页。
[2] 《历代刑法志》,群众出版社 1988 年版,第 491 页。
[3] 《大元圣政国朝典章》,中国广播电视出版社 1998 年版,第 1950 页。
[4] 《皇明制书(教民榜文·刻本)》,1579 年(明万历七年)版,第 52~53 页。

广泛设立申明亭，作为里老劝善讲和、调处息争、宣扬德化之所。清代沿用历代对乡贤调解的律令规定，并通过皇帝上谕的形式多次阐明“调解息争”，以实现乡里和谐和教化民众的效果。所以，乡贤调解的教育功能与息事宁人的社会效果同样备受重视，甚至有学者认为，“在乡村里所谓调解，其实是一种教育过程”。[1]

与官方立法并轨而行的还有自宋代兴盛的乡规民约等民间规范，这些“民间法”对乡贤调解的发展也起到了推波助澜的作用。乡规民约是在贯彻儒家礼法精神的前提下，由民间自主地在各方合意的基础上制定的行为规范，其约束力不依靠国家强制，主要凭借道德的力量发挥影响，主要归因于乡民对社会舆论、生活规则、普遍价值的认可。因此，乡规民约具有深厚的社会基础，属于和以律令等为代表的“国家法”相对应的“民间法”的范畴。著名的《吕氏乡约》《南赣乡约》《泰泉乡约》《永丰乡约》《梅花里乡约》等都是宋元以来地方基层治理中民间智慧的结晶，其内容囊括“德业相劝”即重视道德教育、“过失相规”即重视督促反省、“礼俗相交”即重视文明友善、“患难相恤”即重视互相帮助等内容，这些内容和背后的“尚和”观念一起，成为乡贤调解的重要依据。

综括上述，乡贤调解的制度探索不仅通过法律制定和法律适用同步推进，作为民间规则意识和治理精华的乡规民约也不断促使乡贤调解制度化。乡贤调解的存在有效地减少了民众苦于诉讼、疲于诉讼、因讼误事、屡受胥吏欺压勒索的风险，也有利于邻里生活的和谐、生产秩序的稳定与人际关系的修复。悠久的历史传统表明，乡贤调解的文化传统是基层治理特别是化解矛盾纠纷的有益法文化资源。但是，在传统礼法思想和道德伦理的支配下，乡贤调解难免出现依赖尊长权威、牺牲乡民权利的情形，以平衡之术过分追求权利让渡基础上的“息事宁人”，限制了民众法律意识的发展，这是今天传承乡贤调解文化时需要警醒的。



（三）“乡贤调解”古今内涵之异同

值得注意的是，“枫桥经验”的乡贤调解中所复兴的乡贤文化传统，虽是历史的延续，更大程度则是在承袭传统的基础上融入了时代精神的“新乡贤”文

〔1〕 费孝通：《乡土中国　生育制度》，北京大学出版社1998年版，第56页。

化，即是以“新乡贤”文化为引领的调解方式。今之“乡贤”与古之“乡贤”在服务基层治理的功能方面虽有交集，但实质内容迥然有异。

今之“乡贤”，亦称为“新乡贤”，以诸暨市《关于培育和发展乡贤参事会的指导意见》（直委〔2015〕29 号）公文解释为例，“新乡贤”是现代意义上的乡贤，这一群体因从事职业的不同分为本土精英、外出精英、外来精英等，既涵盖本乡贤达，也包含外出人才，更兼顾外来投资者和建设者。“新乡贤”群体的共同之处在于德才兼备、有所专长，有助于基层自治、经济建设、淳化民风、维持文明风尚与道德伦理，增强民众的乡土认同等，这与传统的乡贤文化高度吻合而有所发展。

古之“乡贤”与今之“乡贤”有着不同的文化背景和道德修养，但二者又有千丝万缕的联系。表 10－1 可以清楚地反映出古之“乡贤”与今之“乡贤”之间的关系。

**表 10－1　古之“乡贤”与今之“乡贤”对比**

| | 古之“乡贤” | 今之“乡贤”（“新乡贤”） |
|---|---|---|
| 人员构成 | 多是知书达理、素养良好的乡村知识分子，好善乐施、家产相对富足的乡绅，德高望重、经验丰富的家族长老，出将入相、走上仕途的缙绅，致仕或者赋闲在家的士大夫等 | 多是因品德、才学为乡人推崇敬重的本土精英，因求学、致仕、经商而走入城市的外出精英，市场经济环境下在农村投资创业的外来精英，服务基层、参与自治的村干部，回归乡里、造福一方的退休官员等 |
| 自身要素 | 占有土地等生产资料，经济地位、政治地位、文化素养高于普通乡民，推崇名利 | 具有坚实的经济实力，或道德操守良好、知识技能出众，有优势政治地位、较大的社会活动能力、一定的社会影响力 |
| 角色定位 | 是符合传统道德伦理要求，协助国家承担治理职能，为维系基层生产、生活秩序稳定发展做贡献的精英群体，是传统基层治理与乡村文化的代表性符号，是文化的守护者、传承者、发展者 | 是符合现代精神，能在经济方面引领民众脱贫致富，在生活方面引导、教育、团结、帮助民众，在文明乡风的塑造、整洁村容的维护、美好环境的保护、乡土文化的传承等方面有热情、有担当、有作为的人 |

续表

| | 古之"乡贤" | 今之"乡贤"("新乡贤") |
|---|---|---|
| 群体特征 | 是皇权统治下参与基层治理的重要力量,是官府与民众沟通的中间人,向民众发挥政策法令的上传下达、辅助治理、价值引领、舆论引导、规范行为、化解矛盾、凝聚人心等作用 | 是新时代社会基层治理的参与者和建设者,能够提高乡村生产水平,提升乡村生活的幸福指数,促进乡村生态环境的保护,传承"非物质文化遗产"等传统文化及现代民俗文化,维护社会稳定,化解社会矛盾,助力国家经济发展与城镇化建设 |
| 调解作用 | 属于传统"民间调解"的范畴,以德高望重的乡村精英为主要力量,调解者可以不经民众推选产生,主要针对民事案件和部分轻微的刑事案件,以国家法律和体现皇权治下的儒家主导思想和传统道德伦理精神的家规族法、乡规民约、礼仪规范、民事习惯等为依据,常借助"申明亭""宗祠"等场所,以息事宁人、维持乡里的和睦秩序为目的 | 属于现代"人民调解"的范畴,以经过合法选举产生的人民调解委员会为主要力量,调解活动依法接受基层人民政府和人民法院的指导,针对数量众多的、案情比较简单的民事纠纷和法律允许调解处理的部分刑事纠纷,以国家法律和受到国家认可的、符合现代法治精神和优秀文化传统的乡规民约等为依据,常依托调解室、村民委员会办公室等场所,以化解矛盾、维护民众的合法权益,恢复和谐的人际关系和稳定的生活秩序为目的 |



以上可见,传统的乡贤文化与今日的"新乡贤"文化差异明显,因文化背景、经济基础、社会环境、政治制度等不尽相同,各有鲜明的特色和十分深刻的时代烙印与精神实质。古今乡贤文化的共通之处在于,二者都服务于国家政权建设的需要,扎根于基层社会治理的实践之中,在维护正常的生产生活秩序、促进乡民安居乐业方面发挥着巨大作用。调处息争的矛盾化解职能也贯穿于乡贤文化的承袭与革新过程中。古今两种不同内涵的"乡贤调解"都旨在化解乡民的日常纠纷,恢复和谐良善的人际关系和稳定祥和的生活秩序。

然而,作为"枫桥经验"重要内容的乡贤调解,实质上可谓之"新乡贤调解",其既延续着传统治理文化的优秀基因,也在今日新乡贤文化下实现了对人民调解制度的发展创新,较之于传统社会民间调解范畴下的乡贤调解,更显示出浓郁的现代法治文明特色。

## 二、"枫桥经验"对乡贤调解的创新发展

乡贤调解的纠纷化解方式在近年间"枫桥经验"的调解实践中被挖掘和重视，并根据时代特征注入新的内涵，运用以来，成绩斐然，不仅使基层治理的传统文化资源永葆生机，也使"枫桥经验"在基层社会治理体系与能力现代化进程中得以升华。

（一）政策引导

诸暨市积极响应国家复兴中华优秀传统文化尤其是乡贤文化的号召，从政策层面持续引导乡贤文化的创新发展。不仅相继出台相关政策，而且注意宣传典型事例，并引起中央媒体的关注，如《光明日报》就宣传了"爱家爱乡、守望相助、诚信敬业、平等包容"为内涵的店口乡贤文化。〔1〕 2015 年，诸暨市专门下发《关于培育和发展乡贤参事会的指导意见》，指出"乡贤参事会"是发挥"乡贤的亲缘、人缘、地缘优势"下"重构乡村传统文化，推进协同共治"的重要平台。"协调邻里纠纷，促进社会和谐"是"乡贤参事会"的主要任务之一。

2016 年，诸暨市牌头镇专门下发《关于成立牌头镇"乡贤帮忙团"调解志愿者队伍的通知》（牌委〔2016〕26 号），以"市党代表、市人大代表、市政协委员、村干部、老党员、企业人民调解员、城建执法中队干部、律师"等 11 人为成员组成调解志愿者队伍，命名为"乡贤帮忙团"，同时在镇政府办公室和牌头镇法庭挂牌办公。〔2〕 为促进"乡贤帮忙团"发挥积极作用，镇政府另行制定了激励机制。

与此同时，诸暨市牌头法庭与镇政府密切配合，聘请了包括"退休党政干部、退休教师、老党员、外出创业精英"等在当地有一定威望且热心调解工作的



---

〔1〕 参见浙江省诸暨市店口镇：《弘扬乡贤文化，涵养社会主义核心价值观》，载《光明日报》2014 年 10 月 1 日，第 7 版。

〔2〕 "乡贤帮忙团"主要处理以下内容：(1)镇初信初访矛盾纠纷。包括①拨打"96345"、"12345"或写信到上级部门投诉，经过镇干部调解后还没有有效化解并有继续信访可能的；②初次直接来镇里反映，属于历史遗留问题或者现行法律政策无法解决，但诉求比较强烈的；③邻里矛盾、经济纠纷、家庭（家族）内部矛盾引发的，已经被有关部门受理但一时无法解决，且不立即解决矛盾有可能扩大的；④因各种原因多次拨打"110"报警，不属于公安机关受理范围，解释劝说无效的；⑤领导小组组长分派的其他工作。(2)近几年来的部分信访积案。实行包案到人，由"乡贤帮忙团"成员来提出化解方案并开展工作，镇有关部门给予配合支持，相关化解方案有必要时提交镇班子会议讨论。(3)敏感时期或重大工程项目推进时引发的群体事件，领导小组组长根据工作需要，"乡贤帮忙团"要主动参与到相关稳控工作中。(4)视情参加法庭的庭前调解、派出所的治安调解、劳管所的劳务调解等工作。

10 名新乡贤组建绍兴市法院系统首家“乡贤调解会”，积极参与人民调解和诉讼调解。另外，诸暨市孝德文化研究会乡贤分会、其他镇村也纷纷成立“老娘舅帮忙团”“孝娘舅服务团”等新乡贤志愿者队伍参与调解工作。

（二）群众自觉

只有群众的自身力量得以激活并自觉发挥，才有益于“百姓和顺、乡村和美、社会和谐”善治景象的顺利实现。“枫桥经验”之所以历久弥新，“完全在于发动和依靠群众”。[1] “乡贤调解”能根植于诸暨广大基层地区并在“枫桥经验”的调解实践中枝繁叶茂，主要归功于群众对传统乡贤文化中调解功用的借鉴，并通过自发成立调解小组等志愿者队伍促进新乡贤对调解的参与。知名的有枫桥调解志愿者联合会、牌头镇的“乡贤帮忙团”等。村（社区）建立由村干部、法律顾问、退休干部等组成的乡贤调解小分队。目前，诸暨市已招募包括乡贤在内的人民调解志愿者 1396 人。2017 年以来，共参与调解纠纷 2607 件，真正达到“群防群治”、群众自发化解矛盾纠纷的目的。[2] 此外，由于“新乡贤”概念的界定，近年来相继建立的“老杨调解工作室”“江大姐调解室”等一大批个人品牌调解工作室及依靠退休法官、检察官、民警等建立起来的各级人民调解委员会驻派出所工作室、驻村工作室等背后享誉司法界的调解模范杨光照、群众的知心人“江大姐”、发挥余热的退休干警等，都可谓是“新乡贤”。



（三）实践情况

乡贤调解的案例范围，仍以民间纠纷为主，即公民、法人或其他社会组织之间的有关人身权益和财产权益的纠纷。其中又以相邻关系纠纷、宅基地纠纷、婚姻家庭纠纷、赡养抚养纠纷、普通债务纠纷、交通事故及医疗事故的损害赔偿纠纷最为常见，也存在部分因邻里关系和其他事由引发的轻微刑事案件。所以，乡贤调解和人民调解在案件范围上存在高度的相似性和重合性。

不同之处在于，乡贤调解的主体更为灵活，且在时空因素上不受人民调解的限制。例如，本乡人在外乡、外省市发生冲突，当事双方选择共同信赖的、有

---

〔1〕《“新枫桥经验”的三重密码》，载《法治周末》2017 年 11 月 28 日，第 7 版。

〔2〕参见诸暨市司法局：《我局构建“人民调解 +”，打造“枫桥经验”升级版》，载诸暨市政府门户网站：http://www.zhuji.gov.cn/art/2017/6/20/art_1382713_12625745.html，最后访问日期：2017 年 6 月 20 日。

一定影响力和感召力、同在外乡工作的本乡人(乡贤中的"外出精英")作为调解主体,不仅能够及时化解矛盾纠纷,也有利于乡谊的维系和本乡人之间的团结。无论是诸暨对其他省份外来务工人员中"乡贤"的重视,还是对诸暨外出经商、务工人员中"乡贤"的培养和支持,都显示了乡贤调解的治理功能相对于人民调解的优势。

而且,乡贤调解多援引乡规民约,这也是和依据法律进行纠纷化解活动的人民调解的差异之处。如枫桥镇陈家村档案中收录的《枫桥镇新农村招赘协议书》,允许只生育女孩的人家招赘入户,一则利于老人赡养、家庭和睦、子女教育,二则解决了"本村村民不愿离村,外村村民加入本村意愿强烈"的难题。特别是协议中对招赘落户本村后的权利义务等与法律接轨,具有针对性和合理性。若签订协议的一方故意违反,乡贤即可根据协议书的规定进行调解。另外,许多专项性质的乡规民约,如《慈善协会章程》《居家养老协议》等,也显示出诸暨百姓在丰富"枫桥经验"内涵时对乡民需求的理性探索。毋庸置疑,这些都为乡贤调解依据的多样化提供智识支撑。

诸暨市积极吸收群众智慧,注意发挥政府引导和群众自觉两方面的积极影响,不断整合社会资源,鼓励调解形式的多元化,将乡贤调解纳入市、镇、村三级联动的枫桥式社会矛盾大调解新体系之中,成效显著。调查报告显示,五年来,诸暨市民刑事案件的发生率较以往大幅降低,而矛盾的化解率、群众的满意度和参与热情、政府的认可度则稳步提升。仅以枫桥镇为例,"刑事案件从2013年的318起下降到2016年的114起,年均降幅达32%;矛盾稳定问题得到全面化解,矛盾纠纷总量从最高年的1064件减少到608件,年均下降13.2%,其中10个村获评平安无访村"。[1] 实践证明,新乡贤文化下的"乡贤调解",对"枫桥经验"在新时期的创新、发展贡献颇多。



### 三、乡贤调解的"枫桥经验"之展望及其法治化路径

乡贤调解作为新乡贤文化下对人民调解的创新和发展,其中既有中华优秀传统文化的给养,也有"枫桥经验"等新时期基层治理文化的支撑,作为与社会

---

〔1〕《"新枫桥经验"的三重密码》,载《法治周末》2017年11月28日,第7版。

生活相契合的调解方式,无疑有着极强的适应性和生命力。而如何更好地发展乡贤调解,需要进行以下思考和路径探索。

(一)追求善治是乡贤调解的价值目标

乡贤治理,目的在于实现基层社会和谐,百姓安居乐业,乡贤调解亦然。常言道,“尺有所短,寸有所长”,调解与诉讼的关系概莫能外。在当前中国城乡二元结构分化严重和法院“案多人少”、诉讼压力日益严峻的情势下,发展乡贤调解,既可以通过发动群众、不断将有识之士纳入乡贤群体,以民间智慧和力量调处息争,分担司法机关的审判重任;也可以支持乡贤参与乡规民约的制定,解决传统民事习惯和国家立法的衔接、部分法律规范在农村地区缺乏可操作性等问题。以乡贤调解传承尚和、仁爱的中华优秀传统文化,落实“富强、民主、文明、和谐”等社会主义核心价值观,促进乡里秩序的和谐稳定;以集中体现群众热情和乡贤治理经验的乡规民约弥补国家立法的不足,并为立法活动提供民间智慧。这不仅是乡贤调解的价值追求,也为“枫桥经验”的创新和基层社会实现善治增砖添瓦。

(二)德法并举是乡贤调解的路径依赖



在倡导“枫桥经验”时,习近平总书记特别强调要“善于运用法治思维和法治方式解决涉及群众切身利益的矛盾和问题”。这既是对政法机关贯彻落实“枫桥经验”提出的具体要求,也是指导乡贤调解迈上法治化轨道的关键论断。此外,“坚持依法治国和以德治国相结合”多次出现在党的全国人民代表大会报告中,出现在中央政治局集体学习的课堂上。德治与法治相互结合、互补互用,不仅是治国理政的重要方略,也是建设社会主义法治国家和基层社会治理创新的理论指引。“运用法治思维和法治方式”与“坚持德治与法治”一起,为乡贤调解走上德法并举的发展路径提供了指引。

首先,应该继续坚持将乡贤调解作为人民调解的补充方式纳入多元纠纷化解机制中。乡贤调解与人民调解有着共同的价值追求、生存土壤,调解主体和操作方式也高度重合,同为纠纷化解的“东方经验”,乡贤调解也是人民调解制度的补充。但是,乡贤调解在发展中保持自身特色的同时,也需直面发展瓶颈和问题。如乡贤以乡贤理事会为平台,乡贤理事会不同于依法成立的专门性调解组织——人民调解委员会,后者是具有“决策咨询、民情反馈、监督评议、公共服务”的互助性、非营利性的“基层民主协商和村民自治组织”,乡贤理事会的组织机构吸收了村民委员会的主要成员,所以,乡贤理事会的人员范围远宽于人民调解委员会;同时,人民调解委员会依据《人民调解法》,人民调解员的选举程序较为严格,乡贤则相对宽松。如何使每一份经由乡贤主持达成的调解协议取得与人民调解同样的法律效果,为防止当事人违反协议而进行的风险防范措施——司法确认程序,是否完善立法明确其也适用于乡贤调解?这些都值得深思和继续探讨。如果给予乡贤调解与人民调解同样的法律地位,则会极大地便利乡贤调解工作的进步。

其次,应该将乡贤调解及其结果融入“诉调对接”机制中。最高人民法院《关于建立健全诉讼与非诉讼相衔接的矛盾纠纷解决机制的若干意见》、最高人民法院《关于人民法院进一步深化多元化纠纷解决机制改革的意见》等文件实施以来,“诉调对接”机制不断引起司法理论界和实务界的关注,各省市区县对关于“诉调对接”中如何健全调解制度、完善“调判分离”和对调解协议进行司法确认等程序安排,确定部分案件立案前进行调解的具体流程、立案后的调解流程、调节机制的创新方式、加强调解队伍建设等保障性工作等都作出了细化规定。浙江省也出台了《关于扩大诉讼与非诉讼相衔接的矛盾纠纷解决机制改革试点总体方案》等文件。在这一背景下,可尝试将乡贤调解融入“诉调对接”机制中。例如,法院吸收乡贤完善特邀调解组织和人民调解员名册制度,同时指导乡贤作为人民调解员开展工作,二者之间定期交流,法院对乡贤调解达成的调解协议予以认可,必要时进行司法确认。这样既有利于大量民事纠纷和轻微刑事纠纷从法院分流,也有利于使乡贤调解和人民调解、法院调解、法院审判等多元纠纷化解机制实现功能上的良性互动,有利于促使乡贤调解更加规范化、制度化、法治化。

最后,应该将乡贤调解落实于基层民主自治中。基层民主自治,包括农村的村民委员会制度和城市的居民委员会制度,群众在自治中依法进行自我管理、自我教育和自我服务。“枫桥经验”之所以长久不衰,关键在于其坚持人民本位思想,在党委领导下,充分依靠群众,把发扬民主与依法办事有机统一起来,运用各种有效手段化解矛盾纠纷,同时积极倡导健康向上的道德风尚,处处体现教育与帮助并重、挽救与发展兼备的社会主义法治理念,并通过一系列制度和措施，推动基层民主自治良性发展，在法治、德治正轨上不断努力，最终实现善治。而且，“枫桥经验”将乡村治理上升为群众广泛参与的制度化过程，注重激发群众的主人翁意识、参与意识、服务意识，将群众的自治热情和奉献精神转化为基层社会治理的力量源泉。这种立足现实、以民为本、法律与道德措施并举的治理模式，有助于从根本上减少矛盾，维护社会稳定，既使法治建设获得道德和舆论的支持，也让群众在参与治理的过程中感受到尊重和自主。乡贤是群众中德才兼备的群体，乡贤调解是基层民主自治的职能之一。因此，可以鼓励乡贤参加基层民主选举，使符合条件的乡贤兼任村民委员会、居民委员会成员，这将更加积极地促进基层民主自治发挥调处息争的职能。

乡贤调解是创新“枫桥经验”的传统文化资源，有着厚重的历史积淀、文化传统和群众基础。在推进全面依法治国和坚持文化自信的新时代，以乡贤调解化解群众的矛盾纠纷，促进基层社会的和谐稳定，是传承中华优秀传统文化的应有之义，也是实现基层社会治理体系和能力现代化的必要举措。而乡贤调解以追求善治作为核心价值，以德法并举作为路径选择，将促使其不断法治化、制度化，为多元纠纷化解机制的完善和百姓亲睦、守望相助、亲邻融洽的小康社会建设贡献力量。

# 第十一章　在线纠纷解决机制的“枫桥经验”

有法谚云：“迟来的正义非正义。”司法尽管是最权威、最正式的纠纷解决方式，但司法固有的缺陷——程序拖沓、费用昂贵、术语专业等，必然会影响司法在更广泛的层面上对纠纷的解决。[1] 因此，如何和平、快速、有效地解决矛盾纠纷，对任何国家而言都是至关重要的，这也关切着国家经济的繁荣与发展。在当下，民众多元化纠纷选择意识的觉醒，对司法提出了更加灵活、高效的要求，司法也“被迫”需要嵌入信息技术、网络技术和多媒体技术。为了适应信息时代网络经济的发展，最高人民法院推行了在线纠纷解决机制（online dispute resolution，ODR），以回应信息时代对多元化纠纷解决机制的新挑战。而各地基层人民法院根据原有的人力资源、纠纷解决模式、技术能力，也在积极尝试这种新方法。可见，用技术提升地方司法能力，和水平成为当前司法制度建设的新方向。

在“枫桥经验”的发源地，诸暨市人民法院承载着社会治理“样板”的光环，背负着崇高而神圣的使命，以信息技术和信息化管理为手段，试图最大限度地实现整体效能、最优组织模式，提高司法效率、节约司法成本。当司法与信息化相碰撞，不免在科技层面拓展了司法制度的维度，尤其是调解的适用方式。随着“在线纠纷解决机制”的推进，诸暨市人民法院从信息维度发展“枫桥经验”，创设了“在线矛盾纠纷多元化解平台”，这意味着对坚守了55年之久的“枫桥经验”在信息化社会的重要创新，但我们也不免对这次创新是否实现了“枫桥经验”的华丽转身而心生疑虑。为此，笔者将从诸暨市人民法院“在线矛盾纠纷多元化解平台”的创设入手，分析以该平台为依托而实施的相关举措，并结合调研

〔1〕 参见谢晖：《论民间法与纠纷解决》，载《法律科学》（西北政法大学学报）2011年第6期。

资料对该平台的成效与问题进行分析,最后提出针对性的完善建议与意见。笔者冀希以此为大众廓清信息化带来的“在线调解”对“枫桥经验”的创新发展以及诸暨市人民法院“在线矛盾纠纷多元化解平台”的真实面貌。

## 一、“在线矛盾纠纷多元化解平台”:融入“枫桥经验”精髓的在线调解

在新时代国家治理体系和国家治理能力现代化的背景下,多元纠纷解决机制的重要性不言而喻。虽然其强调社会治理资源的整合和优化,但司法仍然是最为重要的环节之一。因为在法治国家建设的命题中,司法是最为重要的一种社会治理方式。所谓的多元纠纷解决机制,就是依托司法支撑,形成多元组合、有机衔接、分工明确、功能齐全的治理体系。其中,政府、市场、社会组织、人民群众在化解纠纷领域发挥各自的主体作用,社会组织、人民群众自治和善治能力的不断提高成为治理能力现代化的突破点。[1] 而众所周知的“枫桥经验”也概莫能外。“枫桥经验”在司法中是以多元化纠纷解决机制表现的,其核心内涵之一是“发动和依靠群众”,即调动社会各方面力量的参与、共治,它的“起源与绵延是依靠群众,党和政府根据群众中的传统文化循经把脉,逐渐形成了在政法委综治办牵头下,利用信息化的网格管理,从矛盾源头及时发现问题,鼓励并引导具有丰富法律知识、经验和热心公益的各种力量,为陷入断裂与麻烦中的社会合作关系,提供化解矛盾的帮助,而形成的一套实践做法,是党和群众共同探索总结出的一套治理经验”。[2] 这与调解所追求的在司法过程中依靠来自人民群众的各种调解组织和力量,实现社会治理方式的多元化不谋而合。二者都承载着儒家的“中庸理性”,在实效层面追求息诉以达致法律效果和社会效果的相统一;在技术层面可表述为以人为本,源头预防,快速反应,综合治理,依法依规。[3] 但“枫桥经验”也非静止不动,随着瞬息万变的信息化,其在形式上也逐渐实现了信息化的时代转变,成为诉讼纠纷解决的一个分流与替代机制,使解纷制度更加具有活力,为那些乐意采取网络方式解决争议的人们提供一种新



---

〔1〕 参见龙飞:《“多元化纠纷解决机制”正铺开宏伟画卷》,载《人民法院报》2017 年 10 月 17 日,第 2 版。

〔2〕 董青梅:《“枫桥经验”中的多元法治图景》,载《山东科技大学学报》(社会科学版)2018 年第 1 期。

〔3〕 祁雪瑞:《纠纷解决机制:民间法与人民调解及枫桥经验》,载《民间法》2014 年第 2 期。

方式，具有诉前纠纷管理的功能和解纷方式的一个替代机制。对于当事人而言，多了一种程序选择权；对于法院而言，多了一份对当事人程序选择权的尊重。

随着人民法院信息化建设的推进，各地法院相继推出了电子法院、智慧法院、掌上智慧法院、在线法院、微信审判、智慧法院 APP、智能调解、“易判系统”新浪在线法院、微法院、移动电子诉讼、诉讼服务网、易诉等具有“互联网＋”特征的“智慧法院”。[1] 而 2018 年《法院信息化蓝皮书》称，2017 年人民法院信息化建设取得了优质服务、审判智能化、执行工作日趋高效、管理自动化优势显现四大成效，“智慧法院”初步建成。[2] 究其本质，“智慧法院”增加高效、智能等积极因素，试图改进司法的滞后性、延迟性等特征。为响应最高人民法院《关于人民法院进一步深化多元化纠纷解决机制改革的意见》，浙江省高级人民法院于 2016 年 9 月先后下发《关于建立健全“大立案、大服务、大调解”机制的指导意见》和《关于在全省法院推广应用在线纠纷解决平台的通知》，试图实现多元纠纷化解机制在信息化时代的创新。2018 年 1 月，浙江省综治委制定了《关于在全省部分地区开展“在线矛盾纠纷多元化解平台”先行上线运行的工作方案》，并确定诸暨市为全省“在线矛盾纠纷多元化解平台”先行运行地区。随后，诸暨市综治委出台了《关于推广运用“在线矛盾纠纷多元化解平台”的实施方案》（诸综委〔2018〕2 号），法院与公安局、司法局联合出台《关于调解协议司法确认工作实施细则》等文件。以此为契机，诸暨市人民法院以诉讼服务为中心，落实责任至立案庭、简案庭，成功上线运行“在线矛盾纠纷多元化解平台”，深化“一次不用跑”改革，大幅减少当事人诉累。[3] 该平台开启了进行信息化管理、运作、应用之路，是诸暨市人民法院应用信息化平台管理、指导、协调调解组织，

〔1〕 根据“互联网＋”战略要求，推广现代信息技术在多元化纠纷解决机制中的运用，推动建立集在线调解、立案、司法确认、审判、电子督促程序、电子送达等于一体的信息平台，实现纠纷解决的案件预判、信息共享、资源整合、数据分析等功能。

〔2〕 参见谢宏：《2018 年〈法院信息化蓝皮书〉发布：智慧法院初步建成》，载中国科技网：http://www.stdaily.com/02/difangdongt/2018－02/07/content_635234.shtml，最后访问日期：2018 年 3 月 1 日。

〔3〕 诸暨市人民法院于 2017 年 2 月 15 日正式运行由浙江省高级人民法院与“新浪网”法院频道联合打造的在线纠纷解决平台，充分借助互联网的优势，将调解从线下“搬到”线上，能够为人民群众提供可即时获取的解纷渠道和解纷资源，低成本高效率地解决矛盾纠纷。随后，绍兴地区基层人民法院和诸暨市商调委也相继使用该平台完成在线纠纷调解工作。

指导调解工作的管理系统。在此平台上，当事人可以自主选择人民调解员，通过表格化方式进行纠纷陈述，利用网络信息技术实现双方当事人、人民调解员、法官四方在线参与纠纷解决。四方参与者无需会面，便可利用该平台的诸项功能进行解决纠纷的信息传输、交流、沟通，最后达成相应的调解协议，由法官在平台中作出司法确认，并督促双方当事人在线上或线下及时履行。它充分借助了互联网的便捷、智能等优势，将调解从线下"搬到"线上，为人民群众提供可即时获取的解纷渠道和解纷资源，以低成本、高效率的方式实现纠纷的解决。

诸暨市人民法院推出的"在线矛盾纠纷多元化解平台"，使纠纷解决不再受地域的限制，超越真实的物理空间。在虚拟的网络环境中，及时有效地共享多方视频技术、调解现场画面信息，也使法院与社会调解力量对纠纷的分析与判断有了充分的把握。随后，法官依据已有的裁判经验在线行使释明权，[1]并制定调解书或调解协议，最后，由当事人综合各方面因素予以执行。这既是法院对防止执行难和提高结案率的公共理性与利益考量，同时也是积极发挥指导调解、并与调解组织共同化解矛盾纠纷的价值所在。四方在线，法官及时指导调解，提高了纠纷解决的效率，节约了当事人的诉讼成本。在"枫桥经验"中嵌入"在线调解"的这种新模式，为"枫桥经验"注入了新的发展力量，开创了"枫桥经验"发展的信息化，提升了"枫桥经验"运用的技术化，为"枫桥经验"的自信、成长、辐射、复制赋予强大的信息技术之翼。



## 二、诸暨市人民法院创设"在线矛盾纠纷多元化解平台"的相关举措

近期，笔者查阅相关资料，并实地考察诸暨市人民法院、"老杨调解中心"、市商调委等单位的信息化建设与在线调解推进情况，发现诸暨市人民法院整合已有的调解资源，以信息化设施建设为基础，融"枫桥经验"于其中，逐渐建立了以在线调解、在线立案、在线司法确认、在线督促程序、电子送达等为一体的"在

---

〔1〕 平台建立之前，法官行使释明权要基于"四环指导法"。"四环指导法"就是诸暨市人民法院发扬"枫桥经验"行使法院指挥权、释名权的一种具体工作方法。通过该法有效地保证了审判与调解的联运，使诉调对接平台的辅导与释明、分流与疏解、管理与协调、促进与推广、调解与审判五项职能具体化。为此，诸暨市人民法院建立了《法律指导员工作制度》，在民庭和人民法庭专门确定33名审判人员为法律指导员，分片区联系指导全市乡镇、街道及其辖区的村（居）民委员会、企事业单位及专业市场的人民调解组织，使全市各调解委员会与法院之间建起稳定、畅通的联络渠道。

线矛盾纠纷多元化解平台”的配套机制。这些举措突出了促进纠纷解决机制的信息化、智能化发展，强调在线服务基础设施的科技化、在线诉讼调解对接机制的多样化、在线调解流程管理的智能化，以及在线纠纷化解工作制度的规范化，并设立了相应的工作专班，负责平台运行的日常管理和指导工作，组织实施上线运行工作方案，整合辖区在线调解资源上线，引导适合线上解决的线下纠纷到平台上解决。[1]

（一）在线诉讼服务基础设施的科技化

司法活动基础设施的科技化，是指以信息化发展带来的科技革新为基础，通过增设科技设备、改变设施形态而实现的司法管理活动的信息化。其中，主要是依靠计算机硬件和软件逐渐实现法院物质基础的信息化创新。这为引领传统诉讼模式向现代纠纷解决方式提供了道路。顾名思义，在线诉讼服务基础设施是指随着“智慧法院”“在线调解”而衍生出的诉讼服务基础设施。这种复制“线下”实现“线上”创新的诉讼服务基础设施建设，顺应了信息社会的时代潮流，试图借助科技化为诉讼调解提供便利。

对此，诸暨市人民法院的具体举措包括“线下”和“线上”诉讼服务基础设施建设等两个方面：(1)“线下”诉讼服务基础设施建设，即诉讼服务中心的信息化，诸暨市人民法院设置电子显示屏、电子触摸屏等诉讼指引和自助查询设备等设施；在综合办事区增设导诉服务台，指导使用自助查询设备；通过网站、移动客户端(微信、APP 等)建设实现“微导诉”服务，推行网上和跨域立案；添置智能分流叫号系统，设置多功能电子显示屏，配置了浙江法院自助诉讼服务终端设备。(2)“线上”诉讼服务基础设施建设，即“在线调解”的信息化。设立“在线调解中心”，开展“线上”纠纷受理、诉前委派调解、诉中委托调解、在线调解、法院协助调解、在线司法确认等工作，宣传并指导人民调解组织开展线上调解工作。立案登记窗口办理网上立案和跨域立案，征询当事人调解意愿，进行相应的组织引导；立案当天即对刚立案的案件诉讼材料予以扫描，在线调解过程的录音录像、文件档案的存储归档过程都已开始逐步实现。

〔1〕 根据调研情况，诸暨市还成立了“在线矛盾纠纷多元化解平台”工作领导小组，负责“在线矛盾纠纷多元化解”的推广。该领导小组以市委副书记、政法委书记为组长，市人民法院院长、市委政法委副书记、市司法局局长为副组长，各镇乡、街道、有关职能部门分管领导为成员。

此外，诸暨市人民法院全面提升硬件设施。建立信息化调解室，配齐全线多媒体设备，便利当事人多途径接入网络调解体系；法庭、乡镇司法所设置一体化自助终端机，同步加强人员培训指导，确保调解体系全覆盖。大力推行网上立案，完成网上立案律师版操作手册，通过法院微信、微博、新闻媒体、门户网站等进行宣传推广。

（二）在线诉讼调解对接机制的多样化

诸暨市人民法院以“在线矛盾纠纷多元化解平台”建设为契机，不断整合社会调解资源，建立了“1 +5 +13 +20 +27”的矛盾纠纷多元化解工作机制，并利用互联网与各调解组织建立在线对接平台和机制。“1”指的是一个法院诉讼服务中心；“5”是指五个基层法庭诉讼服务中心；“13”是指市级 13 家专业调解委员会；[1]“20”是指 20 家律师调解室；“27”是指全市 27 个镇乡（街道）人民调解委员会。法院诉讼服务中心通过“在线矛盾纠纷多元化解平台”与市级 13 家专业调解组织、3 个街道调解组织及 20 家律师调解室建立网上委派、网上指导调解、网上司法确认的网上对接工作机制；各基层法庭诉讼服务中心通过“在线矛盾纠纷多元化解平台”与 24 个镇乡调解组织建立网上委派、网上指导调解、网上司法确认的网上对接工作机制。



“在线矛盾纠纷多元化解平台”打破了传统的纠纷调解模式，实现了调解时空上、区域上的跨越，只要一部手机或一台电脑，人民调解员随时随地可以进行网上纠纷调解、网上形成调解协议、网上申请司法确认、网上电子送达等“一揽子”的调解程序，让当事人足不出户就能解决纠纷，大大提高了纠纷解决的工作效率。[2] 为保障在全市范围内“在线矛盾纠纷多元化解平台”的运行，市综治委积极采取措施，通过“以奖代补”的方式，落实平台注册人员的手机端流量及

〔1〕 市级 13 家专业调解委员会，包括联合人民调解委员会、劳动争议人民调解委员会、医疗纠纷人民调解委员会、道路交通事故纠纷人民调解委员会、婚姻家庭纠纷人民调解委员会、消费纠纷人民调解委员会、学生伤害纠纷人民调解委员会、物业纠纷人民调解委员会、环境保护纠纷人民调解委员会、总商会人民调解委员会、江西商会人民调解委员会、电力纠纷人民调解委员会、装修业协会人民调解委员会。

〔2〕 该平台操作比较简单，人民调解员和当事人在互联网搜索“在线矛盾纠纷多元化解平台”（网址：https://yundr. gov. cn）打开界面，人民调解员点击“纠纷导流”、“调解员快速进入”，然后输入人民调解员手机号码和密码即可对案件进行预约调解、多方视频调解、编辑调解协议、申请司法确认等。当事人在界面免费注册后即随时可以登录电脑用户 PC 端。当事人也可扫描平台的二维码下载手机 APP，输入自己的手机号码和密码即可进入纠纷详情界面。

短信平台使用量，支持有条件的单位建立专项调解经费，支持各镇乡（街道）、各部门鼓励和培育具有一定特长的专业调解人员，努力培育具有专业化、社会化和熟悉互联网工具的咨询师、人民调解员和司法人员队伍。

此外，诸暨市人民法院也考虑到了部分人民调解员的年龄和身体状况，采取"线上""线下"并行的纠纷调解模式，实现对调解案件的分流处理，力图通过分流合理优化当前的调解资源配比，希望借助线下调解实现"当事人最多跑一次"的目标，以线上调解实现"让当事人不用跑"的目标。

（三）在线调解流程管理的智能化

在线调解分为辅助型在线调解和自动型在线调解。辅助型在线调解需要借助电子信息、语音视频设备等技术工具，也需要实体的第三人参加。实体的第三人在调解的过程中充当了当事人之间进行信息沟通的纽带，最终的调解协议也许要通过当事人和实体的第三人共同完成。自动型在线调解则不需要实体第三人的参与。它借助在线咨询、在线评估、在线调解和仲裁三个模块来实现。[1] 在提供多种在线解决纠纷渠道的同时，平台利用大数据技术，对在该平台上的社会矛盾通过大数据进行深度和广度上的全面采集，针对各类不同的矛盾纠纷为当事人提供个性化的解决方案，为国家社会治理部门的政策制定、立法研究提供数据样本。

诸暨市人民法院的信息化也经历了这两个阶段。"2012 年诸暨法院在互联网上建立了'法官指导调解 QQ 群'，搭起了人民法院与人民调解组织之间沟通的桥梁。建群六年来，法院通过该平台为消调委引导化解了多起房屋预售合同纠纷、汽车买卖合同纠纷、美容院消费卡纠纷等群体性的消费者投诉；为总商会解答法律咨询、指导调解协议的制作，进行司法确认百余起；为家调委一起调处一些家事纠纷等，通过业务指导、提供示范性案例等方式，较好地发挥了人民法院在多元化纠纷解决机制中的主导作用，同时也为人民调解提供了强有力的司

[1] 在线咨询模块——可通过数据库的筛选匹配，自动答复分析报告，根据当事人提问自动匹配、免费向其推荐相关法律解释、司法观点、相似案例，以及解决纠纷的具体操作流程和法律文书模板，并为当事人提供与专业咨询师进行交流在线的服务。在线评估模块——可自动识别当事人各类纠纷的法律要素，智能分析各类纠纷法律要素对应的裁判规则，提示当事人解决相关法律纠纷的法律风险、化解成本与对策建议。在线调解和在线仲裁模块——当事人可在线选择调解员进行调解，也可以在线申请参与仲裁。

法保障。”[1]

但这个阶段的信息化，更多的是在办公自动化意义上的信息化。新兴技术的发展与应用，催生了新的司法管理模式，提高了司法效率，为社会经济生活注入了新活力。以智能化、信息化建设为理念，诸暨市人民法院大力重视法院信息化建设，探索在线法院调解，推出了“在线矛盾纠纷多元化解平台”，把互联网技术深度融合诉调对接工作。通过这个高效便捷的网络平台，可以为当事人和人民调解员之间搭建双向选择和便捷沟通的桥梁，拓宽当事人选择适合的人民调解员或者适宜的调解方式，真正实现诉讼与调解的有效衔接，及时有效地化解矛盾纠纷，同时实现了司法管理从辅助型走向自动化型，并逐渐智能化。

该平台的突出特点在于办案流程由电脑通过节点加以控制。而该平台上案件的来源有两个途径：(1)由法院诉前委派。即当事人向法院提交民事起诉状，法院把案件的基本信息输入到该平台上，然后指派某个人民调解员进行调解。该人民调解员会收到来自该平台的短信提示，然后进入平台系统点击接收案件就可以开展调解工作。(2)由当事人直接提交。即当事人通过平台网页的“用户登录”或手机版 APP，将纠纷请求内容输到平台上，可自主选择其信赖的人民调解员进行调解。选定后，人民调解员会收到来自该平台的提示信息，然后人民调解员进入平台就可以开展调解工作。人民调解员通过该平台可以预约双方当事人进行视频调解，当事人按约定的时间打开手机 APP，点击“纠纷详情”即可通过视频面对面进行协商。如果遇到争议较大的情形，人民调解员还可以利用该平台的多方视频会话功能与法官视频连接。案件达成协议后，人民调解员只要把调解协议内容输入“调解方案”框内即可自动生成调解协议。如果需要司法确认的，人民调解员可以在该平台上提起司法确认申请，法官通过该平台可以一键式完成司法确认工作。一旦调解人员接受案件后，其办案流程即受到系统软件的监控，调解过程自动保存。诸暨市人民法院通过该平台不断地向外输送案件，运用互联网技术采用线上的方式化解矛盾纠纷，成效明显，截至 2017 年 12 月底，在线委派案件 200 件，其中调解成功 153 件，司法确认



[1] 引文为陈建丽法官在诸暨市调解专家代表座谈会上的发言。

25 件。

(四)在线纠纷化解工作制度的规范化

为让具有诉求的当事人尽快了解和掌握在线调解的相关知识、平台功能和操作方法,诸暨市人民法院建立了在线解纷诉前"三导"(引导、劝导和指导)制度。换言之,凡是当事人有解纷需求到法院来咨询的,立案工作人员应当积极引导其通过"在线矛盾纠纷多元化解平台"向相应的人民调解机构申请调解;对符合诉前化解的简易民事纠纷,立案工作人员应当劝导其通过该平台化解矛盾纠纷,并向其发送《诉前化解劝导书》,对同意通过该平台化解矛盾纠纷的当事人,由导诉台工作人员指导其在手机上下载平台用户版手机APP,并发放《用户操作手册》。"三导"制度的建立为进一步推广"在线矛盾纠纷多元化解平台"的运行提供了有力保障,也是体现司法为民的一项重要措施。

与此同时,为规范平台与调解组织之间的工作流程,诸暨市人民法院还修改完善了《立案登记制及防止诉权滥用实施规则》。对经当事人同意诉前化解的案件,由立案工作人员编立引调字号后在 1 个工作日内将案件移送至"在线矛盾纠纷多元化解平台"工作专班。专班工作人员在 2 个工作日内将案件信息输入平台,然后根据案件的性质将案件委派到各调解组织进行调解,并对案件的进展情况进行跟踪和指导。

## 三、"在线矛盾纠纷多元化解"的成效与问题

由于"在线纠纷多元化解"刚刚起步,目前要对其进行全面的评价尤其是充分的实证研究为时尚早,但基于笔者前述的初步实证调研,根据诸暨市人民法院"在线矛盾纠纷多元化解平台"的实践,可以做出若干的评估。

(一)成效

1. 引发诉调衔接机制及调解方式的深刻变化

诸暨市人民法院基于"枫桥经验"的"在线调解"的实践,不仅改变了传统调解的方式,也促使调解本身发生变化。可以说,法院的诉调对接、指挥、释明权的行使等,开始发生多方位的深远变化。

传统调解的基本物理形式是现场调解,[1]即双方当事人“面对面”调解;而“在线纠纷多元化解”却改变了这种传统工作模式。与物理世界相异的是,信息化所具有的打破时空限制的特性,使非现场调解成为可能,正如卡斯特对信息技术社会的描述,“技术、社会、经济、文化与政治之间的相互作用,重新塑造了我们的生活场景”。[2] 技术给我们带来了跨越时空的司法网络平台,也为我们带来了一种超越时空的生活方式。如诸暨市人民法院建立“三平台为一体”的全天候在线对接平台,为使平台在化解矛盾纠纷中发挥积极作用,工作专班的法官在将案件输入平台后,即与相关当事人之间建立QQ联系和微信联系,帮助当事人了解在线调解的知识,并指导其下载平台手机APP。为加强对外派案件的管理,法官通过平台跟踪案件的进展情况,及时对调解组织作出督促指导。截至目前,全市具有解纷职能的机构在“在线矛盾纠纷多元化解平台”上已经注册107家,包括具有解纷职能的行政部门,如法制办、公安局、人力资源和社会保障局、建设局、市场监督管理局、教育局、供电局、工商联、信访局、国土局、农林局等;注册人民调解员364人,其中律师99名。通过该平台,诸暨市人民法院委派案件526件,已经调解成功179件。法官手机微信、QQ(手机版)24小时畅通,随时就工作中遇到的平台操作、法律适用、业务等问题提供指导帮助,促进人民调解工作向信息化、规范化、法治化的方向发展。



在调研过程中,笔者发现平台本身就具有案件流程管理,尤其是程序节点的设置和使用。电子化、软件化的信息技术将案件流程分成若干节点,对案件进程实施提示。这种同步实施的诉讼调解管理以前几乎不可能由一名法官全面、深入地实施,而现在,法官一人就可以完成以前由多名法官亲临现场才能完成的工作。此外,平台促使了客观化诉讼调解管理方式的推行。而线上的管理模式客观性更强,这是因为以计算机软件为载体实施的管理,包括评价的指标

---

〔1〕 传统调解工作流程的是:当事人可以选择通过联合人民调解委员会或者其他派驻诉调对接中心的专业调解组织进行诉前调解。通过联合人民调解委员会调解的,工作人员引导当事人填写《选择诉前化解机制确认书》,然后出具《材料接收单》,编立引调字号,输入法院信息管理系统。案件移送调解组织时,随案附《诉前登记表》《建议人民调解函》。调解不成的,人民调解组织附《反馈函》,并当即告知当事人办理立案手续;调解成功的,出具《人民调解协议书》;需司法确认的,人民调解组织再引导当事人填写《司法确认申请书》,并将诉讼材料移送简案庭(所在法庭)进行司法确认。

〔2〕 [美]曼纽尔·卡斯特:《网络社会的崛起》,夏铸九、王志弘等译,社会科学文献出版社2001年版,中文版作者序。

已经软件化,载入办案数据即可自动生成评价,这便使评价相对客观化。由软件替代人来管理,客观性更强,也降低了出错率。所以,由信息化带来的全新管理技术,弥补了人力的缺陷,并在某种程度上摒弃了主观随意性。更重要的是,它促成了宏观管理方式的创新和应用。例如,信息化为管理者的宏观、系统性纠偏奠定基础,这主要表现在信息化可以自动生成一些统计数据,分析每月或者每季度的指标变化,从而为宏观决策者和办案法官提供信息变化轨迹,促使其在之后的工作中加以关注和解决。

2. 促成了诉讼调解对接管理效率的明显变化

诸暨市人民法院通过互联网建立调解与诉讼的相互对接,让大量法律关系简单、争议不大的矛盾纠纷,通过平台委派至调解组织解决,能够缓解法院"案多人少"的矛盾,节约审判资源,让法官全身心地投入到复杂案件的审判当中。同时,法院通过互联网平台加强对人民调解员的培训指导,有效提高了人民调解协议的规范化和合法化,以维护人民调解的权威性,让更多有解纷需求的群众积极选择"在线矛盾纠纷多元化解平台"化解民事纠纷,让社会矛盾纠纷化解在基层,促进社会和谐稳定和社会经济的快速发展。

该平台在一定程度上实现了资源共享和合理配置。以平台为基础,诸暨市人民法院整合了司法资源和非司法资源,尤其是充分发挥了民间资源在调解中的作用,如广泛吸纳人民调解组织、行政调解组织、各行业专家以及社会志愿者等社会力量。整体而言,在线调解让进行诉讼调解对接的法官用更高效的方式进行管理,确保了诉调对接管理的经济性。这种经济性主要是从长远的角度来看。虽然前期的设备更新、技术支撑以及后期的相关维护、升级需要投入大量的资金,但整体上基础设施建设一旦完成,有关人员能熟练掌握和使用,物力、人力、时间的节约也是明显的。首先,该平台降低了物质成本的投入。无纸化办公不仅仅实现了物质成本的降低,在另一层面上也有助于保证保密管理的有效性。传统的保密管理需要投入大量的人力和物力成本,而借助信息网络的建设,无纸化有助于提升管理尤其是上传和下达保密信息的安全性。其次,该平台减少了人力资源的投入。人工智能的引入使电脑在管理层面上代替了人工的作用。电脑的同步录音、录像功能和司法文书自动生成系统,避免了法官的时间浪费。而同步指导、沟通以及事后评估等新功能的增设,更是使法院可以减少相应的人手,并将人力资源分配到合理的工作中。最后,该平台提高了管理的时间效率。这不仅仅使电子文书的送达时间缩短,还有助于提升信息生成和检索的效率。信息处理者一旦接收到信息,也可及时反应。

3. 推动了在线调解效果的显著改善

为让人民调解员尽快掌握在线调解的技巧,诸暨市人民法院制作了《在线调解小剧场》,以影像化的方式展现平台的操作流程;同时,还制作了平台操作演示录像,通过剧情观摩、录像演示、现场指导等多种形式,提高人民调解员运用平台的技能水平,促进人民调解组织在线化解矛盾纠纷的高效性和便捷性。在线纠纷化解平台集聚了法官调解以及人民调解、行业调解、综治调解、律师调解等力量,整合了各类社会调解资源共同参与矛盾纠纷化解。当事人可以随时在平台上预约其信任的法官、法官助理、人民调解员、律师进行纠纷调解,增强了当事人化解矛盾纠纷的主动权和积极性,促使案结事了。

不过,对诸暨市人民法院的"在线矛盾纠纷多元化解平台",还需要通过管理效果和调解效果两个方面来予以考量。在管理效果方面,平台使"在线调解"管理可以日趋科学、规范、精细,效果更加明显。人民调解员可以凭自己的手机号码登录"在线法院"人民调解员手机版和电脑版。法官和工作人员可以凭自己的手机号码登录"在线法院"法院管理电脑版。人民调解员进入系统可以进行案件受理、案件调解、自动生成调解协议、调解笔录、申请司法确认。法官进入系统可以在线审查、在线跟踪案件的进展、在线进行司法确认、在线送达裁定书等。在调解效果方面,法官借助平台改变传统指导的有限性,既可以同步把握案情,对调解的过程予以充分的监督、指导和释明,也使案件证据长久化的固定成为可能,这无疑拓展和深化了调解效果的宽度和广度。通过平台,法官还可直接阅览全案材料,据此展开有力的调解指导活动,使案件管理进一步科学化、规范化、精细化。



案例1:2017年5月4日,广东廉江籍的陈某通过网络借款平台向浙江诸暨籍的吴某借款5000元,借款期限为5天。后经多次电话催讨未果,吴某即于2018年2月9日向诸暨市人民法院提交了起诉状,要求陈某归还借款本金5000元,并支付按年利率24%计算的利息。征得吴某同意后,法院将案件委派至诸暨市联合人民调解委员会进行诉前化解。人民调解员通过电话联系到了陈某,其表示同意调解,但要扣除已经支付的款项。考虑到陈某路途遥远来诸暨调解成本太高,于是人民调解员指导陈某、吴某均在手机上下载了“在线矛盾纠纷多元化解平台”,并要求双方将证据上传至平台,以便对方质证。人民调解员通过平台上的视频功能联通双方当事人,经过 8 分钟的视频协商,双方最终达成协议,陈某当即通过微信转账的方式将余款 1200 元支付给吴某,案结事了。

案例 2:2016 年孟某向孙某借款 8000 元,约定于 2017 年 1 月之前归还。借款到期后,孟某未按约履行付款义务,孙某即委托律师许某办理。许律师于 2017 年 8 月 28 日通过“在线矛盾纠纷多元化解平台”提交了纠纷申请,并选择诸暨市商调委进行调解。人民调解员多次约孟某到总商会参加调解,但孟某总是借工作忙不肯前来。人民调解员即指导其下载平台手机 APP,并通过平台的视频功能,联通了孟某与许律师。经过 6 分钟的视频面对面协商,双方最后达成了调解协议,约定于 2017 年 9 月 1 日一次性付清。

案例 3:2016 年 9 月 11 日,家住诸暨枫桥镇的陈某向诸暨某公司借款 1 万元,约定借期一个月。但借款到期后,陈某未归还。2017 年 7 月 31 日,该公司向诸暨市人民法院递交了起诉状,并同意诉前化解。考虑到陈某家住枫桥镇的情况,为方便解决纠纷,法院将该案件委派至枫桥镇人民调解委员会进行调解。陈某的父亲得知情况后随即赶到调解委员会,表示愿意自己出面帮儿子还清债务。因时值高温季节,陈老伯年事已高,来回跑多有不便,为快速解决纠纷,人民调解员当即通过“在线矛盾纠纷多元化解平台”连线该公司的代理人进行视频调解,并邀请法官给予视频指导。这样经过人民调解员的调解、法官的指导,仅 5 分钟就促成双方当事人达成调解协议。

(二)问题

目前,“在线矛盾纠纷多元化解平台”主要针对民间借贷纠纷、买卖合同纠纷、加工承揽合同纠纷、物业服务合同纠纷、公路旅客运输合同纠纷中部分事实清楚、法律关系明确的侵权责任纠纷案件、信用卡纠纷案件,且诉讼标的额在 100 万元以下的案件。通过对诸暨市人民法院 2017 年调解成功的 153 件案件进行逐案分析,发现存在以下几个特点:(1)从金额上看,涉案标的额普遍较小,最大 10 万元,最小 1200 元,平均 41723.4 元。(2)从类型上看,主要是一些事实清楚、证据充分、双方当事人争议不大的民商事纠纷，其中，又以民间借贷纠纷最多，占总数的 80%，买卖合同次之，占 16%。(3)从群体上看，参与在线调解的当事人，以“70 后”“80 后”为主，“90 后”也有，但不多。年纪较大的当事人，本身欠缺现代化、信息化知识，而且普遍希望通过传统方式进行面对面沟通，因此，不适合利用在线的调解方式进行纠纷化解。(4)从律师参与度看，有律师参与的占总数的 34%。在调解过程中，律师对在线调解的模式很感兴趣，有的律师甚至主动来院咨询有关在线调解平台信息。

可见，在该平台的推广过程中，诸暨市人民法院注重尽量引导标的额较小、当事人年纪比较轻、有律师代理的民商事案件到平台进行线上调解。随着平台知晓度的扩大，以及调解人员的增多、运行技术的稳定等，诸暨市人民法院将逐步向更多的诉讼当事人进行推广、引导，力求尽量减少进入诉讼程序的案件数量。[1] 虽然如此，但在此过程中，诸暨市人民法院的“在线矛盾纠纷多元化解平台”也存在以下三个比较突出的问题：

1.“在线矛盾纠纷多元化解平台”还有待优化升级。平台的设置是让用户使用起来方便快捷，但目前该平台尚不够简便，影响了案件在线流转的效率。比如，有些申请人提供被申请人的信息不够完整时，案件就不能通过线上提交。又如，平台中设置的省市地区街道都是点击选择式的，查找费时又费力。如果遇到外地当事人，因平台上设置的地址信息不全，又不能手动输入，案件就不能进入平台上委派。再如，对批量案件，平台不能复制，这大大降低了工作效率，等等。因此，希望软件开发公司对平台不断改进优化。

2.“在线矛盾纠纷多元化解平台”与法院审判管理系统急需衔接。对当事人同意诉前化解的案件，立案工作人员已经在法院审判管理系统中编立引调字号，案件的一部分信息已经录入系统中。由于审判管理系统与平台没有对接，因此案件移送平台工作专班后，工作人员又要将案件的信息重新输入“在线矛盾纠纷多元化解”平台，造成重复劳动。这不仅仅增加了法院工作人员的时间成本，还不利于调解效率的提高。

3.“在线矛盾纠纷多元化解平台”的实效需要因地制宜予以考量。当然，我



〔1〕 参见诸暨市人民法院《在线调解工作概况》，本部分资料、数据以及分析，由陈建丽法官于 2018 年 3 月 19 日提供。

们难以及时把握信息化的发展速度与方向，也就很难在合适的时间予以不同的应对措施。即便是平台建设是调解信息化发展道路上的重要一步，但诸多条件的限制对其推广和普及造成了一定的影响。一方面，本地人民法院需要加大信息化的经费投入，加强软件开发，组织人员培训，才能确保自身管理信息化均衡发展；另一方面，还需要重新建立省、地、县系统化的信息共享平台，进一步加强区域法院之间的互通，才能促使信息操作的一体化。

此外，“在线矛盾纠纷多元化解平台”在实践中还存在其他的局限性，这具体表现在：(1)此平台设计者的初衷是想为民众提供多资源、多渠道的解纷途径，让纠纷当事人可以跨行政区域选择调解组织进行调解，但实际是行不通的。因为经调解组织调解的案件如果需要司法确认的话，一定会涉及管辖权问题，至少现在是这样。或许未来会出台司法解释，对纠纷当事人选择行政区域外的调解组织进行调解的，当地法院可以进行司法确认，申请执行可以到被告财产所在地的法院申请等问题作出规定。(2)向此平台递交申请，是否能引起诉讼时效的中断，这目前也是一个法律空白。(3)全国都在推行此平台的建设，但却存在较大的差异性，这也是目前不能形成调解资源共享的原因，而且各地对调解组织的补贴也不一样。



## 四、诸暨市人民法院“在线矛盾纠纷多元化解平台”的完善建议

囿于诸多制约条件，信息化可能存在造成“数字鸿沟”的倾向，进而使当事人成为信息的弱势群体。为了缓解数字司法所带来的对信息弱势群体的歧视和排斥，保证司法公正的基本要求，笔者结合调研资料，认为应从以下三个方面入手，进一步完善和优化诸暨市人民法院的“在线矛盾纠纷多元化解平台”。

1. 借助新兴传播媒介，加大“在线矛盾纠纷多元化解平台”推广和宣传的力度。诸暨市人民法院在线解纷工作开展已经有一年多时间，虽做了一定的宣传，但涉及面还不够广。即便诸暨市人民法院在法院微信公众号中做了宣传，但随后还应该配合调解组织做好在线矛盾纠纷多元化解平台的宣传工作，充分利用广播、电视、网络等媒体宣传推广运用“在线矛盾纠纷多元化解平台”，引导群众选择线上化解矛盾纠纷，培育群众新的解纷习惯。互联网“彻底地改变了

当事人对信息的获取能力，从而导致争议双方当事人谈判力量的转变”。[1] 所以，为了避免信息不对称造成弱势当事人，诸暨市人民法院应以新兴媒介为宣传阵地，发挥其传播快、范围广、实效强等特色，进一步保证当事人获取信息的对等性。为了让人民调解员尽快了解平台的操作流程，充分调动他们的积极性和主动性，诸暨市人民法院可以召开“在线矛盾纠纷多元化解平台”的宣传、推广会，培育群众新的解纷习惯，普及在线化解矛盾纠纷的相关知识，充分利用媒体、网络等主要宣传阵地对平台做宣传推广，并督促司法所、镇乡街道和行业性、专业性调解委员会等各类解纷组织在其办公场所摆放《用户操作手册》；对有解纷需求的群众，由人民调解员指导其下载在线平台手机 APP，并提供宣传资料，引导群众选择在线平台解决纠纷。

2. 完善和优化配套机制，稳步推动“在线矛盾纠纷多元化解平台”建设，加强与人民调解组织的沟通和联系，主动收集意见和建议，向平台研发公司提供有价值的建议，推动平台向更好的方向发展，有效发挥法院在社会管理创新中的助推作用，实现司法更便民。党的十九大报告指出，要打造共建共治共享的社会治理格局，进一步提高社会治理社会化、法治化、智能化、专业化水平。“在线矛盾纠纷多元化解平台”是“枫桥经验”在互联网时代的新继承和新发展，需要以其三方面优势为契机，进一步推动其发展与完善：(1) 推进解纷资源的集聚。平台需要进一步汇聚了全省各条线、各行业的优质解纷资源，既要有人民调解、综治调解、法院特邀调解，又要有行业调解、律师调解、仲裁调解等，为“在线调解”提供了强有力的资源支持。(2) 推进解纷能力的智能化。进一步发展并实现平台的在线咨询、评估、调解、仲裁、诉讼五大功能及其之间的有机结合，确保每项功能背后都有大数据的支撑。(3) 推进解纷流程的层次性。按照咨询、评估、调解、仲裁、诉讼的顺序逐级分层过滤，促成漏斗型的矛盾纠纷解决模式，优化矛盾纠纷解决流程，让纠纷通过“无创”或“微创”的方式解决。

3. 因地制宜考量，分区域、分程度推进“在线矛盾纠纷多元化解平台”建设。信息技术的应用为远程审判和调解的实施提供了可能性，但却也具有局限性。例如，画面切换的滞后性和延迟性，使互动、交流和辩论丧失了现场感，而法官



---

[1] 高兰英：《在线争议解决机制（ODR）研究》，中国政法大学出版社 2011 年版，第 10 页。

甚至司法过程也停留在"影像"之中。司法裁判不应该桎梏于干瘪的、缺乏人性和道德关怀的信息技术,信息化只是促使其形式丰富,司法过程中的思维、裁判,甚至最终实质正义的实现才是其价值的旨归。因此,"在线矛盾纠纷多元化解平台"的推广和建设不可毕其功于一役,需要因地制宜。不断整合调解组织和新解纷资源,以网格化的管理模式建立与人民调解员、联络员的网络联系,使大量的社会矛盾纠纷化解在基层,积极发挥人民法院在矛盾纠纷化解机制中的主导作用,努力推动人民调解工作的专业化、规范化、法治化建设。

诸暨是"枫桥经验"的发源地,素以"小事不出村,大事不出镇",就地化解矛盾纠纷的工作方法而闻名全国。随着社会经济的快速发展,信息网络技术不断升级和广泛运用,人们与外界的交流形式也越来越多样化,矛盾纠纷出村、出镇,甚至出省、出国都有可能。由此,群众对矛盾纠纷的化解也呈现出多元的需求,这给"枫桥经验"的发展带来了新机遇、新挑战。"在线矛盾纠纷多元化解平台"是集在线申请、在线委派、在线调解、在线司法确认、在线电子送达等为一体的工作平台,卷宗和其他诉讼文书的电子化因平台的固有设置而发生,电子材料的上传、录入、生成使人民调解员或法官在整个调解过程中都可以在平台上直接查阅、了解案情,促进矛盾纠纷解决机制向多元化、信息化、智能化的方向发展,让当事人足不出户就能把纠纷化解。综上所述,起步很早的诸暨市人民法院的"在线调解"能使"枫桥经验"凝神聚气、稳健运作、成绩如此突出,勇于担当、锐意进取、充满朝气、奋发向上的诸暨法官们可谓贡献卓越。诸暨市人民法院还将尝试在执行领域开展执行案件在线和解工作,拓展其适用范围,并在现有调解网络平台的基础上,向村级调解组织进行深挖,让更多热衷于人民调解事业、懂电脑技术的优秀社会人士参与到现代化网络调解中来,为群众提供更多的调解资源。诸暨市人民法院的在线矛盾纠纷多元化解实践表明:信息化带来了诉讼调解方式的新发展,为更有利地保障司法公正、提升司法效率、降低社会成本创造了新的可能性。

就目前的调研情况而言,虽然信息化引起了司法领域内的重要变革,但仍存在诸多问题,有待进一步完善与优化。诚然,信息化带来的收益也并非"百利而无一害"。我们也需要充分认识到,司法裁判机制的改变并非单纯等同于司法裁判原则的更改。除了效率层面的提升外,"在线调解"这把"双刃剑"还需要在不克减司法保守性的同时保证司法公正、廉洁的基础目标的实现。

“枫桥经验”,原本是线下的成功做法的总结和归纳,在信息时代,被成功移植到了网络上,这才成就了含有“枫桥经验”的在线纠纷多元解决机制。也可以说,诸暨市人民法院的“在线矛盾纠纷化解平台”是“枫桥经验”搭上了网络时代的“便车”形成的一种新的在线纠纷解决机制,它集聚了法官调解以及人民调解、行业调解、综治调解、律师调解等力量,整合各类社会调解资源共同参与纠纷化解,从而为愿意采取网络方式解决争议的当事人提供了一种程序选择。司法归根结底还是需要依靠人的理性裁判,这是任何智能化工具和设施所无法取代的。〔1〕但司法并非是选取冰冷的法条规范来予以说理,需要法官借助法条规范来浸透出案件背后的人文关怀和社会价值准则,如此方可达致司法裁判法律效果和社会效果的统一,才能让人民群众在每一个司法案件中都感受到公平正义。



〔1〕 参见蔡立东:《智慧法院建设:实施原则与制度支撑》,载《中国应用法学》2017年第2期。

# 第十二章　政府购买人民调解服务的“枫桥经验”

没有法律职业共同体，就没有成熟的法治。[1] 身处矛盾纠纷化解第一线的人民调解员，是我国法律职业共同体的重要组成部分，更是推动平安中国建设、推进基层治理法治化的重要力量。[2] 进入新时代，人民群众对美好生活的向往，无论是物质文化需要，还是在司法方面的需求，都与人民调解工作密切相关，同时也给人民调解工作提出了新的挑战。矛盾纠纷的类型、表现形态和难易程度等发生了很大变化，传统的调解理念、方式方法和工作机制已不能完全适应人民调解工作发展的需要。[3]

在创新发展人民调解乃至基层治理方式的实践中，采取以市场化、契约化为特征的政府购买人民调解服务受到肯定和推广，其无论是对转变基层政府职能、建设服务型政府，还是培育多元社会主体有序参与社会治理、打造共建共治共享社会治理格局，都具有现实意义。但是，由于政府购买人民调解服务尚处于探索起步阶段，在购买程序、效果评估、风险防范等方面都存在一定的问题。尤其是在政府在购买人民调解服务中居于主体地位的承接方，尚未受到普遍的关注和重视，实有进一步探讨和廓清的必要。

---

〔1〕 参见徐显明：《构建法律职业共同体》，载《人民日报》2014 年 9 月 23 日，第 5 版。

〔2〕 2016 年，全国人民调解委员会和人民调解员调处各类矛盾纠纷 901.9 万件，调解成功率达 97% 以上，大量社会矛盾纠纷被人民调解这道“防线”挡在了法院之外。参见孟建柱：《弘扬优良传统与加强工作创新相结合　推动人民调解工作更好地服务群众》，载《人民法院报》2017 年 6 月 28 日，第 1 版；周强：《在全国人民调解工作会议上的讲话》，载《人民调解》2017 年第 8 期。

〔3〕 参见张军：《进一步加强新形势下人民调解工作——在全国人民调解工作会议上的讲话》（2017 年 6 月 27 日），载《中国司法》2017 年第 7 期。

## 一、政府购买人民调解服务的发展脉络

### (一)政府购买公共服务发展历史

政府购买公共服务,本质上是公共服务提供的契约化模式,其优势在于引入多元主体,提供更贴近、适宜的服务;以及引入竞争机制,提高服务效率。[1] 政府购买公共服务源于美国的社会福利制度改革,始于20世纪60年代末70年代初,[2] 其在我国则属于方兴未艾阶段。1995年,上海浦东新区开始探索政府购买的新型公共服务提供模式。[3] 1999年4月17日,财政部颁布的《政府采购管理暂行办法》明确规定,政府采购是指"采购机关以购买、租赁、委托或雇用等方式获取货物、工程和服务的行为"。2003年1月1日实施的《政府采购法》在采购内容上延续了"货物、工程和服务"的规定。应该说,以《政府采购法》为代表的法律法规及有关部门规章的出台,为政府购买公共服务提供了法律层面的依据,也在一定程度上加速了政府购买公共服务的进程。

2003年以来,上海、北京、江苏、浙江、广东等各地方政府向民间组织购买公共服务的探索不断增多,形式也比较多样。[4] 党的十八大以来,国家又先后出台了《国家基本公共服务体系"十二五"规划》《关于政府向社会力量购买服务的指导意见》《政府购买服务管理办法(暂行)》等一系列政策和规章制度,就推进政府购买公共服务提出了具体的落实要求。至此,政府购买服务的纲领、基本制度体系、操作流程、政策框架已经明确,为政府购买法律服务提供了政策导向和保障。[5]



### (二)政府购买人民调解服务发展历史

人民调解服务是公共法律服务的一项重要内容。关于人民调解的经费保

---

〔1〕 参见苏明等:《中国政府购买公共服务研究》,载《财政研究》2010年第1期。

〔2〕 参见朱眉华:《政府购买服务——一项社会福利制度的创新》,载《社会工作》2004年第8期。

〔3〕 1995年,上海浦东新区社会发展局要把一个新建小区的公建配套设施改建成综合性市民社区活动中心,需委托一个对象来管理,经协商,找到了上海基督教青年会。会馆建设采取社会发展局提供土地和房屋并承担改建的土建费用、上海浦东新区社会发展基金会运用社会捐款投资会馆的主要设施、基督教青年会承担会馆的管理的共建方式,三方达成了"共建协议"。这一方式建立起的上海浦东新区罗山市民会馆,是中国最早阶段政府向非营利组织购买公共服务的探索。参见苏明等:《中国政府购买公共服务研究》,载《财政研究》2010年第1期。

〔4〕 参见苏明等:《中国政府购买公共服务研究》,载《财政研究》2010年第1期。

〔5〕 参见天津市司法局课题组:《政府购买法律服务研究》,载《中国司法》2016年第7期。

障和使用问题，财政部、司法部在 2007 年 7 月 9 日下发的《关于进一步加强人民调解工作经费保障的意见》中将其开支范围明确为三项，即司法行政机关指导人民调解工作经费、人民调解委员会工作补助经费以及人民调解员补贴经费。2011 年 1 月 1 日起实施的《人民调解法》，再次明确了地方政府对于人民调解工作经费的责任和义务。实践中，各地较多采用"以案定补""以奖代补"的形式。例如，2006 年以来，浙江省一些相对欠发达县市(区)对人民调解工作陆续实施了"以奖代补"措施。[1] 浙江省上虞市释亭镇在市司法局的指导下，于 2006 年 6 月出台了《释亭镇人民调解工作以奖代补考核办法(试行)》，对口头调解、书面调解以及典型案件的调解分类进行奖励。[2]

然而，不管是"以案定补"还是"以奖代补"，都无法摆脱浓厚的行政管理色彩。2004 年 5 月，也就是《政府采购法》颁布一年多后，上海市长宁区江苏路街道与"李琴人民调解工作室"[3]签订了购买人民调解服务的协议。协议内容约定：江苏路街道出资 12 万元为辖区内 6 万居民购买专业的民间纠纷调解服务，"李琴人民调解工作室"负责承担该街道四成一般纠纷和九成疑难纠纷的调解。[4] 此举也开启了由政府出资向社会组织购买人民调解服务的先河。2008 年，深圳市福田区委、区政府作出了由政府购买法律服务的决定，确定按照"以事定费、购买服务"的模式，由区政府向律师事务所购买服务。[5] 从而也将人民调解的承接主体由社会组织拓展至律师事务所等专业的法律服务机构，极大提升了人民调解的规范化、职业化水平。

在总结各地实践探索的基础上，2014 年 1 月，司法部制定了《关于推进公共





---

[1] 参见李建平：《以奖代补：调解员积极性得调解》，载《法制日报》2007 年 8 月 9 日，第 2 版。

[2] 参见严森海、吴大才：《"以奖代补"激活调解工作机制》，载《人民调解》2009 年第 2 期。

[3] "李琴人民调解工作室"是以全国模范调解员、上海市"三八红旗手"李琴为品牌，由"政府购买服务"方式运作，向居民提供调解民间纠纷、法律咨询、法律援助服务的专业人民调解机构。该工作室于 2003 年 11 月成立，2004 年 11 月进行民办非企业单位注册登记。

[4] 参见贺同：《上海政府向社会购买调解服务》，载《北京青年报》2004 年 5 月 13 日版；上海市律协宣传部：《上海：一纸合同定下调解义务》，载东方律师网：http://www.lawyers.org.cn/info/cb8ab86505e4442fb513502f7f765325，最后访问日期：2017 年 12 月 7 日。

[5] 参见汪世荣等：《人民调解的"福田模式"研究》，北京大学出版社 2017 年版；冯江等：《现代社会治理体系的有效探索——人民调解"福田模式"研究》，中国社会科学出版社 2017 年版。

法律服务体系建设的意见》，提出了“3 + X”[1]公共法律服务建设模式，要求各地积极争取财政部门支持，将平台建设和运行经费列入财政预算，在政府购买公共服务经费中设立专项经费，完善政府购买公共法律服务机制和公益性法律服务补偿机制。2017 年 10 月 16 日，最高人民法院、司法部联合发布《关于开展律师调解试点工作的意见》。该意见针对不同调解模式的特点，确立了多渠道经费保障机制，除在律师事务所设立的调解工作室可以收取调解费外，在公共法律服务站、律师协会以及人民法院设立的调解室，均通过政府采购的方式予以保障。[2]

## 二、诸暨市推行政府购买服务的探索

### （一）发展历程

浙江是中国较早探索政府购买服务的省份之一。1997 年 7 月，浙江省政府下发了《关于建立政府采购制度的通知》，并成立了省政府采购工作领导小组，以加强对地方各级政府采购工作的指导、协调和管理。[3] 经过 20 多年的探索实践，浙江各级政府向社会组织购买服务从小到大、从点到面，已开始进入全面推进的阶段。



2014 年 6 月 25 日，浙江省政府办公厅印发《关于政府向社会力量购买服务的实施意见》，提出政府购买的服务包括适合采取市场化方式提供、社会力量能够承担的公共服务及政府履职中所需的辅助性服务，突出公共性、公益性和辅助性。浙江省《公共法律服务产品指导目录（第一批）》将公共法律服务产品划分为“法治宣传”“法律援助”“人民调解”“法律顾问”“法律咨询代书”“社会管

---

〔1〕 “3”为法律援助、人民调解、法律咨询等基本职能；“X”为拓展职能，包括律师、公证、司法鉴定等服务。

〔2〕 《关于开展律师调解试点工作的意见》规定，在律师事务所设立的调解工作室受理当事人直接申请调解纠纷的，可以按照有偿和低价的原则向双方当事人收取调解费，一方当事人同意全部负担的除外。在公共法律服务中心（站）设立的律师调解工作室和在律师协会设立的律师调解中心受理当事人直接申请调解纠纷的，由司法行政机关、律师协会通过政府采购服务的方式解决经费。律师调解员调解法律援助案件的经费，由法律援助机构通过政府采购服务渠道予以解决。在人民法院设立律师调解工作室的，人民法院应根据纠纷调解的数量、质量与社会效果，由政府采购服务渠道解决调解经费，并纳入人民法院专项预算。

〔3〕 参见李崇义：《政府购买服务与社会组织发展——以浙江省社会组织服务与发展为例》，载《社团管理研究》2011 年第 1 期，第 15 页。

理服务”“其他公益类服务项目”七大类。其中,人民调解类有劳动纠纷调解、道路交通事故纠纷调解、医疗纠纷调解、其他纠纷人民调解 4 项服务产品。〔1〕《绍兴市政府向社会力量购买服务目录(2016 年)》在“城乡社区服务”中,也明确将“化解社会矛盾的人民调解、工商消费调解等服务”纳入政府购买服务中。〔2〕

应该说,浙江省出台的一系列文件、政策,为诸暨市政府实施政府购买人民调解服务提供了制度上的保障。近年来,诸暨市也是相继出台了《政府向社会力量购买服务的实施办法(试行)》(诸政办发〔2015〕80 号)、《政府向社会力量购买服务指导目录(2017 年度)》(诸财预〔2017〕77 号)。〔3〕 其中,指导目录将服务划分为“基本公共服务”“社会管理服务”“行业协调与管理服务”“技术性服务”“政府履职所需辅助性服务”五大类。然而,“人民调解”却没能被列入其中。按照诸暨市司法局的构想,2018 年将要通过政府购买服务对全市 116 名专职人民调解员给予每人每年 4.5 万元经费保障。〔4〕

(二)主要做法

浙江省是较早在全国范围内推行人民调解工作“以奖代补”机制的省份之一。诸暨市的实践则始于 2008 年年末,根据该市人民调解“以奖代补”有关规定,呈现出如下特点:(1)分类计奖。将矛盾纠纷根据难易程度分为简易纠纷、一般纠纷、疑难纠纷三类,调解成功的分别按照 20 元、80 元、200 元每件的标准予以奖励。2015 年修订后的规定增加了重特大纠纷类型,奖励标准也分别提高到 50 元、100 元、200 元、1000 元。(2)分类考核。镇乡(街道)所属调解委员会(调解室)和人民调解员的考核按照调解案件考核;市级专调委对人民调解员则根据政治纪律、工作任务、业务要求等内容采取百分制进行考核,考核标准为每分 40 元,根据考核所得分数,计算人民调解员奖励金额。(3)分级负担。“以奖



---

〔1〕《浙江省公共法律服务产品指导目录(第一批)》政策解读,载浙江省律师综合管理平台:http://sft.zj.gov.cn/art/2017/11/1/art_83_2681.html,最后访问日期:2018 年 1 月 23 日。

〔2〕参见绍兴市财政局:《绍兴市政府向社会力量购买服务目录(2016 年)》(绍市财预〔2016〕22 号)。

〔3〕参见《关于印发〈诸暨市政府向社会力量购买服务指导目录(2017 年度)〉的通知》,载诸暨市公共资源交易网:http://www.zjztb.gov.cn/TPFront/infodetail/?infoid=4ff7bbad-97a9-4531-b8b3-1eddf0d5e569&categoryNum=020001,最后访问日期,2018 年 3 月 30 日。

〔4〕朱继萍、樊晓丹、郑燕东:《历史与现代:人民调解的“枫桥经验”之形成与创新发展》,未刊稿。

代补”所需经费涉镇乡(街道)的,由市财政和镇乡(街道)两级财政各半分担,涉市级专调委的,由市财政负担。市财政负担部分列入司法局部门预算,专款专用,年底按实际下拨兑现。[1] 除此之外,诸暨市利用“以奖代补”制度推进规范化司法所和民主法治村建设。对成功创建诸暨市规范化司法所的,一次性奖励7万元,成功创建省级规范化司法所的再奖励3万元;对成功创建国家级、省级、绍兴市级“民主法治村(社区)”的村(社区)分别予以一次性奖励1万元、5千元、3千元。[2]

## 三、人民调解经费保障模式的比较借鉴

经费是人民调解工作顺利开展的前提和基础。人民调解是依法调解,人民调解经费保障是依法保障。[3] 综观各地人民调解的实践,经费不足成为制约人民调解发展的最大瓶颈,为此,各地不断创新工作方法,以解决人民调解经费保障问题,并形成了“以奖代补”“政府购买人民调解服务”等经费保障新模式。在此过程中,各地司法行政部门也因地制宜、积极争取、大胆探索,积累了许多可供借鉴的宝贵经验。其中,以上海、浙江、广东等地的做法最具代表性,主要做法为:



### (一)天津“政府购买医调委服务”模式

天津市人民调解经费保障制度的突出亮点,就是在全国率先推行政府购买医疗纠纷人民调解服务。早在2009年2月1日,天津市就颁布实施了全国首部关于医疗纠纷处置的省级政府规章——《天津市医疗纠纷处置办法》。同日,天津市医疗纠纷人民调解委员会(以下简称天津市医调委)挂牌成立。天津市医调委的工作经费和人民调解员的补贴费用由财政予以保障,通过政府购买医疗纠纷人民调解服务的方式下发。自成立五年来,天津财政累计安排专项经费

---

〔1〕 参见诸暨市人民政府办公室《关于实施人民调解以奖代补机制的意见》(诸政办发〔2008〕188号)、诸暨市人民政府办公室《关于调整人民调解以奖代补政策的意见》(诸政办发〔2015〕63号)。

〔2〕 参见诸暨市司法局:《诸暨市用活用好“以奖代补”政策 大力推进工作开展》,载浙江省律师综合管理平台:http://sfj.sx.gov.cn/art/2012/10/17/art_763_33959.html,最后访问日期:2017年12月7日。

〔3〕 参见张军:《进一步加强新形势下人民调解工作——在全国人民调解工作会议上的讲话》(2017年6月27日),载《中国司法》2017年第7期。

1000 多万元,用于保障天津市医调委工作经费和人员补贴费用。此外,该市财政部门还协助天津市医调委制定工作规章,明确经费使用范围和支出标准,建立"纠纷受理量、纠纷化解量和调解成功率、时限内调解率和当事人满意率"绩效考核办法,定期审核经费和使用情况。财政购买服务后,天津市医调委与卫生、公安、司法、民政等七个部门建立联系机制,建立专家评审制度。[1] 2015 年 1 月实施的《天津市医疗纠纷处置条例》进一步规定,天津市医调委的工作经费和人民调解员的补贴费用由市财政予以保障,政府购买医疗纠纷人民调解服务走上法治轨道。[2]

(二)上海普陀"政府购买调解协会服务"模式

前已述及,上海市长宁区江苏街办的"李琴人民调解工作室"是在该市乃至全国率先推行政府购买人民调解服务的探索和实践。经过十几年的发展,上海市政府购买人民调解服务已经逐步走向制度化、规范化、法治化的道路。而普陀区的做法,则尤为典型,主要特点为:(1)根据公众需求、公共职能等基本情况,确定需要购买人民调解服务的项目,纳入政府采购目录,并落实项目论证、网上公示、中标签约等流程。(2)建立"政府委托、协会选聘、调委会实施"工作模式,由普陀区司法局统一购买社会组织——普陀区人民调解协会的服务,双方签订购买服务合同,由普陀区司法局提供资金和资源,委托普陀区人民调解协会提供专业人民调解服务。(3)普陀区人民调解协会根据购买项目的要求等,负责选聘人民调解员,与其签订聘用合同,将其委派至普陀区级、街道(镇)调解委员会,开展人民调解工作。(4)制定《上海市普陀区司法局购买人民调解服务考核评估实施办法》,建立健全了政府购买人民调解服务的全程评估体系,并将评估结果与绩效挂钩。(5)编制《上海市普陀区司法局购买人民调解服务工作指导手册》,建立人民调解员准入、退出制度以及人民调解员等级评定制度等,加大对人民调解协会等社会组织的培育、指导和管理。[3]



---

〔1〕 参见曲明、张峰:《天津:政府购买医调委化解医患矛盾》,载《中国财经报》2014 年 11 月 1 日,第 3 版;刘菲菲、陈静谊:《天津:创新人民调解模式社会管理向多元化迈进》,载《中国经济时报》2016 年 10 月 31 日,第 4 版。

〔2〕 参见天津市司法局课题组:《政府购买法律服务研究》,载《中国司法》2016 年第 7 期。

〔3〕 参见上海市普陀区司法局:《以政府购买服务保障人民调解工作》,载《人民调解》2016 年第 6 期。

（三）深圳福田“政府购买律师服务”模式

人民调解的“福田模式”，是改革开放的前沿阵地深圳市福田区打造的人民调解新模式。2008 年 10 月 24 日，全国首家以政府向律师事务所购买服务方式成立运作的人民调解室——福田区驻华富派出所人民调解室挂牌，一个月后，福田区 13 个派出所人民调解室先后挂牌运作。次年的 2 月 24 日，全省首家驻交警部门人民调解室在福田交警大队成立。[1] 人民调解的“福田模式”突出特点是：购买方——福田区政府按照“以事定费，购买服务”的供给模式，通过招投标，向有资质的律师事务所购买服务。承接方——中标的律师事务所负责选派有资质的法律专业人员到纠纷多发的人民调解室（主要有驻派出所人民调解室、驻医院人民调解室、驻法院人民调解室、驻交警队人民调解室、驻劳动局人民调解室等）担任人民调解员，经福田区司法局考试合格后持证上岗，24 小时值班，按照合同约定为纠纷当事方提供全天候、专业化的纠纷调解服务。与此同时，福田区司法局还从办公用房等硬件上对人民调解员开展工作予以保障，并建立了专门的绩效评估制度，对中标律师事务所和人民调解员的日常管理、工作表现、调解质量等进行定期考核。[2] 总之，人民调解的“福田模式”让我们看到了法律的力量、专业的力量和法律人改革创新的力量。[3]



（四）各地实践探索的几点启示

以上各地有关人民调解员经费保障的实践探索，各有优势和特色。以浙江诸暨为代表的“以奖代补”模式，是传统的政府主导模式，有利于最大限度地调动一切人民调解资源，有利于以政府的权威促进矛盾纠纷的化解。而以上海普陀区、深圳福田区为代表的“政府购买人民调解服务”模式，政府的角色则转化

---

〔1〕 参见游春亮：《“横向联合”走宽调解路——深圳人民调解“福田模式”调查（上）》，载《法制日报》2009 年 11 月 3 日，第 2 版；管亚东、罗展、许灿辉：《福田组建 13 支人民调解“正规军”》，载《深圳商报》2008 年 10 月 27 日，第 7 版。

〔2〕 参见游春亮：《政府出钱请来律师参与调解——深圳人民调解“福田模式”调查（下）》，载《法制日报》2009 年 11 月 4 日，第 2 版；西北政法大学课题组：《人民调解的“福田模式”大有可为》，载《法制日报》2012 年 9 月 26 日，第 11 版；刘武俊：《“福田模式”值得推广》，载《福建日报》2013 年 4 月 19 日，第 10 版；刘宝：《政府向律师事务所购买法律服务 “福田模式”创建人民调解“深圳经验”》，载《中国商报》2015 年 7 月 29 日，A1 版；刘瑞丰：《“福田模式”律师调解制度研究》，沈阳师范大学法学院 2014 年硕士学位论文。

〔3〕 参见汪世荣等：《人民调解的“福田模式”研究》，北京大学出版社 2017 年版，第 266 页。

为公共服务产品——人民调解服务的采购方、调解服务质量的监督者和考核者。这样的减法,既激活了民间社会组织等第三方的专业力量,又理顺了政府职能,为基层政府减负。从人民调解服务的承接方与采购方——政府之间的独立程度来看,天津市医调委和上海市普陀区的人民调解协会,显然多少带有一定的官方背景,相比于"福田模式"中的承接方——律师事务所而言,其与政府的关系则更为紧密,依附性也更强。

## 四、政府购买人民调解服务的实践困境

从上述样本及各地实践效果来看,通过政府购买人民调解服务,既提升了人民调解的规范化、专业化、职业化水平,也畅通了协会组织、专业化服务机构等社会力量参与社会治理的渠道,形成了"政府退、社会进""公共权力和社会力量协同治理"的良好局面。[1] 但同时,也呈现出诸多现实问题,主要表现为:

### (一)传统管理思维的束缚

政府购买社会公共服务尤其是公共法律服务,是近年来我国推动政府职能转变、创新社会治理方式的重要举措之一,其体现着公共服务供给理念的嬗变、服务主体和政府角色的重构等诸多特征。但是,由于政府部门长期以来存在的"大包大揽""单打独斗"等惯性思维,有些地方对社会组织能否承担起公共法律服务的职责心存疑虑,导致对购买人民调解服务重视程度不够、介入程度不深等问题。加之我国幅员广阔、地区差异较大,一些经济欠发达、人民调解经费保障欠缺以及矛盾纠纷爆发频次相对较小的地方,政府购买人民调解服务的意愿则相对更弱。上海、深圳等经济发达地方的率先探索实践,也从反面说明了这一点。

政府购买人民调解服务在我国仍然属于新生事物,对于长期由政府提供的人民调解服务改为政府从协会、专业服务机构等社会组织购买的方式向社会提供,无论从政府角度还是从公众角度都有不适应的地方。一些地方政府宣传力

[1] 以天津市医调委为例,经过近六年的实践,天津市医疗纠纷处置工作取得了显著成效。2009年至2013年,天津市共发生医疗纠纷2414例,平均每年483例,与2008年相比大幅下降了58%,绝大多数纠纷都得到了及时妥善化解,医务人员的执业环境和医疗秩序明显改善。参见徐杨、曲晴:《天津市实施医疗纠纷第三方调解取得显著成效》,载《天津日报》2014年12月9日版。

度不够，也导致社会对政府购买人民调解服务的认可度不高。如有学者通过访谈、电话咨询、抽样问卷等方式对青海省各级政府购买法律服务进行调研，结果显示：90%以上普通民众不知道什么是购买法律服务，98%的人不知道青海省各级政府已经建立了该制度。[1]

### （二）独立性与依附性的平衡

从历史发展来看，人民调解作为一种重要的纠纷解决方式，往往是一种与调解者个人知识经验、人格魅力等密切相关的实践活动。一些地区纷纷建立的人民调解员等级制度，就是适应这一需求而产生的。从功能定位看，调解似乎又不仅仅是一种多元纠纷解决方式，而是被赋予了“综治维稳”“贯彻群众路线”“推动基层治理”等诸多功能。基于调解者和调解功能的需求使然，我们就不难理解，为什么乡镇或区县级的调解机构、人员往往会与地方政府、基层司法所形成千丝万缕的联系：或由其设立，或“官方、半官方背景”的人员在组织机构中占了一定的比例。很显然，这种联系和依附性，服务于人民调解政治功能的实现。但现实问题是，对于这类组织，政府与其或存在明确的上下级关系，或存在监管与被监管的关系，或因为人事的重叠而形成事实上的上下级关系。在这些复杂的关系下，二者间的隐形资源输送很难完全排除。[2] 在政府购买的语境下，承接方过度地依附于购买主体，既使其在竞争中的公正性及作为“第三方”的中立性受到质疑，同时也让购买交易契约本身的刚性约束很难得到有效、彻底的执行。



### （三）公共服务最优选择的悖论

市场化的核心预设是通过引入竞争性购买方式（招投标），筛选出最优服务承接方，进而提高财政效率和服务绩效。[3] 财政部、民政部和国家工商行政管理总局联合下发《政府购买服务管理办法（暂行）》明确要求，在政府购买公共服务中“应当引入竞争机制”，“通过公平竞争择优选择方式确定政府购买服务的承接主体，建立优胜劣汰的动态调整机制”。竞争性购买、择优选择的制度设

---

〔1〕 参见穆清：《政府购买法律服务实证研究——青海省各级政府购买法律服务的困境与对策》，载《青藏高原论坛》2017年第2期。

〔2〕 参见汪世荣等：《人民调解的“福田模式”研究》，北京大学出版社2017年版，第120页。

〔3〕 参见彭少峰、杨君：《政府购买社会服务新型模式：核心理念与策略选择——基于上海的实践反思》，载《社会主义研究》2016年第1期。

计本来无可厚非,但问题在于:不同于以物为对象的公共服务,以人为对象的社会服务需要针对不同服务人群和服务属性的需求特点进行综合考量,许多需求指标往往又难以量化和标准化,因而很难通过统一或单一的竞争标准来筛选出最优的服务承接者。[1] 换言之,政府购买公共服务不是以满足服务受众需求最有利原则来制定服务价格和选择服务承接者,而是以对财政最有利的原则来制定服务价格和选择服务承接者。政府以服务成本来审标,必然导致服务承接者以降低服务标准来竞标,虽然符合了竞争性购买的要求,但服务质量却大打折扣,未能实现择优选择的目的。因此,需要辩证地看待竞争性购买方式,科学审慎地选定的人民调解服务承接方。

(四)人民调解服务承接方主体单一

从前文的分析样本及各地政府购买人民调解服务的实践看,人民调解服务的承接方主要为人民调解委员会和律师事务所。例如,天津市对医疗纠纷的处理,主要是向该市医调委购买专业服务。再如,深圳福田区司法局通过向社会公开招标,广东品然和广东五维两家律师事务所中标,由律师事务所组建调解队伍开展人民调解服务。[2] 可以说,与政府购买人民调解的需求相比,除了各级人民调解组织及专业的律师事务所外,尚未形成比较成熟的、以调处纠纷为宗旨的社会组织,致使政府购买人民调解服务仅在局部地方或者有关专业领域内推行,有时甚至难以找到合适的社会组织承接,想买买不到。这种状况,一方面,既未形成充分的竞争,也使政府购买服务的影响力稍显薄弱;另一方面,公共法律服务产品的提供主体的单一化和缺乏其他相关主体的竞争,可能会推高公共法律服务产品的价格,增加政府的财政负担,甚至会异化为律师行业对公共法律服务资源的瓜分。[3]





---

〔1〕 参见彭少峰、杨君:《政府购买社会服务新型模式:核心理念与策略选择——基于上海的实践反思》,载《社会主义研究》2016 年第 1 期。

〔2〕 参见游春亮:《深圳福田区政府向律师所购买服务专业调解员进驻派出所调处民间纠纷》,载《法制日报》2008 年 11 月 13 日版。

〔3〕 参见迮滢滢、徐栩:《政府购买公共法律服务产品问题探讨》,载《金陵法律评论》2014 年第 2 期。

## 五、政府购买人民调解服务的制度完善

我国开展政府购买公共服务的总体思路是通过政府购买公共服务实现公共服务供给主体的多元化、规范化与法治化，并以此促进政府职能转变和国家治理水平提升。[1] 这里边，“向谁买”始终是一个核心问题。结合前面各地的实践探索和对现实问题的分析判断，重点围绕如何培育、壮大政府购买人民调解服务的承接主体，提出如下优化策略。

### （一）加强专业化、行业化的人民调解组织建设

人民调解队伍庞大、分布面广、网络健全。然而，作为群众性自治组织的人民调解委员会，自从诞生之日起就与行政机关在人事上有着千丝万缕的联系。这种交叉和重叠的弊端也逐渐显现：对行政机关的过度依赖性、经费保障乏力、人民调解员队伍专业性不足，等等。而市场化、契约化是政府购买人民调解服务的本质属性，这就决定：第一，有平等或相对平等的交易双方；第二，有有序的竞争机制。对照之下，传统的人民调解组织似乎很难作为政府购买人民调解服务的适格或者最佳承接方。为此，按照司法部《关于进一步加强行业性、专业性人民调解工作的意见》要求，对人民调解进行资源整合、优化升级，打造专业化、行业化的人民调解组织显得极为迫切和必要。改革的思路为：需要以矛盾的不同层次化解体系为基础，对不同层面的人民调解体系重新梳理和规划，使职业化与非职业化互为倚重，协同推进。[2] 具体建议为：

1. 在县（市）基层面，重点加强医疗卫生、道路交通、劳动争议、物业管理、校园伤害、环境保护等行业性、专业性人民调解组织建设，选聘具有法学、医学、心理学等专业知识和背景的人员以及专家学者等为人民调解员，确保行业性、专业性人民调解组织的中立性、公正性和公信力。在近期，以及一些调解组织发展不健全的地区，可主要通过单一来源采购、邀请招标等政府购买服务的方式，确定人民调解服务的承接方；在中远期，以及北上广等人民调解组织相对发达



〔1〕 参见王东伟：《完善政府购买公共服务的法律体系和监管体系》，载《中国政府采购》2015 年第 7 期。

〔2〕 参见上海市司法局基层工作处上海市松江区司法局联合课题组张惠俊、商忠强、莫方正：《人民调解员职业化发展路径探索》，载《人民调解》2016 年第 1 期。

的地方，则可采用公开招标的方式，通过充分的竞争，择优选择。

2. 在街道（镇乡）、居（村）民委员会层面，可采用“品牌调解室”与传统人民调解组织相结合的方式，继续发挥村干部、乡贤等乡村权威的调解优势。对于诸如上海的“李琴人民调解工作室”、诸暨的“老杨调解中心”等在当地有较大影响、群众口碑好的品牌调解室，可通过采用政府购买服务的方式获取，发展、培育当地人民调解品牌，提升人民调解的影响力。而对居（村）民委员会的人民调解员，则可继续采用“以案定补”“以奖代补”等方式，并结合办理的案件数量、案件难易程度等适时调整、提高补贴标准。

（二）充分发挥律师在人民调解中的独特优势

近年来，我国律师队伍不断壮大，〔1〕并在预防和化解矛盾纠纷方面发挥了独特的专业优势、职业优势和实践优势。毋庸置疑，律师的中立性、专业性以及其能较好满足政府购买服务中的竞争性要求，使其成为承接主体的不二选择。但实践中，仍然存一些亟待进一步明确、探讨的问题。

1. 购买的范围应有所侧重

有一种观点认为，律师调解最重要的特点就是专业性，这是其与人民调解的区别所在，因此律师调解应限定在商事纠纷等专业性强的领域，而不应该介入婚姻家庭、物业供暖、相邻关系、机动车交通事故等民间纠纷的调解事务中去，这部分纠纷应该留给人民调解。〔2〕笔者认为，根据律师的职业特点，合理确定政府购买人民调解的服务范围和内容，有助于最大限度地发挥律师在特定类型案件调解中的专业优势，实现人尽其才、人尽其能，从而使工作效能达到最优。但这样的划分不应绝对化、片面化，因为即使是常见的家事、民间纠纷，不见得就没有疑难的法律适用问题。而且，律师介入这些常见的民间纠纷，其释法说理的过程，也是一次生动的普法教育和“调解员教调解员”现场教学过程，既有助于帮助人民调解队伍提升化解矛盾纠纷的专业水平，也有助于养成“办事依法、遇事找法、解决问题用法”的法治良序。



〔1〕截至2017年9月底，律师队伍已经发展到34万多人，律师事务所2.7万多家。参见曹雅静：《推动律师服务与调解相对接　助力多元解纷机制发挥优势——最高人民法院、司法部相关负责同志就〈关于开展律师调解试点工作的意见〉答记者问》，载《人民法院报》2017年10月17日，第3版。

〔2〕参见贾玉慧：《推进律师调解工作的几点看法》，载《人民法院报》2017年11月22日，第8版。

2. 购买的费用应合理确定

收费问题是一个最敏感的问题，也是决定特定解纷机构生存的关键。[1] 作为法律职业共同体的重要一员，律师职业有其商业化、市场化的一面，更有其应尽的社会责任。既肯定律师服务的有偿性，也兼顾人民调解服务的公益性，这是合理确定政府购买人民调解服务相关费用的前提和基础。否则，忽视任何一方面，都有可能使政府购买服务发生变异，甚至适得其反。[2] 在确定政府购买人民调解服务的费用上，建议结合以下三个方面来综合考虑：(1)参考在化解该区域同期的纠纷中，按照"以奖代补"的方式支付的费用。(2)参考该区域或同类区域，购买人民调解组织提供的调解服务所需费用。(3)参考按照律师的收费标准和收入状况，处理类似总量纠纷所获得的收益。另外，由于律师提供的人民调解服务具有一定的公益性，因此，在采购经费的来源上，除纳入各级财政预算足额保障外，还可以从当地律师协会的公益基金以及社会捐赠中予以保障。

3. 调解方式应凸显便捷性、科技化

律师群体基本都是高学历、善学习、懂技术的专业人才，更应主动拥抱科技，积极尝试采用在线调解、微信调解等"高效、便民、低成本"的调解方式，做"互联网 + 人民调解"的助推者、引领者。比如，浙江省就利用该省的"在线矛盾纠纷多元化解平台"，积极鼓励、吸纳符合条件的律师入驻该平台的"网上律师调解中心"模块，接受当事人的申请进行网上调解，构建线上线下全方位运行的律师调解模式。[3]

（三）培育社会组织作为人民调解的承接主体

毋庸置疑，社会组织是承接政府购买人民调解服务的重要主体，社会组织的健康有序发展，是推广政府购买人民调解服务的重要条件。尤为值得关注的



---

〔1〕 参见范愉：《社会转型中的人民调解制度——以上海市长宁区人民调解组织改革的经验为视点》，载《中国司法》2004 年第 10 期。

〔2〕 如司法实践中的法律援助制度，由于政府支付办案补贴的标准太低，远远低于正常的"市场价"，甚至是连成本价都达不到，于是律师事务所往往将这些法律援助案件指派给实习律师或者业务新手，大大影响了法律援助案件的代理质量。而在各地聘请律师为政府提供法律顾问服务的实践中，存在律师通过"低价投标"，以不正当竞争方式揽案的情况。

〔3〕 参见孟焕良：《创设律师在线调解模式 浙江推动全省律师调解试点工作》，载《人民法院报》2017 年 12 月 4 日，第 1 版。

是，在培育社会组织中，非政府组织（Non-Governmental Organizations，NGO）所具有的专业性、公益性、民间性、自治性等诸多特点，以及其通过注册获得的独立身份，使其在调解纠纷时具有先天的优势。解开调解市场的垄断桎梏，让 NGO 积极参与到调解市场中来，也是建设公民社会的题中之义。〔1〕 近年来，我国 NGO 机构不断发展壮大，在化解矛盾纠纷、提供法律维权等方面发挥出积极的作用，如武汉大学社会弱者权利保护中心，国内首家面对流动人口的劳资纠纷调解的"小小鸟调解委员会"，陕西妇女与婚姻家庭理论研究会，北京市首个由民间组织组建的医患纠纷调解机构——北京京翰医疗纠纷调解与法律援助中心，等等。

诸暨市非常重视发展和壮大各类社会组织，围绕建立现代社会组织，出台了《关于培育发展社会组织和建立现代社会组织体制的实施意见》（市委办〔2015〕114 号）、《诸暨市民政局关于公布 2015 年度诸暨市社会组织承接政府转移职能和购买服务推荐性目录的通知》（诸民〔2015〕110 号）、《诸暨市社区社会组织备案管理暂行办法》（诸民〔2013〕97 号）等系列文件。目前，全市共有各类社会组织 1800 余家，在诸暨市民政局登记注册的就达 745 家，在基层社会治理中发挥了广泛的作用。以枫桥镇为例，近年来培育和发展了"枫桥镇调解志愿者协会""枫桥大妈"等乡村社会组织 237 家，覆盖了经济发展、民生建设等各个领域，较好地发挥了社会组织在基层治理中的作用。〔2〕 但这些社会组织在日常运行中也暴露出一些问题，比如，发展层次偏低，运行规模偏小，管理运行偏散。〔3〕

应该说，在社会组织培育方面，诸暨市有着良好的发展潜力，这也为政府向社会组织购买人民调解服务奠定了坚实基础。为此，应该积极通过政府购买人

〔1〕 参见姜霞：《我国非政府组织调解机制的反思与完善》，载《湘潭大学学报》（哲学社会科学版）2013 年第 1 期。

〔2〕 参见陈钢勇：《协同治理背景下乡村社会组织培育发展研究——以诸暨市枫桥镇为例》，载《江南论坛》2017 年第 12 期。

〔3〕 枫桥镇 237 家社会组织中，备案 226 家，占 95.4%，在市民政局登记 11 家，仅占 4.6%，且未参与等级评估。备案的 226 家社会组织中，有 155 家没有运行经费，占 68.7%，超过 3 万元的仅有 3 家，占 1.4%。另外，一些社会组织内部管理和运行机制规范性不强，237 家社会组织中，制定章程的 31 家，仅占 13.1%。参见陈钢勇：《协同治理背景下乡村社会组织培育发展研究——以诸暨市枫桥镇为例》，载《江南论坛》2017 年第 12 期。

民调解服务的方式，广泛引导各类社会力量参与到矛盾纠纷的调处中来。在培育、扶持各类社会组织中，一方面，可以依法设立具有社团法人资质的人民调解志愿者协会，发展、壮大以法学教授、在校研究生、退休司法干部等为主的人民调解志愿者队伍，充实公共法律服务力量。另一方面，继续发挥好妇联、共青团、消费者协会等群团组织、社会组织在处理婚姻家庭等特定类型纠纷中的作用。与此同时，要立足实际，不断加大政府向社会组织购买人民调解服务的力度，逐步提高政府向社会组织购买人民调解服务的份额或比例，建立健全所购买人民调解服务的考核、评估和验收机制，使社会组织发展成为承接人民调解服务的一支新兴力量。

# 结语:人民调解的“枫桥经验”的发展与完善

新的历史条件和环境下,深入推进“四个全面”,必须重新定位人民调解制度,使之在法治中国建设中发挥不可或缺的积极作用。人民调解制度改革,重在进行顶层设计,有针对性地解决目前面临的诸如定位不准、经费短缺、人员参差不齐和作用发挥不充分等问题。通过将人民调解纳入公共法律服务体系,正确定位其在多元化纠纷解决机制中的地位;建立分级财政预算制度,保证人民调解经费的稳定来源;创建国家基地,培养专门人才并深化人民调解的研究;建立人民调解员资格评定制度和等级认证制度,提高调解解决纠纷的成功率;强调人民调解协议的“即时履行”,体现其区别于其他纠纷解决方式的特质,大力提升人民调解的功效。人民调解制度的改革和创新,是保证这项制度焕发生机和活力的先决条件。

## 一、将人民调解纳入公共法律服务领域

人民调解是中国特色社会主义司法制度的重要体现,是中国传统文化、红色革命文化、现代善治文化的有机组成部分。将人民调解纳入公共法律服务,是新时代对人民调解制度的新定位。为了更好地体现人民调解的群众性、自治性、民间性,充分发挥其作用,需要将其纳入公共法律服务予以升级完善。

第一,人民调解制度是中华优秀传统文化——“和谐”文化的组成部分,也是化解矛盾纠纷的“东方经验”,是国际社会公认的“中国智慧”。人民调解制度的完善,对弘扬中华传统优秀文化,体现法治建设的中国特色,意义重大。法治中国建设中,发挥中国传统文化优势,体现了法治中国的特色元素,有利于建立法治中国的全球话语权。

第二,人民调解制度是中国特色政治制度的重要组成部分。党的十九大坚持中国特色社会主义政治发展道路,坚持和完善人民代表大会制度、多党合作

制度、民族区域自治制度、基层群众性自治制度。人民调解是基层群众性自治制度的重要内容,是基层群众自我教育、自我管理、自我监督、自我完善的体现,是基层民主的实现形式之一。

第三,人民调解制度是党的群众路线工作方法在人民司法领域的应用和体现,是中国革命优良传统的组成部分。早在陕甘宁边区时期,革命根据地就于1943年制定了《陕甘宁边区刑民事调解条例》,大力推行人民调解,成功化解了大量矛盾纠纷,为中国革命的胜利创造了良好的社会条件。中华人民共和国成立后,人民调解制度在不同时期发挥的作用有所不同,但《宪法》和《人民调解法》均予以充分肯定,长期以来得到了坚持,成为了人民司法的优良传统中的重要内容。

第四,人民调解制度是构建矛盾纠纷多元化解机制,推动基层自治,实现善治的重要内容。在法治国家建设、法治政府建设和法治社会建设中,法治社会建设是基础性的任务,"三位一体"同时推动才能取得最大效果。但是,法治社会建设在我国是薄弱环节,因而是重中之重。人民调解制度的完善是夯实法治社会建设、提升法治中国建设的核心内容,是推动"三位一体"建设的突破口。



第五,及时、有效、快捷、免费是人民调解的特点,化解数量庞大的民间纠纷是人民调解的优势。人民调解制度对法治宣传、公民法律意识培养、社会组织参与矛盾纠纷化解、矛盾纠纷预防等,都有积极的作用。将人民调解定位为公共法律服务的内容,升华了人民调解在新时代的新定位,有利于充分发挥其在整个国家治理中的作用。

服务型政府建设是中国行政改革取得的重要成就。扩展服务领域,让人民群众更多地享受公共法律服务的成果,是获得感的重要体现。提供广泛的公共法律服务是法治政府建设的重要内容,人民调解制度在推动法治社会建设的同时,对法治国家和法治政府建设也具有深远的意义。

## 二、建立四级财政分级预算人民调解经费制度

目前,人民调解经费主要来源于地方财政,某些地方由区、县财政预算,大部分地方没有列入财政预算。经费不足是制约人民调解发挥作用的核心因素。根据不同地域经济社会发展程度,科学合理确定分级财政预算人民调解经费的

制度显得十分必要。经济发达地区,人民调解经费主要应由市、区财政予以保障;经济欠发达地区,人民调解经费的保障渠道主要应通过支付转移等由省级和中央财政予以保障。

第一,政府购买人民调解服务是人民调解制度健康运行的前置条件,是民心工程。根据不同地域的经济社会发展水平,应当采取差异化的财政保障办法。中央政府、省级政府、地市政府、区县政府四级政府,全部负有人民调解经费财政预算的职责。

第二,经济发达地区建立以区县财政为主、省级和地级市财政为辅、中央财政为必要补充的原则,西部地区、经济欠发达地区和民族地区建立以中央财政为主、省级和地市财政为辅、区县财政为必要补充的原则。只有通过分级财政预算,人民调解经费投入不足的问题才能得到根本解决。

第三,鼓励各类社会组织、各类行业组织、各类公益基金,支持人民调解公共法律服务。对各级政府财政资金的使用,应当由出资方进行绩效管理,通过第三方评估等形式,发挥财政经费的最大化效益。作为公共法律服务的组成部分,政府财政投入应当体现效益最大化原则,发挥人民调解在基层社会治理中的综合作用。

人民调解是夯实社会建设的重要途径,各级政府财政预算是加强基层社会建设步伐的重要举措。有效破解人民调解经费来源难题,保障其在基层社会治理中充分发挥作用,才能体现人民调解健全完善基层群众性自治制度的功能。补齐社会建设短板,亟待充分发挥人民调解在化解各类矛盾纠纷、法治宣传教育等领域中的有效作用。

### 三、建立国家级人民调解研究和培训基地

各地进行了人民调解制度创新完善的积极探索,总结、提炼实践经验,以进一步指导实践。而针对人民调解员队伍建设进行专题调研、论证,归纳存在的问题,提出解决的思路,梳理、推送成功调解案例等,需要司法行政管理部门积极采取组织化的政策和措施,建立国家级人民调解研究和培训基地。

第一,新时代人民调解制度长足发展,依赖于对这项制度进行深入的理论研究,并且培养出大量的高素质专门人才。人民调解员需要具备心理学、社会

学、法学等综合的素质,掌握良好的沟通、协调等技能。现有高等教育专业学科的设置,无论是社会学、法学,还是心理学等,都没有专门根据人民调解需求培养人才,不能适应对人民调解员培训、培养的要求。

第二,国家建设有专门的法官、检察官、警官、律师等职业培训机构,进行定期、不定期的职业培训,但尚无专门的人民调解职业培训机构。现有的人民调解员队伍,水平参差不齐,影响了其对职业的认同,制约了其调解成功的概率。成立专门的研究培养基地,开展专门的培训,也是发挥人民调解作用、改善人民调解现状的有力措施。人民调解员队伍的职业发展和职业培训,是发挥这一制度优势的必要条件。

第三,各地关于人民调解的探索,并不缺乏创新和经验,设立人民调解研究和人才培养基地,可以更好地组织专家,进行专门的调研,总结、提炼各地人民调解的成功经验,编写案例,宣传人民调解对基层社会治理、法治中国建设的推动意义。另外,向世界各国宣传、介绍人民调解制度,开展调解制度的国际交流与合作,建立中国在调解领域的话语权,需要切实采取措施,加强人民调解的研究和人才培养工作。



第四,仅仅依靠目前的学科研究和人才培养,难以满足对职业人民调解员培训和专门人才的培养。人民调解员作为社会工作者,应当具备专门的职业道德、职业伦理,掌握专门的职业技能,人民调解应当建立并遵循专门的程序。所有这些,都需要组织专门的研究和人才培养团队,精细化地完成专门的任务。

司法部曾经主管的 5 所政法大学,具有针对人民调解开展专门研究和培训的有利条件,需要政策引导、专项经费投入进行专门研究和培训任务。人民调解制度的理论研究是其创新完善的动力,是其充分发挥新时代基层社会治理作用的必要条件,是国家质量体系和治理能力现代化的体现。人民调解员队伍的培养,则是人民调解事业健康发展的人才保障。

## 四、建立人民调解员资格评定和等级认证制度

人民调解员资格评定制度的建立刻不容缓。传统观点认为人民调解员属于社会普通社会成员,经过选举取得调解资格。实践中,由于人民调解员的选任存在一定的随意性,更换频繁,影响调解的质量。一个人民调解员从熟悉工

作到掌握调解技巧，再到成为有丰富经验的人民调解员，需要多年的锻炼和积累。新时代人民调解员对队伍建设必须进行制度创新。

第一，建立人民调解员资格评定制度，引导人民调解职业化发展方向。现代人民调解必须克服传统调解息事宁人的做法，追求公平、公正，依法解决，从实质上、根本上解决矛盾纠纷。调解制度改革要与时俱进，符合法治国家建设的要求。要实现调解程序规范、方式灵活、手段多样、公平公正、效率优先等优势，只有建设一批素质良好、具备资质的人民调解员队伍，才能实现。

第二，建立人民调解员等级认证体系。矛盾纠纷有难易区别，人民队伍也必须建立等级认证体系，有针对性地调解矛盾纠纷。人民调解员等级认证也是一种激励机制，是人民调解员队伍建设的重要方面。鼓励优秀人才进入人民调解员队伍，将优秀人才留在人民调解员队伍之中，对人民调解的长远发展意义重大。

第三，为人民调解员颁发资格证书和执业证件。人民调解员的选拔除符合为人正派、办事公道等条件外，还需要具备从事调解工作所需要的素质。从具备人民调解员资质的人员中选任人民调解员，才能保证调解工作的顺利开展。另外，人民调解员外出调查、工作时表明人民调解员身份，尤其是在预防和化解突发矛盾纠纷的过程中，需要表明其工作身份的证件。为人民调解员颁发资格证书，表明其具有从事调解工作的资质，是吸引更多优秀人才进入人民调解队伍的有效手段。进行人民调解员执业管理和审查，实行职业证书制度，是加强人民调解员管理的有效手段。

人民调解员队伍建设是法治人才队伍建设的重要组成部分，四中全会将法治人才队伍建设作为推动法治中国建设的重要内容，人民调解员队伍建设是其中重要的方面。通过实行人民调解员的资格评审制度，为调解工作储备后备人才；建立等级认证制度，激励优秀人才留在人民调解员队伍之中；为人民调解员颁发资格证书和执业证件，能够更好地保证其积极介入矛盾纠纷的化解。从根本上提高人民调解员队伍的素质，增加其活力、创造力，是实现人民调解质量提升、适应法治中国建设的重要体现。调解队伍现代化是人民调解事业创新发展的前提保障，人民调解员队伍建设是首当其冲的重要内容。

## 五、强调人民调解协议的即时履行

作为多元化矛盾纠纷解决机制的重要组成部分，人民调解的突出特色是人民调解协议一旦达成,绝大部分能够“即时履行”。协议的履行,标志着纠纷的彻底解决。保持人民调解的特质,保持其独立的纠纷解决方式的地位,是发挥人民调解制度优势的前提。

第一,人民调解的优势是快速、便捷化解矛盾纠纷,是独立的纠纷解决方式。绝大多数人民调解协议都能够通过现场即时加以履行,成为其区别于其他纠纷解决方式的根本特征。强调人民调解协议的即时履行特质,才能保证其更好地发挥化解纠纷的作用。

第二,人民调解的最大特点是化早、化小、化苗头、化关键点,从而使纠纷的解决难度大大降低,为人民调解协议的即时履行创造了条件。第一时间、第一现场、灵活多元的手段,是遏制矛盾纠纷升级转化的关键,也是人民调解区别于其他纠纷解决方式的显著特征。人民调解保证了纠纷解决的效果,一旦即时履行,意味着纠纷彻底得到了解决。

第三,人民调解具有预防纠纷的功能,有助于从源头解决纠纷,有助于减少纠纷,防患于未然。人民调解还具有教育群众的功能、法治宣传的功能,是推动、完善和健全基层社会治理的应有之义。人民调解是基层群众性自治制度这一中国特色社会主义政治制度的具体体现。



人民调解制度作为独立的矛盾纠纷解决方式,构成了多元化纠纷解决机制的重要内容。保持人民调解制度作为独立的纠纷解决方式的同时,需要发挥其与诉讼、仲裁、行政裁决等其他方式的有效合作、功能对接。基层社会的特点是综合性,追求良好的制度运行效果,才能实现制度设计的初衷。

总之,人民调解制度的改革完善,是法治中国建设顶层设计的重要内容,是矛盾纠纷多元化解机制建设的应有之义。通过采取诸如人民调解公共法律服务职能的重新定位、人民调解经费的财政分级预算保障、人民调解理论研究和人才培养基地建设、人民调解员资格评定和执业认证制度、人民调解协议“即时履行”等重大战略措施,改革完善人民调解制度,才能切实发挥人民调解制度的积极作用,并不断推动基层群众性自治制度的健全、完善。人民调解制度是中国特色社会主义司法制度的重要组成部分,充分发挥出人民调解制度的作用,才能为矛盾纠纷多元化解机制和司法体制改革等奠定良好的基础。

# 附录：诸暨市关于人民调解的主要工作文件

## 中共诸暨市委办公室　诸暨市人民政府办公室
## 关于建立人民调解与民事诉讼衔接联动机制的工作意见

（市委办〔2008〕113 号）

各镇乡党委、政府，各街道党工委、办事处，市级机关各部门：

为及时有效化解民间纠纷，创设人民调解与民事诉讼优势互补的工作平台。根据《中华人民共和国民事诉讼法》、《人民调解委员会组织条例》（国务院令第 39 号）、最高人民法院《关于审理涉及人民调解协议的民事案件的若干规定》及司法部《人民调解工作若干规定》、《财政部　司法部关于进一步加强人民调解工作经费保障的意见》等有关规定，结合我市实际，现就建立人民调解与民事诉讼衔接联动机制提出如下工作意见：

### 一、目的意义

人民调解是一项具有中国特色的社会主义法律制度，是预防和化解矛盾，促进经济发展，维护社会稳定的"第一道防线"。目前，随着改革开放的进一步深入，各种利益格局不断调整，民间纠纷呈现主体多元化、情况复杂化且数量上升的趋势。建立人民调解与民事诉讼衔接联动机制，有利于充分发挥人民调解和民事诉讼的各自优势，切实减少诉讼，节约司法资源和降低当事人的诉讼成本，及时有效地把民间纠纷解决在基层，维护人民群众正常的生产、生活秩序，维护社会的和谐与稳定。

## 二、组织机构和主要职能

一是建立与民事诉讼衔接的人民调解机构。在市人民法院及基层法庭设立相应的人民调解委员会,作为民事诉讼与人民调解工作衔接沟通的平台。在市人民法院设立联合人民调解委员会,由司法局聘请专职人民调解员开展工作,各基层法庭与相应的镇乡(街道)调委会相衔接。上述调委会的主要职责是:宣传人民调解;受理诉前民事纠纷并开展调解;接受法院(庭)委托调解民事纠纷;协助人民法院(庭)参与调解工作。

二是建立人民调解指导员制度。市人民法院、市司法局选派经验丰富、业务水平高的同志担任联合人民调解委员会及镇乡(街道)人民调解委员会的业务指导员。联合人民调解委员会及镇乡(街道)人民调解委员会,要有专职业务指导员。业务指导员的主要职责是:了解调解工作情况,及时沟通信息,对比较突出的法律适用问题、调解技巧、调解格式文书制作等方面进行指导。同时,选择典型案件不定期邀请人民调解员参加庭审旁听,对人民调解员所提的疑难问题及时给予解答,对调解中遇到的困难和问题,及时向领导汇报。



## 三、工作方式

一是诉前劝导、受理调解。凡未经人民调解委员会调解的符合《中华人民共和国民事诉讼法》适用简易程序规定的一般民事纠纷,当事人到人民法院诉讼的,人民法院的立案窗口应主动告知人民调解工作的特点、优势,建议当事人先经人民调解委员会调解。如果当事人接受建议,由当事人填写《人民调解征询意见书》,法官引导当事人向人民调解委员会申请调解,同时向纠纷另一方当事人发送《人民调解通知书》,调解成功的,制作《人民调解协议书》。另一方当事人如果不同意调解,不影响人民法院的诉讼程序。

二是委托调解。对已经立案但符合人民调解的民事案件,本着“减少讼累,降低成本,方便群众”的原则,依据《诸暨市人民法院、诸暨市司法局关于委托调解工作实施办法》,在征得当事人同意的前提下,市人民法院(庭)将案件委托人民调解委员会调解。调解成功的,可以制作《人民调解协议书》,法院依法审查后,制作《民事调解书》加以确认。

三是协助调解。市联合调委会及镇乡(街道)调委会受理或接受委托调解纠纷,在当事人不接受调解,或调解不能达成协议时,调委会应当说明和引导当事人通过诉讼途径解决纠纷,并主动向人民法院提供相关情况,协助人民法院及早调处纠纷。联合调委会调解纠纷,根据需要可邀请镇乡(街道)调解员协助调解,镇乡(街道)调委会也可邀请联合调委会调解员协助调解。

## 四、工作制度

一是联席会议制度。市人民法院、市司法局应每年召开联席会议,必要时经人民法院院长或司法局局长提议可随时召开;各基层法庭与相应的司法所应每季召开一次联席会议,加强法庭与司法所的日常联系。联席会议的主要任务是:出台具体的人民调解指导计划,探讨人民调解工作中出现的新情况、新问题,分流信息、剖析人民调解典型案例及矛盾纠纷的难点、疑点,提高人民调解员的业务水平。

二是通报备案制度。对于经调委会调解达成协议后又反悔,纠纷当事人一方诉至法院的各类案件,人民法院(庭)立案受理的,应通知相关的司法所和调委会;上述案件审理完毕后,调解协议被已经生效的判决变更、撤销、或者被确认无效的,人民法院(庭)应及时将结果告知或通报相关的司法所和调委会,必要时可在告知或通报的同时,依法提出司法建议。

三是联合考评制度。市人民法院、市司法局定期评阅人民调解协议等调解文书,发现问题及时落实整改,切实帮助人民调解员提高调解格式文书的制作水平,市人民法院与市司法局共同开展对各镇乡(街道)人民调解工作的考核评比。人民调解组织和人民调解员接受人民法院指派及委托,调解案件情况纳入年终考核,列入全市人民调解“以奖代补”政策范畴,市联合调委会人员工作报酬及工作经费由市财政予以解决。

# 诸暨市人民政府<br>关于建立诸暨市医疗纠纷人民调解委员会的工作意见

（诸政发〔2008〕55号）

各镇乡人民政府，各街道办事处，市政府各部门：

为及时有效调处医疗纠纷，充分发挥人民调解在构建和谐社会中的重要作用，根据《人民调解委员会组织条例》（国务院令第39号）、《人民调解工作若干规定》（司法部令第75号）、《财政部　司法部关于进一步加强人民调解工作经费保障的意见》（财行〔2007〕179号）和《诸暨市医疗纠纷预防和处置暂行办法》，结合本市实际，建立诸暨市医疗纠纷人民调解委员会，并提出如下工作意见。

## 一、建立医疗纠纷人民调解机制的必要性和重要性



人民调解是一项具有中国特色的社会主义法律制度，是维护社会稳定、促进地方经济发展的“第一道防线”和长效机制。目前，全市医疗纠纷数量仍呈上升趋势，重大医疗纠纷和由此引发的群体性事件时有发生。建立医疗纠纷人民调解委员会，是运用人民调解手段预防和化解医患矛盾纠纷，构建和谐医患关系，维护社会稳定的要求，也是创新发展新时期“枫桥经验”的一项工作举措。

## 二、医疗纠纷人民调解机制的组织机构及主要职能

市医疗纠纷人民调解委员会（以下简称医调会）由若干名专职人民调解员、兼职人民调解员组成。主要工作职责是：调解市内医疗机构发生的各类医疗纠纷，协助调解重大疑难医疗纠纷，向有关部门反馈全市医疗纠纷情况，提出防范医疗纠纷的意见建议。

市医调会根据工作需要聘请专职调解员若干名，专职从事医疗纠纷调解工作，在各镇乡（街道）和有关部门中聘请兼职调解员若干名，根据调解需要协助工作。聘请一定数量的医学、法律专家，建立医学、法律专家库，主要职责是为

调解工作提供专业技术及法律咨询服务。医学专家库由市卫生局推荐相关专业医学专家组成,法律专家库由市司法局推荐资深法律人才组成。建立医疗纠纷人民调解工作指导委员会,由市司法局、卫生局和法院负责人、专家组成,负责对医调会的业务指导和工作考核。

医调会办公地点按照方便群众、便利工作的原则设置,医调会工作经费和调解员工资、专家补贴经费,按照《财政部　司法部关于进一步加强人民调解工作经费保障的意见》精神,由市财政予以保障;医调会调解员的推荐、招聘、培训、业务管理、考核、指导等由市司法局会同其他有关部门实施;医调会调解员因调解工作需要调阅档案、询问相关人员、咨询专家意见等正当权利应得到保障。

## 三、医疗纠纷人民调解的工作方式

(一)受理调解:医疗纠纷发生后,医患双方可以向医调会申请调解,符合受理条件的,医调会应当及时受理,需要进行医疗事故技术鉴定的,应当告知当事人申请医疗事故技术鉴定。对于疑难重大医疗纠纷,可邀请相关专业医学、法律专家咨询论证,确定调解方案并开展调解。

(二)受托调解:医调会可根据需要和相关规定,接受市卫生局、人民法院委托的医疗纠纷(案件)并开展调解。

(三)协助调解:医调会可接受市卫生局、医疗纠纷发生地镇乡(街道)调委会邀请,协助调解;医调会根据调解工作需要,可邀请兼职调解员协助调解,也可由当事人指定1名兼职调解员协助调解(兼职调解员的指定遵循回避制度)。

医调会应在纠纷受理调解之日起1个月之内调结,到期未达成协议的,视为调解不成(双方当事人同意延期的除外);调解不成的,医调会应当正确引导当事人通过诉讼渠道解决纠纷。

## 四、医疗纠纷人民调解的工作要求

(一)提高认识,加强领导。建立医调会是为缓解医患矛盾,构建和谐医患关系,保证社会安全稳定,创新发展新时期“枫桥经验”的一项工作举措,各相关部门要提高认识,加强组织领导,结合实际,认真落实。

(二)抓紧时间,精心准备。各相关部门要着手组建调委会,设立调解室,聘请医学、法律咨询专家，配齐相应的人员和设施设备，制订相应的工作制度和规范，明确分工，落实责任。

（三）严格选拔，抓好培训。从事医疗纠纷调解的人民调解员除原已从事医疗纠纷调解的人员外，新录用人员应当具有丰富的人民调解经验，责任心强，处事公正，身体健康，按照录用标准，面向社会招聘。内勤人员可从有医政工作经验的人员中选取。具有法律职业资格和曾获优秀人民调解员荣誉称号的可优先录用或适当放宽标准。

司法行政部门在工作实施中要认真组织好调解员的上岗培训考核工作，建立健全规范化工作台账，严格按照调解格式文书、档案的有关要求，确保调解工作的质量和效能的发挥。

（四）部门配合，齐抓共管。卫生、司法、公安、财政、法院等部门（单位）要密切配合，研究提出具体实施方案，保障医疗纠纷人民调解工作的顺利开展。同时，要积极做好医疗纠纷人民调解有关政策宣传工作，引导群众依法妥善处理医疗纠纷。

# 诸暨市人民政府办公室
# 关于明确市劳动争议人民调解
# 指导委员会成员及其工作职责的通知

（诸政办发〔2010〕94号）

各镇乡人民政府，各街道办事处，市政府有关部门：

为积极实施《劳动争议调解仲裁法》，及时有效化解劳动关系矛盾，维护劳动关系和谐稳定，统筹、协调、指导我市劳动争议调处工作，经研究，决定成立诸暨市劳动争议人民调解指导委员会。现将有关事项通知如下：

## 一、市劳动争议人民调解指导委员会成员（略）

## 二、成员单位工作职责

（一）市劳动保障局：负责调解指导委员会办公室的日常工作，召集召开成员单位工作会议；负责劳动保障法律法规政策指导及基层调解员的法律培训工作；在协调处理突发性和群体性劳动争议案件中，做好法律法规政策的解释工作；会同市总工会、工商联推进基层劳动争议调解组织建设，建立劳动争议调解组织调解与仲裁相互衔接的工作机制。

（二）市总工会：负责帮助、指导劳动者和用人单位依法订立、履行劳动合同；在协调处理突发性和群体性劳动争议案件中，做好职工的思想稳定工作，引导职工合法维权。

（三）市司法局：负责人民调解相关业务培训和调解业务的管理指导工作，在协调处理突发性和群体性劳动争议案件中，向相关负责人解释人民调解的工作程序。

（四）市信访局：负责协调非成员单位配合劳动争议人民调解委员会的调解

工作,及时引导劳动关系矛盾双方当事人通过调解方式解决争议。

(五)市人民法院:负责对劳动争议人民调解委员会在调解中遇到的法律问题提供相关解释;建立诉讼与劳动争议调解相互衔接的工作机制,做好诉讼案件的委托调解工作。

(六)市工商联:负责指导用人单位规范用工行为,依法经营、依法用工;在协调处理突发性和群体性劳动争议案件中,做好企业方的思想工作。

# 诸暨市人民政府办公室
# 关于建立诸暨市道路交通事故调解中心的通知

（诸政办发〔2012〕156号）

各镇乡人民政府，各街道办事处、市级机关各部门：

为认真贯彻中央社会治安综合治理委员会等16部门《关于深入推进矛盾纠纷大调解工作的指导意见》（综治委〔2011〕10号），进一步推进社会管理创新，深化发展“枫桥经验”，按照“科学、高效、惠民”原则，结合我市实际，在原有市公安局交警大队道路交通事故调解室的基础上，整合行政调解、司法调解、人民调解的资源和力量，建立诸暨市道路交通事故调解中心，及时化解道路交通事故矛盾纠纷，推进“平安诸暨”建设。

## 一、机构设置

成立市道路交通事故调解工作协调小组，由市人民政府分管副市长任组长，市委政法委、市公安局、人民法院、人民检察院、司法局、人民银行、发改局、财政局、法制办的分管领导及交警大队、工业新城派出所、相关保险公司等单位的主要领导为成员，协调全市道路交通事故调解工作；建立市道路交通事故调解中心，由市司法局主管，市公安局主抓，市人民法院负责业务指导；并在各交警中队设交通事故调解室。调解中心主任由市公安局选派，专职人民调解员由市司法局统一选聘派驻。

## 二、职责分解

建立完善市、镇、村三级交通事故调解网络，发挥“枫桥经验”优势，有效化解交通事故矛盾纠纷。

1.市道路交通事故调解中心主要负责已立案交通事故和交警大队事故处理中队接处警范围内按简易程序调处的交通事故调解。

2. 各交警中队交通事故调解室主要负责该中队辖区发生的交通事故调解。

3. 镇乡、街道负责辖区发生的重大交通事故调解。

4. 村级调解委员会协助市、镇两级调解组织做好涉及本村交通事故的调解。

## 三、市道路交通事故调解中心的主要功能

市道路交通事故调解中心内设事故受理室、行政调解室、人民调解室、交通法庭、法律服务室、价格认证室、保险理赔大厅和警务室。

1. 事故受理室。由交警大队派 1 名民警进驻,配 1 名辅助人员,主要受理交警大队移送的立案道路交通事故,并进行登记分类,根据交通事故双方当事人的选择分流进入调解渠道。

2. 简易事故调解。由交警大队原简易事故调解室整体移入,与人民调解共同负责简易事故调处。

3. 行政调解室。由交警大队派 2 名民警进驻,主要负责当事人选择行政调解的交通事故调解,并指导人民调解员开展调解工作。



4. 人民调解室。由市司法局聘请 12 名人民调解员,配 2 名辅助人员,分成若干调解组,负责当事人选择人民调解的交通事故调解。

5. 交通法庭。由市人民法院派 2 名法官,一名书记员进驻,主要负责交通事故的诉前调解和审理判决,根据当事人的申请依法采取财产诉前保全措施和调解协议的申请执行。根据当事人请求,确认行政调解、人民调解协议,指导人民调解员开展工作。

6. 法律服务室。由市司法局派 3 名工作人员进驻,主要负责法律咨询、提供法律援助。

7. 价格认证室。由市发改局派 2 名工作人员进驻,主要负责受损车辆及其他物品的估价。

8. 保险理赔大厅。由市各主要保险公司派员进驻,参与对在本公司投保车辆的交通事故的调解,负责对形成调解协议的交通事故赔付。配综合协调员 1 名,协调未进驻道路交通事故调解中心的保险公司理赔事项。

9. 警务室。由市公安局工业新城派出所 1 名民警负责,派驻 4 名保安,主

要负责调解中心的安全保卫,处置治安纠纷,维护调解中心门口的交通秩序。

## 四、市道路交通事故调解中心的工作流程

市道路交通事故调解中心的工作流程主要是:(1)道路交通事故发生后,由公安交通管理部门办案民警进行现场勘查取证,轻微事故按简易程序调处;(2)尚不能达成协议的事故及立案交通事故,分清事故原因,明确事故责任,移送调解中心事故受理室处理;(3)事故受理室对接收的事故进行登记分类,根据当事人的选择分流到各调解室开展调解;(4)各调解室对分流的事故分别进行调解,达成协议的,形成调解协议书并经交通法庭确认,进入保险公司赔付程序;(5)经调解仍不能达成协议的事故,由当事人向交通法庭申请,由交通法庭进行诉前调解或立案审理判决;(6)对虽已达成调解协议并经司法确认,但肇事方拒不兑付的,可由受害方向交通法庭申请法院强制执行;(7)在事故调处过程中,需对车辆及其他物品进行诉讼保全的,当事人可向交通法庭申请诉前保全。

## 五、工作保障

1. 提高认识。近年来,由道路交通事故引起的纠纷已成为社会热点纠纷,事关人民群众的切身利益和社会稳定大局。完善道路交通事故调解机制,整合行政调解、司法调解、人民调解的综合优势,是创新社会管理、发展“枫桥经验”、促进社会和谐稳定的有效途径。各镇乡(街道)和相关部门要进一步增强政治意识、大局意识、责任意识和服务意识,提高工作的主动性、自觉性,按照职责分工,明确责任,落实措施,认真化解事故矛盾。其他部门也要根据各自职能积极主动配合镇乡(街道)和道路交通事故调解中心做好调解工作,及时有效化解事故矛盾,更好地维护社会稳定。

2. 选好人员。市司法局要根据道路交通事故调解中心所承担的任务和职能,选好配强中心的管理人员。市公安局、人民法院、发改局等单位要根据各自的职能,选配好派驻人员。专职人民调解员须有较高的思想道德水平,热心调解工作、公道正派,熟悉相关法律法规和道路交通事故处理知识,有较强的群众工作能力,会制作调解文书,经公开选聘,培训合格后持证上岗。各单位派驻的

人员和公开招聘的调解员，要自觉服从道路交通事故调解中心的统一管理，遵守规章制度，勤政廉洁，热心服务，确保道路交通事故调解中心规范、高效运行。

3. 落实保障。市财政局、公安局、司法局、人民法院要密切配合，积极为道路交通事故调解中心提供必要的办公场所和办公设备。保障必需的工作条件，所需经费列入市财政预算。道路交通事故调解中心的专职调解员调解的纠纷，列入市人民调解"以奖代补"政策范围，给予必要的补贴。各保险公司要从讲政治、讲大局的高度，积极配合支持道路交通事故调解中心开展工作，完善人民调解和保险理赔工作环节的程序衔接，主动加强对调解员保险理赔业务知识和赔付原则的业务培训，按照公安部、司法部、中国保监会〔2010〕29 号联合文件精神，对在道路交通事故调解中心主持下达成的调解协议，按照合同约定及时给予赔付。

4. 优化服务。交通事故调解中心是我市为民便民的又一重要窗口，必须牢固树立民本意识，坚持民生优先、服务为先，干实事、求实效。重点完善"五个一"工作机制：即完善受理、调解、法律服务、物品估价、保险理赔"一站式"化解；完善事故移送、实时调解、法律援助、及时赔付、配合协作"一条龙"服务；实行"一小时"理赔；对行动有困难的当事人，落实"一对一"帮助、"一事一顾问"援助，切实为群众排难解忧。

# 诸暨市人民检察院、诸暨市司法局关于检调对接工作的规定

（诸检会〔2012〕10号）

为认真贯彻落实中央关于深入推进社会矛盾化解、社会管理创新、公正廉洁执法三项重点工作的重大决策部署和市委关于构建“大调解”工作体系的要求，充分运用检察职能化解社会矛盾纠纷，更好地服务经济社会发展大局，规范和推进检察机关办案与人民调解工作，根据《中华人民共和国人民调解法》和绍兴市人民检察院、绍兴市司法局《关于规范检调对接工作的规定》，结合我市实际、制定本工作规定。

**第一条** 检调对接工作以维护社会公平正义、保障人民群众根本利益为目标，以检察环节轻微刑事案件和解、民事行政申诉案件和解、涉检信访息诉和解工作为主要内容，依托社会“大调解”工作机制，以和谐的理念和调解的方式，及时有效化解社会矛盾，促进社会和谐稳定。

**第二条** 检察机关应当对人民调解组织开展调解工作予以支持和协助。司法行政机关应当对人民调解组织开展调解工作予以指导和监督。

**第三条** 检察机关、司法行政机关联合成立检调对接工作领导小组，下设检调对接工作办公室，办公室设在检察院，具体负责检调对接工作。

**第四条** 检察机关、司法行政机关共同设立检调对接人民调解工作室（以下简称工作室），地点设在市检察院办公区域内。工作室调解员由司法行政机关指派的人民调解员组成。

**第五条** 检察机关对受理的轻微刑事案件、民事行政申诉案件、涉检信访案件，认为通过人民调解方式有利于化解矛盾纠纷的，由检调对接办公室委托工作室进行调解。

**第六条** 对于需要工作室调解的检调对接案件，检调对接工作办公室应制作《委托人民调解函》，并附涉案当事人双方同意调解的申请书、相关诉讼文书

等材料，移送工作室。工作室接受委托后，可在检调对接工作办公室提供的办公场所进行调解。

**第七条** 工作室接到《委托人民调解函》等材料后，按照方便当事人和有利于矛盾化解的原则，审查逮捕案件一般在3日内调解结束，其他检调对接案件一般在10日内调解结束。

**第八条** 工作室应当坚持公开、公正、公平的原则，依法、合理、合情地对检调对接案件进行调解。对涉及个人隐私、未成年人以及当事人要求不公开调解的案件，工作室应当不公开调解。

**第九条** 在工作室主持调解过程中，检察机关可派员参与，提供法律支持，确保调解工作的自愿性、合法性和公正性，保证矛盾调处的成功率和公信力。

**第十条** 检调对接案件经工作室调解，双方当事人达成一致意见的，由指派调处该案的人民调解员所在人民调解委员会出具人民调解协议书。工作室应自协议签订之日起2日内将协议书及《人民调解结案单》送达检察机关检调对接工作办公室。

**第十一条** 检调对接案件经工作室调解，未能达成调解协议书或者达成调解协议后拒不履行的，调解程序终止。工作室应及时以《人民调解反馈函》或《人民调解结案单》的形式书面告知检察机关检调对接工作办公室，并退回相关案件材料。

**第十二条** 检察机关与司法行政机关建立联席会议制度，针对不同时期社会矛盾出现的新情况、新问题，共商对策，并及时交流工作经验，推动检调对接工作有序开展。

**第十三条** 本规定由市人民检察院和市司法局共同负责解释，自公布之日起施行。

# 中共诸暨市委　诸暨市人民政府
# 关于进一步加强新形势下人民调解工作的意见

（市委〔2014〕22号）

为贯彻落实全国、省、绍兴市人民调解工作会议精神，坚持和发展"枫桥经验"，完善"大调解"工作体系，充分发挥人民调解在化解人民内部矛盾，维护社会稳定，促进社会和谐，建设"平安诸暨""法治诸暨"中的重要作用，结合我市实际，现就进一步加强新形势下我市人民调解工作提出如下意见：

## 一、充分认识做好人民调解工作的重要性和紧迫性

人民调解是我国司法制度的重要组成部分，是化解基层矛盾纠纷的重要途径和有效方法，在社会矛盾纠纷化解体系中发挥着基础性作用。近年来，通过全市各级各部门的共同努力，人民调解工作不断发展，各类人民调解组织及广大人民调解员扎根基层，深入群众，化解了大量的社会矛盾纠纷，在维护社会稳定、促进社会和谐，推进基层民主法治建设等方面发挥了重要作用。当前，随着我市现代化、城市化进程的不断推进，化解社会矛盾的任务日益繁重，各镇乡（街道）及有关部门要从构建和谐社会、落实科学发展观的高度，充分认识新形势下做好人民调解工作的重要性和紧迫性，认真践行党的群众路线，深入实施《中华人民共和国人民调解法》，进一步加强新时期人民调解工作，不断开创人民调解工作新局面。



## 二、进一步加强人民调解组织建设

（一）进一步巩固和完善基层人民调解组织网络。按照"网格化管理、组团式服务"的要求，进一步巩固完善村、居（社区）、企事业单位和镇乡（街道）人民调解委员会建设。对涉及行政区划调整的村、居（社区），以及职工人数在200人以上的企事业单位，司法行政机关要加强指导，及时协调相关基层组织和单

位,建立健全人民调解组织。对人数较多、情况较复杂、工作量较大的自然村、小区,可根据实际工作需要,设立人民调解小组开展调解工作,有条件的可配专职人民调解员。镇乡(街道)人民调解委员会可根据调解工作需要,在本辖区的工作片、公安派出所等场所设立人民调解工作室,并在所在调解委员会的指导下开展工作。推进品牌调解室建设,规范以个人或工作特色命名的调解室。加强行政毗邻接边地区联合调解组织建设,抓好集贸市场、新市民(流动人口)集聚区等人民调解委员会的建设。

(二)深入推进行业性人民调解组织建设。专业化、行业化、专职化是今后调解工作的重要方向。在矛盾纠纷突出、多发易发,发生地或处理地相对集中的区域或领域,行业主管部门要在司法行政机关的指导下,推动有关社会团体、行业组织建立专业性、行业性人民调解委员会,有关行业管理部门对行业矛盾纠纷负有处置主责。司法行政机关应会同有关部门,进一步深化完善医疗纠纷、诉前(联合)、消费纠纷、婚姻家庭纠纷、劳动争议、交通事故等六大专业性人民调解委员会的组织建设、人员配备和业务指导工作,不断提升建设质量和工作成效。进一步整合社会资源,扩大行业性专业人民调解组织建设覆盖面,扎实推动人民调解组织和人民调解工作向矛盾纠纷易发多发、且适宜通过人民调解方式解决的行业或领域延伸。进一步规范警调衔接、检调衔接,重点在物业管理、征地拆迁、环境保护等行业领域拓展人民调解工作。



(三)加强人民调解组织规范化建设。司法行政机关要组织开展星级人民调解委员会创建活动,规范人民调解委员会建设,督促落实人民调解组织"五有"(办公场所、标牌、印章、记录、统计台账)、"四落实"(组织、制度、工作、报酬)、"六统一"(标牌、印章、标识、程序、制度、文书)。司法行政机关应对现有人民调解委员会进行一次全面清理,对名称不规范的进行及时调整,对长期受理纠纷数量较少、实际作用发挥不明显的进行整合或撤销。做好人民调解组织备案工作,组成人员调整的、新设立的人民调解委员会(含调解室),应在调整后或新设立后一个月内,将人员组成等情况,向市司法局备案;市司法局应在备案后一个月内将相关情况通报市人民法院。

## 三、进一步加强人民调解队伍建设

(一)建立健全专兼职结合的人民调解员队伍。采取公开选聘、民主选举等多种方式，调整、充实人民调解员队伍，改善专业知识结构，建立专兼结合的人民调解员队伍。一是积极推进人民调解员队伍专业化、专职化建设。有关社会团体、行业组织建立的专业性、行业性人民调解委员会的专职人民调解员应当不少于2名，镇乡（街道）人民调解委员会应按镇乡（街道）人口规模大小配备2—5名，以满足化解矛盾纠纷工作的需要。专职人民调解员应由熟悉基层情况、工作经验丰富的人员担任，一般男性不超过60周岁、女性不超过50周岁，特别优秀的年龄可适当放宽。各镇乡（街道）要依法推选、配齐配强村（居、社区）人民调解委员会人员，自然村应当配备一名调解员。各类人民调解委员会特别要选优配强主任。二是加强人民调解志愿者队伍建设。探索党代表、人大代表、政协委员等参与调解的工作机制，吸收公道正派、热心人民调解的社会贤达、大学生村官、人民陪审员、退休政法干警、法律工作者以及不同行业的社会志愿者吸收到人民调解员队伍中来。

（二）提高人民调解员整体素质。建立完善人民调解员选任、聘任制度，建立完善各类专业调解员专家库。人民调解员开展工作应当持证上岗，并佩戴人民调解徽章。逐步试行人民调解员等级评定制度，充分调动调解员工作积极性。加强对各级人民调解员的培训，进一步探索和完善人民调解员培训管理形式和机制，不断提高人民调解员的政治素质、业务能力和调解技巧。采取分级培训模式，市司法局每年至少要对镇乡（街道）调委会和专业调委会的人民调解员进行一次集中培训，镇乡（街道）每年至少对辖区内村（居、社区、企事业单位等）调委会的人民调解员进行二次培训。人民调解员的培训工作要与人民调解员持证上岗、人民调解员等级评定等制度相衔接。

## 四、进一步发挥人民调解的职能作用

（一）建立健全矛盾纠纷排查机制。人民调解组织要在所在党委、政府的统一领导下，建立健全矛盾纠纷排查机制，依托基层人民调解组织扎根基层、面向群众的优势，积极开展矛盾纠纷排查工作，做到早发现、早处置、早解决。要紧紧围绕开展重大活动、完成重大任务、应对重大事件，开展矛盾纠纷预防化解工作，切实提高对社会热点、敏感问题的预知、研判和预防能力。进一步健全完善矛盾纠纷信息网络，完善信息收集、报送分析制度和矛盾纠纷信息反馈机制，变被动调解为主动化解，变事后调处为事先预防，努力把矛盾纠纷化解在萌芽状态。

（二）坚持抓早抓小，依法就地化解。按照“小事不出村、大事不出镇、矛盾不上交”的目标，努力做好预防化解工作，做到抓小、抓早、抓苗头、抓关键，并针对排查出来的矛盾纠纷定人包案，及时、就地化解，防止矛盾激化。围绕党委、政府关注和人民群众关心的社会热点、难点纠纷，努力把握新形势下化解矛盾纠纷的新需求，不断拓展工作领域，坚持依法规范调解，维护当事人合法权益。积极做好医疗、交通事故、劳动争议、涉诉等领域的矛盾纠纷调解工作。

（三）加强人民调解方法机制创新。在法律框架内大力推进人民调解工作创新，增强人民调解工作的生机与活力。在坚持人民调解本质属性和基本原则的基础上，根据纠纷实际情况采用灵活的方式化解矛盾纠纷。整合法律服务资源，发挥律师、法律服务工作者、法律援助工作者的专业优势，积极参与解决疑难复杂矛盾纠纷。充分发挥镇乡（街道）社会服务管理中心作用，积极参与镇乡（街道）大调解工作平台建设。建立和完善人民调解组织与人民法院、市政府法制办、人力社保局、总工会、共青团、妇联等单位的联动机制，组织社会力量和专业力量参与人民调解工作，引导其参与调处专业性、法律性、政策性较强的矛盾纠纷。要认真学习“网上枫桥经验”，积极构建网上调解组织，探索网上矛盾纠纷调解工作机制，化解“网上怨气”，构建“网下和气”。及时总结和推广人民调解工作中行之有效的经验和做法，并用制度的形式加以固定，形成工作长效机制，不断提高人民调解工作规范化水平。



（四）积极推进大调解联动体系建设。进一步健全完善党委、政府统一领导的人民调解、司法调解、行政调解联动的大调解工作体系。政法综治部门综合协调，司法行政部门、人民法院、政府法制部门分别牵头人民调解、司法调解、行政调解，市有关部门各司其职，社会各界广泛参与。

## 五、切实加强领导，为人民调解提供有力保障

（一）切实加强组织领导。各级党委、政府要把人民调解工作纳入平安建设、法治建设的总体部署，要专题听取人民调解工作专题汇报，研究解决人民调解工作中的重大问题，为开展好人民调解工作进一步创造有利条件。切实关心

爱护广大人民调解员，充分发挥他们的工作积极性，帮助解决实际困难，为人民调解工作的发展创造良好条件。

（二）切实加强工作指导。市司法局要加强调查研究，建立完善人民调解与司法调解、行政调解、仲裁调解的衔接机制；要加强人民调解组织、队伍、业务和制度建设等方面的指导，明确标准和要求，提高人民调解规范化水平；要加强调解工作指导中心建设，充分发挥其在化解社会矛盾纠纷中的职能作用。市人民法院要加强和改进对人民调解委员会的业务指导，积极配合市司法局加强对人民调解员的业务培训，努力提高人民调解员的整体业务素质，对申请司法确认的调解协议要及时进行审查，依法确认调解协议的效力。市调解总会要发挥总会优势，统筹协调，促进人民调解事业发展。

（三）切实加强工作保障。市财政局要按照《中华人民共和国人民调解法》和浙江省《关于进一步加强新形势下人民调解工作的意见》（浙委办〔2007〕106号）的有关规定，落实好人民调解工作指导经费、人民调解委员会补助经费和人民调解员补贴经费，重新修订“以奖代补”标准和范围，并随经济发展逐步增加。市级六大专业性调委会的经费纳入市财政保障。同时，镇乡（街道）、村（居、社区）、企（事）业单位和其他组织要为人民调解委员会解决好人民调解工作场所、办公设施等问题，提供必要的工作经费，行业主管单位和社会团体应当为其设立的行业性、专业性人民调解组织提供办公条件和必要的工作经费。人民调解员因从事调解工作致伤致残，生活发生困难的，当地人民政府应当提供必要的医疗、生活救助。

（四）切实加强工作考核。要把人民调解工作作为综治、维稳考评的重要内容，纳入综治工作考评体系。对人民调解工作中涌现出来的先进集体和先进个人予以表彰；对因组织领导不力、工作不落实、责任不到位，导致人民调解工作开展不力、纠纷突出的镇乡（街道）和部门，要通报批评，责令限期整改。

# 诸暨市人民政府办公室
# 关于建立诸暨市总商会人民调解工作机制的意见

（诸政办发〔2014〕104号）

各镇乡人民政府，各街道办事处，市政府各部门：

为切实落实2013年4月全国工商联、最高人民法院“商会调解与诉讼调解衔接机制试点工作部署会”要求，有效调处涉及商会会员企业（各类民营企业）的民事、商事、服务、劳动争议等矛盾纠纷，充分发挥商会在预防和化解矛盾纠纷中的积极作用，根据《中华人民共和国人民调解法》，省司法厅、省工商联《关于进一步加强商会人民调解工作的意见》（浙司〔2014〕57号），财政部、司法部《关于进一步加强人民调解工作经费保障的意见》（财行〔2007〕179号）精神，结合本市实际，现就建立诸暨市总商会人民调解工作机制提出如下意见：



## 一、建立总商会人民调解机制的必要性和重要性

随着我市社会经济的快速发展，企业、劳动者、消费者等各个利益群体之间的关系日趋紧密，涉及商会会员的生产经营、劳资管理、民间借贷等矛盾纠纷也不断增多。加强商会人民调解工作，及时发现和处置涉及商会会员的各类矛盾纠纷，避免矛盾激化，是贯彻落实党的十八届三中全会提出的“建立畅通有序的诉求表达、心理干预、矛盾调处、权益保障机制”，深化“枫桥经验”，创新预防和化解社会矛盾体制，健全完善矛盾调处机制的重要举措，是人民调解工作在非公经济领域的创新、探索，是全市社会管理“一张网”工程的有益补充，对构筑和谐有序的商贸、合作和劳动关系，改善我市经济发展环境具有十分重要的意义。

## 二、组织机构及主要职能

诸暨市总商会人民调解委员会（以下简称商调委）由市工商联（总商会）相关负责人、若干商会会员和专（兼）职人民调解员组成，主任由工商联（总商会）

主要负责人兼任。商调委的主要职责是：调解商会会员之间，会员与第三人之间的民商事纠纷；商会会员与服务对象之间的服务纠纷；商会会员与员工之间的劳动争议纠纷，以及适合调解的其他矛盾纠纷（以下统称涉企纠纷）。

商调委根据工作需要聘请专职调解员若干名，专职从事会员企业矛盾纠纷的化解工作；在各镇乡（街道）和有关部门中聘请兼职调解员若干名，根据调解需要协助工作；必要时，经当事人同意，可邀请总商会直属商会、镇乡基层商会会长参与调解；总商会法律顾问为商调委调解员，参与总商会的人民调解工作。

商调委办公地点设在市工商联（总商会）机关，商调委工作经费和调解员工资、专家补贴经费，按照财政部、司法部《关于进一步加强人民调解工作经费保障的意见》精神，由市总商会会费作保障，市财政给予补贴；商调委调解员的推荐、培训、业务管理、指导等由市司法局会同其他有关部门实施；商调委调解员因调解工作需要调阅档案、询问相关人员、咨询专家意见等正当权利应得到保障。

## 三、工作模式

（一）受理调解：涉企纠纷发生后，一方当事人可以向商调委申请调解，符合受理条件的，商调委应当及时受理；需要作技术鉴定的，应当告知当事人申请相关技术鉴定。

（二）受托调解：商调委可根据需要和相关规定，接受市工商联、人民法院委托的涉企纠纷（案件）并开展调解。

（三）协助调解：商调委可接受市工商联、涉企纠纷发生地镇乡（街道）调委会的邀请，协助调解。

商调委应在纠纷受理调解之日起 1 个月之内调结，特别复杂的经主任同意后可延迟 1 个月，到期未达成协议的，视为调解不成（双方当事人同意延期的除外）；调解不成的，商调委应当正确引导当事人依法通过仲裁、司法等途径解决纠纷。

## 四、工作要求

（一）提高认识，加强领导。建立商调委是贯彻落实党的十八届三中全会精神，深化“枫桥经验”，预防和化解社会矛盾，维护经济稳定健康发展的一项工作举措，各相关部门要提高认识，加强组织领导，结合实际，认真落实。

（二）抓紧时间，精心准备。市工商联（总商会）要具体做好商调委的筹建工作，设立调解室，配齐相应的人员和设施设备，制订相应的工作制度和规范，明确分工，落实责任。

（三）严格选拔，抓好培训。从事总商会人民调解的调解员，应当具有丰富的人民调解经验，责任心强，处事公正，身体健康。

市司法局要认真组织好调解员的上岗培训考核工作，建立健全规范化工作台账，严格按照调解格式文书、档案的有关要求，确保调解工作的质量和效能的发挥。

（四）部门配合，齐抓共管。市司法局、人力社保局、财政局、人民法院等单位要与工商联（总商会）密切配合，加强业务指导与协作，保障总商会人民调解工作的顺利开展。同时，要积极做好总商会人民调解有关政策宣传工作，引导涉企纠纷双方依法妥善处理矛盾纠纷。

# 关于印发《诸暨市学生伤害纠纷人民调解工作实施办法》的通知

（诸司〔2014〕41 号）

各司法所，各直属学校（单位）、镇乡（街道）中心学校：

现将《诸暨市学生伤害纠纷人民调解工作实施办法》印发给你们，请结合实际遵照执行。

诸暨市司法局　诸暨市教育局

2014 年 8 月 18 日

## 诸暨市学生伤害纠纷人民调解工作实施办法



为认真贯彻落实市委、市政府关于构建“大调解”工作体系的战略部署和浙江省司法厅、教育厅《关于进一步加强学生伤害纠纷人民调解工作的意见》（浙司〔2013〕153 号）精神，充分发挥人民调解特有的优势和作用，积极预防和化解学生伤害纠纷，保护学生、学校的合法权益，营造平安和谐的教育环境，促进我市教育事业健康发展。根据《中华人民共和国人民调解法》《学生伤害事故处理办法》《浙江省中小学校学生人身安全事故预防与处理办法》等法规及有关规定，结合我市实际，制定本实施办法。

**第一条**　本办法所称学生伤害纠纷，是指在学校（包括托幼园所，下同）实施的教育教学活动或者学校组织的校外活动以及在学校负有管理责任的校舍、场地及其他教育教学设施、生活设施内发生的造成在校学生人身损害后果所引起的纠纷。

**第二条**　学生伤害纠纷的处置应当坚持预防为主、调防结合、依法处置的方针。调解学生伤害纠纷应遵循依法依规、客观公正、合理适当的原则，做到事实清楚、定性准确、责任明确、处理恰当。

**第三条** 市司法局、市教育局应成立市学生伤害纠纷人民调解工作领导小组。组长由市司法局、市教育局分管领导担任,相关职能科室负责人为成员。领导小组主要组织、指导、协调学生伤害纠纷人民调解工作,定期召开联席会议,研究解决人民调解学生伤害纠纷工作中出现的问题。

**第四条** 市设立学生伤害纠纷人民调解委员会(以下简称校调会),成员由市司法、教育部门的职能人员以及有相应工作经验的老调解员、老法官、老干部、老教师等担任;主要负责市直属学校学生伤害纠纷人民调解工作。

各镇乡(街道)中心学校所属学校学生伤害纠纷调解工作,在校级调解未果的情况下,一般由相应镇乡(街道)人民调解委员会予以调处。

**第五条** 各直属学校和镇乡(街道)中心学校的安全管理处为辖区内学生伤害纠纷预防和调处的职能部门,应制定学生伤害纠纷处置应急预案,积极配合市校调会和镇乡(街道)人民调解委员会做好学生伤害纠纷的调解工作。学生伤害纠纷调解工作应依靠当地司法所、公安派出所、村(居)委会等部门,积极主动开展调解工作。

**第六条** 市校调会建立专职与兼职相结合的人民调解员队伍。其中专职人民调解员 2—3 名,选聘具有公道正派,热心人民调解工作,并有一定法律专业知识和学生伤害纠纷调解经验,责任心强,身体健康的人员担任。



兼职人民调解员由基层司法行政人员、人民调解员、教师、律师、基层法律服务者、法制副校长等人员担任。

校调会根据工作需要,设立学生伤害纠纷人民调解工作专家库,为调解工作提供专业技术咨询服务。

相关专(兼)职人民调解员的选聘、培训、考核工作由教育局会同司法局共同商定。

**第七条** 根据校调会工作特点,日常管理工作由教育局负责,业务指导及培训工作由司法局负责。

校调会调解学生伤害纠纷不收取任何费用,其工作经费由当地财政予以保障。

**第八条** 学生伤害纠纷人民调解工作原则:

（一）平等自愿原则。在双方当事人自愿、平等的基础上进行调解。尊重当事人的权利，不得因未经调解或者调解不成而阻止当事人向人民法院起诉。

（二）依法调解原则。严格按照法律、政策的规定和要求，依据规范程序，受理、调解矛盾纠纷，确保调解工作合法、合理、合情，积极维护纠纷各方当事人的合法权益。

（三）逐级调解原则。坚持属地为主、逐级调解的原则，学生伤害纠纷发生后，镇乡（街道）中心学校和直属学校应首先组织校级调解，学校调解未成或伤害事件较大、较复杂学校难以调解的，可以提交镇乡（街道）人民调解委员会或市校调会进行调解。

（四）便民利民原则。将人民调解与法律宣传、法律服务、法律援助等工作有机结合，整合司法行政资源，做到综合服务、及时调处、高效化解。

**第九条** 学生伤害纠纷人民调解工作基本程序：

（一）申请。学生伤害纠纷发生后，经校级调解未达成一致的情况下，当事人可以向纠纷发生地镇乡（街道）人民调解委员会提出申请调解；市直属学校发生的学生伤害纠纷，当事人也可直接向市学生伤害纠纷人民调解委员会提出申请调解。

（二）受理。对申请调解的学生伤害纠纷，镇乡（街道）人民调解委员会和市校调会应进行审查，符合受理条件的应当受理，不符合受理条件的应作出说明，受理结果应以口头或者书面的形式告知。

（三）组织调解。在查明事实、分清责任的基础上，组织有关当事方进行调解。调解工作要根据纠纷性质、难易程度，采取灵活多样的方式方法，开展耐心、细致的说服疏导工作，促使有关当事人互谅互让，消除隔阂，达成解决纠纷的意向。

调解学生伤害纠纷案件，一般从受理之日起 30 日内调结。如有特殊情况不能在 30 日内调结的，经双方当事人同意，可以适当延长调解期限，但延长期限一般不超过 30 日。

调解不成功的，应当终止调解，并依据有关法律、法规的规定，告知当事人可以依法通过仲裁、行政、司法等途径维护自己的权利，防止矛盾激化。

（四）签定协议。调解学生伤害纠纷调解成功的，要签定书面调解协议。调解协议书应符合人民调解协议书规定的载明事项。调解协议书自各方当事人签名、盖章或者按指印，人民调解员签名并加盖相应调解组织印章之日起生效。调解协议书由当事人各执一份，调解组织留存一份。调解协议，具有法律约束力，当事人应当按照约定履行。

（五）归档。调解学生伤害纠纷应当进行登记，制作笔录。调解组织应当建立调解工作档案，将调解登记、调解工作记录、调解协议书等材料立卷归档。

**第十条** 建立健全学生伤害纠纷调解工作相关制度。

（一）工作例会制度。学生伤害纠纷人民调解委员会应定期召开工作例会，研究工作计划，交流经验做法，查找工作中的薄弱环节，分析当前矛盾特点，会诊重大疑难纠纷。

（二）工作台账制度。要制订统一格式的学生伤害纠纷《调解申请书》、《调解受理通知书》、《调解协议书》、《调解送达回证》、《调解回访录》、《调解结案表》及其他有关统计报表，规范日常工作。

（三）回访制度。学生伤害纠纷人民调解组织应对已调结的纠纷，特别是较复杂的或有可能出现反复的纠纷，要进行走访、了解情况，及时掌握协议履行情况和当事人的思想状况。



（四）经费保障制度。市学生伤害纠纷人民调解委员会设立专项工作经费，纳入人民调解专项经费。

**第十一条** 发生学生伤害纠纷后，学校应通知校（园）方责任险的投保单位，及时介入理赔工作。

**第十二条** 本办法自发文之日起施行。

# 诸暨市司法局
# 关于加快推进基本公共法律服务体系建设的实施意见

（诸司〔2014〕57号）

各科、室、队、处、所：

为认真贯彻党的十八大和十八届三中、四中全会关于推进覆盖城乡公共法律服务体系建设的要求，根据司法部《关于推进公共法律服务体系建设的意见》（司发〔2014〕5号）、省司法厅《关于推进城乡基本公共法律服务体系建设的指导意见》（浙司〔2013〕92号），绍兴市司法局《关于进一步推进基本公共法律服务体系建设的实施意见》（绍司发〔2014〕57号），结合我市实际，现就加快推进基本公共法律服务体系建设工作提出如下实施意见：

## 一、进一步明确推进基本公共法律服务体系建设的基本内涵及重要意义

1. 明确基本公共法律服务体系的基本内涵。公共法律服务，是指旨在保障公民基本权利、维护群众合法权益、实现社会公平正义和保障人民安居乐业所必需的公益性法律服务，是公共服务的重要组成部分；基本公共法律服务体系，是指由政府主导、司法行政机关统筹，以司法行政法律服务中心、法律援助中心、律师事务所、基层法律服务所、公证处等法律服务组织、12348法律咨询热线、人民调解组织、法制宣传责任部门等机构和律师、基层法律服务工作者、公证员、人民调解员、社会公益人士等人员为主要供给主体，由政府出资或购买，为公民和有关社会组织提供免费法律服务而建立起来的体系，它由公共法律服务产品体系、公共法律服务网络体系、公共法律服务业务标准体系三部分组成。

2. 充分认识基本公共法律服务体系建设的重要意义。基本公共法律服务是政府基本公共服务的重要组成部分，在维护社会和谐稳定、公平正义和创新社会治理中具有重要的作用。特别是随着经济社会的不断发展，人民群众日益增长的法律服务需求与城乡法律服务资源配置不均衡以及部分群众对市场化

法律服务承受能力弱的矛盾日益凸显,使政府公共法律服务在政府公共服务体系中的地位显得更为重要。全市司法行政系统各单位一定要从战略和全局的高度,充分认识扎实推进基本公共法律服务体系建设对于保障公民法律权益、促进社会公平正义、从源头上预防和化解社会矛盾,实现平安建设、法治建设等方面所具有的重要意义,以深入学习贯彻党的十八大、十八届三中、四中全会和习近平总书记一系列重要讲话精神为着力点,加快推进基本公共法律服务体系建设,为我市经济发展、社会稳定、依法治市创造良好的法治环境。

## 二、进一步完善基本公共法律服务体系建设的产品项目、供给网络及业务标准

3. 科学界定基本公共法律服务体系产品项目。科学界定公共法律服务的范围和服务主体,定期向社会公布产品目录,不断完善基本公共法律服务产品体系,其项目内容主要包括:法律援助服务;公益性法律顾问服务项目公示、办理服务;12348 法律咨询服务;人民调解委员会民间纠纷调解服务;法律宣传教育服务;商业性法律服务机构名录、收费指导标准、服务流程公示、告知服务等。要向群众公示产品项目的具体服务对象、服务内容、服务地址、服务时间等。



4. 完善基本公共法律服务体系供给网络。进一步加强司法行政法律服务中心建设,整合司法行政职能,按照“集中受理、分类办理、限时办结”的要求,提供综合性、“一站式”服务。在各镇乡(街道),可以利用已实行窗口式服务的司法所或大调解工作平台,大力推进公共法律服务站建设;也可以借助镇乡(街道)社会服务管理中心,大力推进公共法律服务窗口进驻工作;在村(居)委会办公地、老年活动中心等其他人口密集场所,设置公共法律服务公告栏,展示公共法律服务产品项目。组织力量编印公共法律服务便民手册,为群众提供法律服务指引。加强公共法律服务信息化建设,把“12348”法律咨询专线建设成为“公共法律服务专线”。整合市司法行政门户网、普法网、官方微博、短信群发系统等资源,链接公证处等法律服务机构网站,构建覆盖城乡的公共法律服务电子网络平台,提供网上法律服务。

5. 建立基本公共法律服务体系业务标准。加快建立健全公共法律服务标准体系,建立健全公共法律服务质量评价机制、监督机制、失信惩戒机制,推行岗位责任制、服务承诺制、首问负责制、限时办结制、服务公开制等服务制度,加

强便民利民服务建设,提升公共法律服务质量和水平,努力为人民群众提供优质、高效、便捷的公共法律服务。

## 三、进一步推进基本公共法律服务保障体系建设

6. 积极争取党委政府对基本公共法律服务体系建设的重视支持。各司法所要及时向所在地党委、政府报告工作中的重要情况和重大问题,确保基本公共法律服务体系建设的各项举措落实到位。积极争取党委、政府加强对基本公共法律服务体系建设的组织领导,纳入政府为民办实事项目和公共服务建设的重要组成部分,加强工作的督导和考核评估,促进工作有序开展。积极推动将基本公共法律服务事项纳入政府购买项目,探索编制公共法律服务产品“政府采购目录”。

7. 切实加强基本公共法律服务人才队伍建设。培育扶持和鼓励一批公信力强、功能完备、运作规范、作用显著的法律服务机构等社会组织参与基本公共法律服务。开展多层次教育培训,不断提高法律服务工作者的政治素质、业务素质和职业道德素质。大力宣传表彰基本公共法律服务先进集体和先进个人,发挥典型的示范引领作用。

8. 广泛开展基本公共法律服务工作的宣传引导。积极开展公共法律服务推介宣传活动,倒逼基本公共法律服务能力不断提高,服务项目不断健全、服务体系不断完善,从而更好地服务我市经济社会发展,推动“法治诸暨”“平安诸暨”建设。各司法所及相关单位要采取行之有效的方式,切实把推介宣传工作落到实处,把宣传引导活动作为完善基本公共法律服务体系建设的重要组成部分,进一步打响我市基本公共法律服务的品牌效应,使之成为群众日常寻求法律帮助、解决法律问题的“必需品”。

9. 明确基本公共法律服务体系建设实施步骤。要确定在不同阶段的目标要求,突出重点,分步实施,整体推进,确保《实施意见》得到全面正确执行。2014 年 11 月底前,结合我市实际,制定基本公共法律服务产品目录、工作制度;至 12 月底,做好与司法所、大调解工作平台或社会服务管理中心对接、进驻工作,村(社区)人口密集场所公共法律服务公告栏上墙工作。各科、室、处、所贯彻实施情况及时报送局办公室,局将适时对各单位贯彻落实情况进行督查。

**附件1:**

## 诸暨市基本公共法律服务项目内容标准

### 一、基本项目内容

1. 法律援助服务

服务对象:符合法律援助条件,经济困难或特殊案件的当事人

服务内容:由法律援助中心指派法律服务机构及法律援助人员提供无偿的法律服务

服务方式:对符合条件的法律援助申请人,在法律援助中心、镇乡(街道)法律援助工作站现场受理申请;对行动不便的老年人、残疾人提供上门服务

2. 12348 法律咨询热线服务

服务对象:普通公众

服务内容:各类法律问题咨询

服务方式:直接拨打"12348"热线电话

3. 人民调解委员会民间纠纷调解服务

服务对象:普通公众

服务内容:各类民间纠纷的调解或指引

服务方式:由人民调解员在市司法行政法律服务中心、司法所或社会服务管理中心、各类行业性专业性调委会、村居调委会所在地等场所进行民间纠纷现场调解或指引

4. 行政村(社区)法律顾问法律服务

服务对象:普通公众

服务内容:提供法律咨询,开展法制宣传,帮助修订完善村规民约、合同、协议等,帮助困难群众依法获得法律援助

服务方式:现场咨询、解答、受理或者电话咨询、解答

5. 律师、公证等商业性法律服务机构指引服务

服务对象:普通公众

服务内容:聘请律师、办理公证等法律服务的指引

服务方式:在市司法行政法律服务中心设立咨询窗口,提供律师、公证等法

律服务的咨询、指引服务

6. 法制宣传教育服务

服务对象：普通公众

服务内容：各类法律法规的宣传教育

服务方式：向社会各类组织或者人群，提供法制讲座、学法考试、法治教育基地观摩、法制展板宣传等服务，并依托网络、媒体等平台，在全社会开展法制宣传教育服务

**二、项目内容建设标准**

1. 按照服务名称、服务内容、服务对象、服务提供者、服务时间等加以量化、细分，制定我市基本公共法律服务产品目录，并制作成便民服务手册；

2. 局结合我市实际，确定基本公共法律服务基本项目内容的服务范围；

3. 局每年度向社会公布我市的基本公共法律服务基本项目内容。

**三、单项法律服务产品管理标准**

1. 法律援助、人民调解、行政村（社区）法律顾问服务按照原有标准执行；

2. 法制宣传服务力争以产品形式提供，产品的形式包括法制讲座、专项法律问题集中解答、法制宣传展板展示等，并按普法对象予以分类量化管理；

3. 各类公共法律服务产品提供者、提供形式由局和各司法所统筹。

**附件 2：**

## 诸暨市基本公共法律服务网络建设标准

**一、组织网络建设**

1. 构建市级层面公共法律服务网络。根据浙江省司法厅、绍兴市司法局规范化建设的相关文件精神，着力打造司法行政法律服务中心工作平台。

2. 构建镇乡（街道）公共法律服务网络。依托已实行窗口式服务的司法所、大调解工作平台，也可借助镇乡（街道）社会服务管理中心平台，大力推进公共法律服务窗口进驻工作。

3. 构建行政村（社区）公共法律服务网络。依托村委会（居委会）办公地、老年活动中心等人口密集场所，设置公共法律服务公告栏，做好上墙公示。行

政村（社区）法律顾问到村（社区）开展法制宣传、法律咨询、纠纷调处等公共法律服务每2个月至少1次。认真贯彻落实《关于推广农村法律顾问制度的通知》（诸政办发〔2009〕188号）、《诸暨市行政村（社区）法律顾问工作考核及补贴发放办法》（诸司〔2012〕14号）等文件。

4. 完善基本公共法律服务电子网络平台。加强"12348"法律咨询专线建设，有效整合司法行政门户网、普法网、移动短信群发系统等服务资源。

**二、窗口服务人员、基本公共法律服务联络员选任标准**

1. 窗口服务人员应该具备以下条件：（1）大专以上学历，具有一年以上法律实务工作经验；（2）热心、正派，责任感、服务意识强；（3）熟悉公共法律服务各项产品服务范围、提供条件和规范流程。

2. 镇（街道）公共法律窗口服务人员由司法所确定，并报市司法行政法律服务中心登记备案；市司法行政法律服务中心窗口工作人员由局统一调配。

3. 村居、其他人口密集区或其他组织设公共法律服务联络员，由司法所选任，并进行登记。

4. 窗口服务人员或联络员可以从司法所工作人员、政法干部、人民调解员、社会公益人士等对象中选任。



**三、窗口接待咨询人员岗位职责**

1. 认真倾听咨询人的陈述，以事实为依据，以法律为准绳，帮助理清法律关系，提供客观的法律意见，并做好记录；

2. 能在窗口直接办理的事项，按规范流程受理、办理；

3. 属于其他公共法律服务组织办理的事项，明确告知其他公共法律服务组织地址、联系人、联系电话，并代为联络；

4. 如群众需求事项涉及商业性法律服务，告知其一般办理程序及收费指导标准，并提供《商业性法律服务机构名录》；

5. 对不属于基本公共法律服务范围的事项，耐心做好解释工作。

**四、基本公共法律服务联络员岗位职责**

1. 宣传介绍公共法律服务项目内容、办理流程；

2. 分发、提供公共法律服务便民手册；

3. 协助安装、维护公共法律服务公告栏；

4. 直接开展法律咨询或纠纷调解服务；

5. 指引并告知群众至其他公共法律服务机构办理。



**附件3：**

## 诸暨市基本公共法律服务业务建设标准

1. 质量评价制。采取填写测评卡、回访群众、走访特邀监督员、分析窗口登记数据等方式，重点围绕服务态度、业务技能、服务质量、廉洁从政等方面，对公共法律服务质量进行评价。

2. 公开承诺制。统一印制公共法律服务手册，在窗口或大厅摆放。工作人员实行佩证上岗，工作人员名单、组织机构网络、工作职责公示上墙。窗口设置醒目服务标识，向社会公布投诉电话和咨询电话。通过大屏幕、电子触摸屏及局网站等发布公共法律服务事项办理指南。

3. 首问负责制。当事人通过电话、传真、邮件等通讯工具或本人来访所接触的窗口接待人员为首问责任人，首问责任人履行"自办全程负责、交办落实对接"工作原则。首问责任人被询问的办理事项，属于本人工作职责范围内的，应一次性告知申请人注意事项；不属于本人工作职责范围或本部门工作职责范围内的服务事项，做好解释和分流工作，不得推诿，并负责落实联系对接，及时了解办理结果。



4. 一次性告知制。窗口服务人员应了解群众真实需求，耐心讲解说明。属于直接受理、办理事项的，对于申办人手续，资料不全的，应一次性列清或告知办理前置条件和需提交的资料；不属于直接受理、办理事项的，一次性告知其他部门的地址、联系人和联系电话。

5. 预约服务制。预约服务可采取当面预约、电话预约、信函预约等方式进行。被预约的，工作人员应严格按照约定时间，热情、主动地办理约定的服务事项。因客观原因不能提供预约服务的，应提前告知预约对象，说明原因，并做好解释工作，不能无故予以拒绝。

6. 监督惩戒制。服务窗口要完善监督惩戒机制，建立工作考评制度，完善内部监督机制，主动接受组织、群众、社会和舆论的监督，及时整改存在的问题。

# 诸暨市人民政府办公室
# 关于调整人民调解“以奖代补”政策的意见

（诸政办发〔2015〕63号）

各镇乡人民政府，各街道办事处，市政府各部门：

为进一步贯彻落实《人民调解法》和《关于进一步加强新形势下人民调解工作的意见》（市委〔2014〕22号）的精神，促进人民调解工作健康发展，结合我市实际，现就调整人民调解“以奖代补”政策提出如下意见：

## 一、重要意义

人民调解是一项具有中国特色的社会主义法律制度，承担着维护社会稳定的“第一道防线”作用。我市自2008年实施人民调解“以奖代补”政策以来，对调动人民调解员的工作积极性，促进各类矛盾纠纷有效化解发挥了积极作用。但随着经济社会的发展，原有的“以奖代补”政策已与当前形势不相适应，一定程度上制约了人民调解事业的健康发展。适时调整人民调解“以奖代补”政策，有利于提高人民调解员的工作积极性和责任感，有利于提升人民调解的社会公信力，有利于促进人民调解工作健康发展。

## 二、实施办法

人民调解“以奖代补”实行考核制。

（一）考核范围

考核范围为全市各类人民调解委员会（人民调解工作室）和在司法行政机关备案的人民调解员。全市各类人民调解委员会（人民调解工作室）是指全市各专业性人民调解委员会，各镇乡（街道）人民调解委员会及其驻派出所人民调解工作室，各镇乡（街道）所属的村、居、企、专业市场等人民调解委员会（人民调解工作室）。人民调解员中现职的国家公务员、事业干部不列入考核范围。

（二）分类考核

镇乡（街道）与市级专业性调委会实行分类考核。

1. 镇乡（街道）所属调委会（调解室）和人民调解员的考核。镇乡（街道）所属调委会（调解室）成功调解的矛盾纠纷信息均需输入《浙江省司法行政基层管理平台》中，根据难易程度分为四类。第一类简易纠纷：经口头调解解决纠纷，并按照要求登记，每件奖励由20元提高到50元；第二类一般纠纷：经调委会调解成功，按照要求进行登记，完成调解申请书、纠纷受理调解登记表、调查笔录和调解协议书等人民调解格式文书制作，双方达成书面协议，每件奖励由80元提高到100元；第三类疑难纠纷：纠纷标的在5000元以上的损害赔偿纠纷，或10人以上的疑难群体性纠纷，调处成功并按要求制作规范格式文书，做到一案一卷归档，每件奖励标准不变，仍为200元；第四类重特大纠纷：群死群伤的纠纷，多次或多人赴省或赴京上访的纠纷，在本市具有重大社会影响且涉及10人以上的群体性矛盾纠纷，市级以上领导交办且疑难复杂的矛盾纠纷，在本市具有重大影响的其他矛盾纠纷，调处成功并按要求制作规范格式文书，做到一案一卷归档，每件奖励1000元。驻派出所人民调解室的专职人民调解员每年奖励最高不超过5000元。

2. 市级专调委和人民调解员的考核。市级专调委对人民调解员（含辅助人员）考核采取百分制考核奖励，根据政治纪律、工作任务、业务要求进行考核，考核标准为每分40元，根据考核得分数，计算人民调解员奖励金额（考核标准见附件）。

（三）考核方式

1. 镇乡（街道）考核以司法所为统计单位，于每年6月和12月由司法所对所属调委会（调解室）调解成功的各类纠纷进行统计汇总，报送市司法局基层科，其中重特大纠纷须一案一卷。

2. 市级专调委每月对每个调解员调解纠纷情况进行统计、汇总，报送市司法局基层科，于每年12月进行考核。

3. 由市司法局组成考评小组，对各专调委和镇乡（街道）进行考核、评定、汇总。考核以各类报表或专项统计为基础，采取听汇报、查台账、实地抽查、评定等方式进行全面、认真、细致的核实，确定兑现奖励金额。

## 三、工作要求

1. 提高认识。调整人民调解"以奖代补"工作机制，是进一步加强新形势下人民调解工作的重要举措。各职能部门要提高认识，加强组织领导，认真落实各项职责。

2. 落实经费保障。"以奖代补"所需经费涉镇乡（街道）的由市财政和镇乡（街道）两级财政各半分担，涉市级专调委的由市财政负担。市财政负担部分列入司法局部门预算，专款专用，年底按实际下拨兑现。

3. 严格考核制度。司法行政部门要加强对人民调解工作的检查指导力度，严格按照考核办法实施奖励措施，确保把有限的经费用在刀刃上，使人民调解"以奖代补"政策发挥出应有的作用。

**附件：诸暨市专调委专职人民调解员考核标准**

| 序号 | 项目 | 考核内容 | 基本分 | 考核标准 | 自评分 | 考核分 |
|---|---|---|---|---|---|---|
| 1 | 政治纪律25分 | 坚持政治、业务学习制度，积极参加政治理论、业务知识学习 | 3 | 发现查实一次不得分，以学习记录和会议签到为准 | | |
| 2 | | 自觉遵守上、下班工作制度，不迟到、早退，按规定履行请销假制度 | 6 | 查实、发现、举报一次扣3分 | | |
| 3 | | 严禁在工作期间使用电脑从事与工作无关事项 | 4 | 查实、发现、举报一次扣2分 | | |
| 4 | | 工作人员上班期间必须规范佩戴胸牌、调解员徽章 | 2 | 查实、发现、举报一次扣1分 | | |
| 5 | | 严格遵守各项纪律规定，诚实守信，全心全意为当事人服务，无投诉，无违法违纪现象 | 10 | 出现一次有效投诉不得分 | | |

续表

| 序号 | 项目 | 考核内容 | 基本分 | 考核标准 | 自评分 | 考核分 |
| --- | --- | --- | --- | --- | --- | --- |
| 6 | 工作任务55分 | 及时完成上级交办的工作任务，及时上报2件调解案例，并做到年度有计划、年终有总结 | 4 | 计划、总结少一项扣1分，调解案例少1件扣1分 | | |
| 7 | | 及时上报各类报表、材料 | 5 | 未上报报表，上报报表不准确的每次扣1分 | | |
| 8 | | 每个专职调解员每月的调解案件结案基数为交调委10起，联调委7起，医调委4起，劳调委8起，消调委3起，婚调委3起，商调委3起，校调委3起，环调委3起 | 40 | 核查案件调结数，每月由各专调委对各调解员调结案件进行统计，年末按12个月累计计算，完成得基本分，完不成按比例扣分 | | |
| | | 辅助人员及时在浙江省基层信息平台输入信息 | | 输入纠纷信息占调解结案数在98%以上的得基本分，每降一个百分点扣2分 | | |
| 9 | | 认真负责调解案件，做到依法、合理、公平、公正，确保当事人履行协议 | 6 | 发生一起保险公司拒赔的或当事人反悔被法院改判的不得分 | | |
| 10 | 业务要求20分 | 制作统一规范格式的调解协议书，案件卷宗有申请书、告知书、受理登记表、相关证据材料及协议书，做到调处合法规范、登记及时、证据材料齐全 | 6 | 查看调解协议书制作情况，发现有未使用格式文书的不得分，有相关内容缺少的，发现一起扣2分 | | |
| 11 | | 调解协议书各方当事人基本情况要素齐全，纠纷简要事实、争议事项及双方责任表述清晰。调解协议书履行的方式、地点、期限齐全，表述准确 | 6 | 有相关内容缺少的发现一起扣2分 | | |
| 12 | | 调解协议书制作规范，有当事人等调解参与人签名、调委会盖章等内容齐全 | 6 | 缺少一项的发现一起扣2分 | | |
| 13 | | 案卷装订规范、及时，保管严格，卷宗号等顺序清楚，书写笔迹清晰，使用符合档案要求的书写用笔 | 2 | 不按规定装订、书写笔迹不清晰或未使用符合档案要求的书写用笔的不得分 | | |

续表

| 序号 | 项目 | 考核内容 | 基本分 | 考核标准 | 自评分 | 考核分 |
|---|---|---|---|---|---|---|
| 14 | 附加分 | 超额完成调解案件的 | | 核查案件调结数，超出基数每成功调解 1 件加 1 分，本项加分不超过 30 分 | | |
| 15 | | 成功调解重特大纠纷的 | | 被认定的，每件奖励 4 分 | | |
| 16 | | 调解案例，被录用的按录用级别分别计分 | | 本市、绍兴市、省、部分别以 1、2、3、4 分计算。计分就高不重复 | | |

# 关于加强社会化调解体系建设的实施意见

（诸大调解办〔2015〕1号）

各镇乡党委、政府，各街道党工委、办事处，市级机关各部门：

为积极探索乡村治理新机制，广泛调动社会各方力量，有效化解各类矛盾纠纷，努力提升乡村治理能力和水平。根据《中共诸暨市委办公室　诸暨市人民政府办公室关于坚持发展“枫桥经验”推进乡村治理现代化的实施方案》（市委办〔2015〕71号）文件精神，结合我市实际，现就加强社会化调解体系建设制定如下实施意见：

## 一、指导思想和工作目标

以党的十八大和十八届三中、四中全会精神为指导，坚持和发展“枫桥经验”，运用法治思维和法治方式，创新基层社会治理方式，按照“镇为领导、村为主体、党员带头、群众参与”的工作理念，引导社会组织和社会力量广泛参与，通过自我管理、自我教育和自我服务，健全完善社会化调解体系，减少和化解基层社会矛盾，切实维护乡村社会稳定，努力推进乡村治理现代化。

## 二、主要做法

（一）发展社会化调解组织

1. 健全基层人民调解组织。按照“网格化管理、组团式服务”的要求，进一步巩固完善村、居（社区）人民调解委员会。对人数较多、情况较复杂、工作量较大的自然村、小区，可根据实际工作需要，设立人民调解小组开展调解工作，有条件的可配备专职人民调解员，有效开展人民调解工作，就地化解矛盾纠纷。

2. 加强社会化调解组织建设。司法局要加强有关行业主管部门的协调配合，指导相关行业协会等社会团体和其他组织，设立调委会。对已设立的专业性、行业性调委会，要进一步巩固提高，规范组织名称、标牌和标识使用，健全各项制度,有效开展工作。同时,要充分发挥工会、妇联、团委等群团组织的职能,进一步推进企业调委会建设;充分发挥消保会作用,加强消费纠纷人民调解委员会建设;充分发挥总商会协会作用,加强总商会调委会建设。

3. 推进仲裁组织建设。发挥绍兴市仲裁委员会诸暨分会作用,拓宽仲裁服务领域,鼓励在建设工程、房地产、金融等行业更多地运用仲裁方式解决纠纷。制订仲裁办案标准化流程和仲裁文书标准化版本,推进仲裁工作标准化和仲裁办案管理系统信息化建设;建立完备、科学的仲裁质量保障和监督制度,保障仲裁依法独立进行,公平合理解决纠纷。

(二)推进多元化社会化力量参与人民调解

1. 乡贤参与人民调解。按照“弘扬乡贤文化　涵养社会主义核心价值观”的要求,充分发挥乡贤在维护基层和谐稳定中的作用。依托乡贤亲缘、人缘、地缘的优势和凝心聚力的独特作用参与人民调解,在条件成熟时按照人民调解员选聘条件和程序,逐步将一批热心调解工作的乡贤力量,聘任为镇乡、村(居)人民调解委员会的专、兼职人民调解员,司法所要加强对他们的业务培训和指导。

2. 志愿者参与人民调解。开展“十大百名”志愿者招聘活动,在医疗卫生、征地拆迁、劳动争议、法律服务等十个专业领域,各招募 10 名具有专业知识,经验丰富的人民调解志愿者。人员组成包括政府部门在职或退休干部,法律界、社会学界专业人士等,并进行建库分组,在重特大矛盾纠纷调解时分组接受指派,参与调解。

3. 新闻媒介参与调解。重点是通过设置人民调解电视专栏,组建专业调解和摄制团队,实现现代传媒与人民调解的良性互动,更好地帮助解决各类婚姻、赡养、损害赔偿、消费维权等矛盾纠纷。以案说理、以案释法,起到化解一案、教育一片的作用。

4. 仲裁员参与调解。在社会中遴选品德高尚、业务精良、作风正派,具有一定资格的社会人士担任仲裁员,推动各类矛盾纠纷能够得到专业化的解决,形成通过社会力量化解社会矛盾的社会治理模式。加强仲裁员队伍自身建设,不断提高办案效率和质量。

(三)建立社会化运作机制

1. 建立教育培训基地。借助市枫桥经验接待培训中心等平台,由市调解总会牵头举办，以调解员、志愿者等为主要对象，开展包括初任培训、提高培训、拓展培训三个层次的业务培训。组建一支涵盖医疗、法律、经济等各类专家的调解业务培训师资队伍，通过专家咨询、专家授课、现场指导等多种途径，为化解各类专业性、行业性疑难复杂纠纷、提高人民调解员队伍素质提供智力支撑。

2. 加强业务指导。开展人民调解质量提升工程，按照纠纷受理、调查、调解、协议、回访、归档等流程的规范化要求，对调解员调解的文书格式、办案流程、回访情况等各项调解制度进行统一和规范，帮助建立完整的工作台账和调解卷宗，确保调解工作规范化。适时组织履职轮训，通过集中学习、培训指导、现场观摩等多种形式，提升调解员的履职能力和调解水平。

3. 大调解社会化运作。市调解总会要积极发挥协会社会组织优势，通过政府购买服务形式，开展调解员培训、调解类社会组织孵化等工作，通过硬件支撑和软件支持相结合方式，培育、扶持、发展专业调解类社会组织，开展社会矛盾纠纷化解工作，实现大调解社会化运作。

### 三、工作要求

1. 加强组织领导。市镇两级要加强组织领导，做到科学谋划、统筹安排，积极动员和引导社会各界人士投身于人民调解事业，为其充分发挥作用创造条件。

2. 强化配合协调。政法综治部门做好具体牵头工作，司法行政部门要加强对具体业务工作的指导和管理，其他各职能部门要密切配合，各司其职，形成人民调解工作的强大合力。

3. 落实工作保障。市镇两级要从完善硬件设施、强化经费保障等方面入手，研究出台保障措施，扩大人民调解“以奖代补”等经费补助政策的覆盖范围。司法行政部门要及时推广社会化调解的好经验、好做法，使社会化调解工作受到社会的尊重，进一步激发广大社会人士参与人民调解的积极性。

# 关于建立矛盾化解甄别疏导机制的实施意见

（诸大调解办〔2015〕2号）

各镇乡党委、政府，各街道党工委、办事处，市级机关各部门：

为规范人民调解工作，充分运用法治方式化解矛盾纠纷，推进基层自治法治化进程，营造和谐稳定的社会环境，根据《中共诸暨市委办公室　诸暨市人民政府办公室关于坚持发展"枫桥经验"推进乡村治理现代化的实施方案》（市委办〔2015〕71号）文件精神，结合我市实际，现就建立矛盾化解甄别疏导机制制定如下实施意见：

## 一、指导思想

以十八届三中、四中全会精神为指导，紧紧围绕维护社会稳定，以深入推进乡村治理现代化建设为目标，加强人民调解工作规范化、制度化、法制化建设，创新人民调解工作运行机制，切实提高依法有效化解各类矛盾纠纷的能力。

## 二、工作目标

通过建立矛盾化解甄别疏导机制，达到二大目标。一是明确人民调解范围。规范人民调解工作，明确纠纷受理范围，提高调解效率和调解质量，增强社会公信力和提高群众满意度。二是畅通法治渠道。加强人民调解与行政调解、司法调解等有机衔接，严格将人民调解范围之外的矛盾纠纷疏导移交给相关行政部门、司法部门等依法处置，切实把矛盾纠纷纳入依法处理轨道。

## 三、受理范围

根据《人民调解法》要求，在尊重当事人意愿和维护合法权益的前提下，明确以下纠纷为基层人民调解组织受理范围：

（一）各类民事纠纷：

1. 家庭纠纷：婚姻纠纷、抚养纠纷、赡养纠纷、继承纠纷等；

2. 邻里纠纷：通行、通风、采光、排水、截水等纠纷；

3. 土地纠纷：山林、土地的使用权、经营权纠纷，宅基地纠纷，责任田（山）经营纠纷，林木、果树地经营纠纷等；

4. 经济纠纷：承包纠纷、小额债务纠纷、租赁纠纷等；

5. 损害赔偿纠纷：财物损害赔偿纠纷、轻微人身伤害赔偿纠纷、精神损害赔偿纠纷等；

6. 其他涉及民事权利义务争议的纠纷。

（二）民事违法引起的纠纷，但未违反治安管理处罚法，未构成犯罪的。

（三）轻微刑事违法纠纷：侮辱、诽谤、损害名誉、虐待、干涉婚姻自由、故意伤害致人轻微伤等刑事自诉案件，但由于情节显著轻微，法律规定此类案件当事人不自诉或者自诉后撤诉的，人民调解委员会可以进行调解。

具有下列情形之一的，人民调解委员会不予受理：

1. 一方当事人不同意进行调解的纠纷；

2. 人民法院、公安机关或其他行政机关已经受理或者解决的案件；

3. 一方当事人雇凶伤害他人、结伙斗殴或者其他寻衅滋事等已构成犯罪的案件；

4. 严重违反治安管理处罚法的案件；

5. 其他不宜进行人民调解处理的。

## 四、运行办法

1. 及时甄别。镇乡街道综治办和社会治理“一张网”办公室根据平安通信息网及时汇总矛盾纠纷和各类诉求，做好登记，及时开展分类甄别、引导指派、依法办理，做到依法处置和调解化解有机结合，切实把矛盾化解在初始阶段。

2. 引入心理疏导。构建心理疏导机制，设立心理咨询工作室。对涉心理需求的矛盾纠纷，从人文关怀和心理疏导入手，运用心理疏导技能打开当事人的心理症结,平抑当事人的情绪,化解当事人内心的矛盾冲突,促进人们心理的健康,维护社会和谐。

3. 依法劝导。对涉法涉诉、应由司法办理的民事侵权、调解无法达成协议的矛盾纠纷,劝导当事人通过法定途径依法维护自身权益,发放告知书。

4. 定期会审。对当事人提交的诉求不适合调解又不愿意接受劝导依法处置的,由综治办牵头,派出所、检察室、法庭、司法所联合进行会审甄别,应依法处置的直接移交相关政法部门。

5. 依法调解。在双方当事人自愿的基础上,整合人民调解、行业调解、专业调解力量,发挥人民调解、行政调解、司法调解联动作用,综合开展多种形式的依法调解工作。

6. 跟踪评估。对矛盾纠纷处置情况进行跟踪服务,限期承办。对承办结果进行适用范围、适用依据、裁量尺度、文本规范、处置效果五个方面的法治评估,评估必须四项以上指标达标。

## 五、工作要求

1. 提高认识。正确认识推进法治建设的重大意义,运用法治思维和法治方式解决问题,化解矛盾,引导广大群众依法维护自身权益,营造良好的法治氛围。



2. 创新方法。坚持发展“枫桥经验”,注重制度建设,从源头上立好规矩,守住底线。充分运用法治方式依法化解矛盾纠纷,建立符合法治方式的群众动员机制、矛盾化解机制,丰富“枫桥经验”的内涵。

3. 严格把关。各镇乡街道和站所加强法律法规的学习,掌握法治本领,对矛盾纠纷要实时排查、及时受理、准确甄别,做到依法开展调解工作,依法化解矛盾纠纷,保护当事人合法权益,维护社会公平正义。

附件 1：

## 人民调解案件移送单（存根联）

关于__________________________________的纠纷，经调解，双方未达成一致，于________年____月____日将案件移送至镇乡（街道）调委会。

__________村人民调解委员会　　移送人：

年　　月　　日

---

## 人民调解案件移送单

镇乡（街道）调委会：

__________村关于__________________________________的纠纷，经调解，双方未达成一致，现将案件移送至镇乡（街道）调委会，望镇乡（街道）调委会接受此案。

移送单位：　　　　（盖章）　　　　移送人：

附件 2：

## 告知书

_____________：

您好！你就_______________________________________问题向镇人民调解委员会的申请调解，经审核，这一申请属于以下情况：

1. 已超出人民调解委员会受理范围，不予受理；

2. 涉及违法犯罪行为；

3. 其他。

您的申请，不符合人民调解受案条件，为维护您的合法权益，建议您通过其他途径予以解决：

1. 向__________________（相关职能部门）申请解决；

2. 向人民法院提起诉讼；

3. 仲裁委员会仲裁；

4. 其他。

特此告知。



镇人民调解委员会

年　　月　　日

# 中共诸暨市委办公室　诸暨市人民政府办公室<br>关于建立物业纠纷人民调解工作机制的意见

（市委办〔2015〕80号）

各镇乡党委、政府，各街道党工委、办事处，市级机关各部门，市属企事业单位：

为充分发挥调解工作在物业纠纷处理中的作用，探索人民调解、行政调解、司法调解联动的物业纠纷调解工作新模式，促进我市社会和谐，根据国务院《物业管理条例》和《浙江省物业管理条例》等法规规定，结合我市实际，现就建立物业纠纷人民调解工作机制提出如下意见：

## 一、机构设置

（一）加强统一领导。成立由市政府分管副市长任组长的市物业纠纷调解工作领导小组，领导小组下设办公室，负责物业纠纷调解工作的组织领导和整体协调；指导疑难纠纷调解和诸暨市物业纠纷人民调解委员会开展日常工作，参与重大疑难案件研究和论证；组织调解人员业务培训。

（二）构建三级网络。市建设局牵头组织由市物业协会和房产协会联合成立诸暨市物业纠纷人民调解委员会，落实办公室、调解室等工作场所，在建设局临聘人员中调剂2—3名人员，经司法局业务培训后，担任物调委专职人民调解员，制订相关管理运行制度。市物业纠纷人民调解委员会要聘请法官、检察官、律师、优秀人民调解员及规划、建筑质监、房管、环保等熟悉物业管理领域的专业人士组建专家库，为重大疑难物业纠纷调解提供专业指导。

各镇乡（街道）要切实落实《诸暨市人民政府办公室关于加强诸暨市住宅小区物业管理的若干意见》（诸政办发〔2013〕84号）要求，联合有关部门，依托已有人民调解委员会，吸纳物业管理部门及专业调解力量，组建专门的物业纠纷调解组织，通过政府购买服务或在社区管理工作机构中确定专人的方式保证物业纠纷调解力量，同时，指导社区居委会开展调解工作。各镇乡（街道）要加强对物业纠纷人民调解工作的领导，各司法所要加强对物业纠纷人民调解工作的指导。

社区居委会应确定专人负责物业纠纷调解工作。要坚持预防为主原则，大力宣传物业管理政策法规，动员居民共建文明社区，从源头减少物业纠纷的发生。鼓励大型社区聘任专职物业纠纷人民调解员。大型小区可试点建立由物业公司、业主委员会、业主等代表组成的物业纠纷调解组织，接受社区人民调解委员会的指导，就地化解邻里纠纷。小区应建立以楼群组长为主的物业纠纷信息员制度，及时将物业纠纷信息反映到社区，引导信息员积极参与纠纷化解。

（三）强化部门职责。市建设局要加强对物业服务企业、协会的日常管理和指导，督促指导市物业纠纷人民调解委员会开展调解工作等。市司法局负责物业纠纷人民调解工作的业务指导，聘请律师对人民调解员进行业务培训，落实物业纠纷人民调解"以奖代补"等工作。市综治办要对加强物业纠纷调解工作的统筹协调，督导相关单位优先运用调解方式化解物业纠纷。市人民法院要指定专业法官或专业合议庭负责物业纠纷案件审理；积极支持和配合调解组织，提供法律法规咨询，指导调解工作；对有可能通过调解解决的案件可组织调解或者委托人民调解组织调解。各镇乡（街道）要加强对住宅小区的日常管理，及时化解矛盾。



## 二、受理范围

（一）下列情形之一的，属于物业纠纷人民调解受理范围：

1. 物业管理过程中引发的业主之间相邻权纠纷；

2. 物业管理过程中引发的业主与业主委员会纠纷；

3. 物业管理过程中引发的业主或业主委员会与物业服务企业之间纠纷；

4. 物业管理过程中引发的新老物业服务企业之间纠纷；

5. 物业管理过程中引发的业主、业主委员会与开发建设单位或其他单位、个人之间纠纷。

（二）下列情形之一的，不属于物业纠纷人民调解受理范围：

1. 一方当事人不同意进行调解的物业纠纷；

2. 法院、公安等机关已经受理或解决的物业纠纷；

3. 严重违反《治安管理处罚法》、依法应予处罚行为所产生的民事权益纠纷；

4. 已构成犯罪行为所产生的民事权益纠纷；

5. 与物业不相关的婚姻家庭纠纷、损害赔偿纠纷、经济纠纷等。

## 三、工作流程

（一）社区调解。物业纠纷的一方或双方向所在社区居委会提出纠纷处理申请，社区居委会指派物业纠纷调解组织或专人及时组织调解；对调解不成功的，及时向属地镇乡（街道）社区管理工作机构汇报。

（二）镇乡（街道）调解。镇乡（街道）社区管理工作机构应及时处理社区居委会上报的物业纠纷情况，需调解的要在 5 个工作日内组织调解，必要时可邀请物业管理主管部门和人民法院派工作人员进行现场指导和提供法律政策咨询。对影响面广、情况复杂的纠纷，镇乡（街道）要及时向市物业纠纷人民调解委员会汇报。

（三）市物业纠纷人民调解委员会调解。市物业纠纷人民调解委员会主要开展日常接待、咨询，受理法院委托和镇乡（街道）调解后不能达成协议需要市级层面协调的物业纠纷。市物业纠纷人民调解委员会受理物业纠纷后，应在 5 个工作日内组织调解。必要时可邀请法院、镇乡（街道）、城管部门、社区、小区业主委员会、物业服务企业等共同参与矛盾调处。

（四）引导处理。经镇乡（街道）物业纠纷调解组织或市物业纠纷人民调解委员会调解不成的，引导相关人员向人民法院提起诉讼。

各级物业调解组织在开展调解工作时应做好调解笔录和调解协议书的签订及相关资料建档工作。

## 四、工作要求

（一）加强领导，落实责任。各镇乡（街道）要加强组织领导，结合辖区实际，建立物业纠纷调解组织网络，制订物业纠纷处理办法，切实把物业纠纷处理工作作为维护社会稳定、促进社会和谐的重要举措。市级相关部门要密切配合，共同预防和减少物业纠纷，积极探索物业纠纷调解新模式，合力构建和谐社会。

（二）加强宣传，积极引导。各级调解组织要通过多种形式宣传物业管理政策法规和相关知识，帮助广大业主、居民提高物业管理知识水平。要主动督促物业服务企业做好物业服务工作，促进物业服务企业不断提高服务水平。

（三）建立制度，落实长效。市物业纠纷人民调解委员会要建立定期会议制度，研究部署物业纠纷处理工作。镇乡（街道）、社区居委会要定期组织召开业主委员会或业主代表、物业服务企业参加的联席会议，分析掌握小区物业管理情况及矛盾纠纷信息，针对性地开展纠纷预防和调解工作。

# 中共诸暨市委办公室　诸暨市人民政府办公室关于加强“大调解”体系建设有效化解社会矛盾纠纷的实施意见

（市委办〔2015〕131号）

为深入贯彻落实党的十八届五中全会精神，全面深化改革，着力构建全覆盖多元化的社会矛盾纠纷化解体系，有效推进乡村治理现代化。根据我市实际，特提出以下意见：

## 一、深化大调解机制建设，完善大调解工作网络

（一）健全三级综合调解平台。由市社会矛盾纠纷“大调解”工作体系领导小组协调全市社会矛盾纠纷多元化调解工作，市司法局所属调解工作指导中心作为市级平台，具体承担矛盾纠纷的受理登记、梳理甄别、指派承办、结果反馈等日常工作。由镇乡（街道）综治委牵头协调，依托社会服务管理中心，建立健全大调解工作平台即联合调解室，调处专业性、综合性、疑难复杂矛盾纠纷，实现矛盾纠纷的统一受理、梳理甄别、分流调处、限期办结。加强镇乡（街道）人民调解委员会和村级调解组织建设，推广基层优秀经验做法，探索调解组织向自然村延伸，及时化解村级矛盾纠纷。

（二）打造各类专业性调解平台。发挥“交调”“医调”等专行调解的引领作用，在健全市级九大专业性、行业性人民调解组织的基础上，拓展调解工作领域，在物业等其他矛盾纠纷多发易发的系统、行业建立人民调解组织，化解系统内、行业内的矛盾纠纷。

## 二、加强大调解队伍建设，夯实大调解工作基础

（一）加强专、兼职人民调解员队伍建设。通过民主推荐、公开选聘的方式，

选拔一批业务精、会调解、讲公道的专职人民调解员。推行首席人民调解员制度,强化教育培训和业务指导,全面提升专职调解员队伍素质。落实人民调解回访制度,开展调解案件满意度测评。建立健全考核、奖励等各项制度。同时,通过民主推选或聘任,把热爱调解、公道正派的法律工作者、村(社区)干部、村民代表吸收为兼职人民调解员,并纳入人民调解"以奖代补"考核奖励范围。

(二)加强人民调解志愿者、仲裁员队伍建设。探索建立公职人员参与纠纷化解公益活动记录制度。建立心理咨询师、律师、社会工作师等专业化调解志愿者队伍;成立由"两代表一委员"、乡贤、农村老党员、老干部等组成的综合性调解志愿者队伍;成立由社区退休干部、退休教师、退休职工、大学生等组成的社区调解志愿者队伍。同时,不断加强仲裁员队伍建设,遴选品德高尚、业务精良、作风正派的社会人士担任仲裁员,充分发挥仲裁员的专业优势,努力提高办案质量和效率,最大限度地让各类纠纷得到专业化解决。

(三)加强行政调解、司法调解队伍建设。市政府法制办要加强对全市行政调解人员的业务培训,建立行政调解人员信息库;各镇乡(街道)要配强行政调解人员,履行法定行政调解职责,并协同有关部门做好涉及本镇乡(街道)区域内的行政调解工作;市级相关职能部门要根据本部门、本系统、本行业特点建立健全行政调解工作的相关制度,明确有关机构和人员承担行政调解工作,确保责任到位、规范有序。市法院要采取岗位轮训、上挂下派等措施,组建由经验丰富、业务精湛的法官担任调解员的司法调解队伍,推行上门指导、视频对话、业务培训、案例讲解等多种指导方式,不断提升业务能力。



## 三、创新大调解工作方法,拓展大调解工作手段

(一)深化人民调解工作。由市司法局统筹协调各级人民调解组织,规范人民调解工作,创新调解方法,严格执行纠纷管辖、纠纷受理、调解步骤、调解书制作等程序规定,进一步发挥人民调解在"大调解"中的基础和纽带作用。

(二)推进民商事仲裁工作。市政府法制办要加强指导,充分发挥绍兴仲裁委员会诸暨分会作用,鼓励其在建设工程、房地产、金融等行业更多地运用仲裁方式解决纠纷。推进仲裁工作标准化和仲裁办案管理系统信息化建设,建立完备、科学的仲裁质量保障和监督制度,保障仲裁依法独立进行,公平合理解决

纠纷。

（三）推进行政调解工作。由市政府法制办统筹协调全市各级行政机关（包括具有行政管理职能的其他组织）依法调解行政争议和与行政管理有关的民事纠纷（行政争议由上一级行政机关负责调解），对不属于行政职权范围内的纠纷事项，应当及时告知当事人通过诉讼等法定渠道予以解决。

（四）强化司法调解工作。市人民法院要坚持“调解优先、调判结合”，强化民商事案件调解，着力推进行政案件协调，探索刑事自诉案件调解、和解，高效便捷保障当事人合法权益。市人民检察院要健全检调对接机制，对轻微刑事案件，要进一步健全完善运用和解方式解决问题的机制，最大限度地减少社会不和谐因素。

（五）发挥信访调处作用。信访部门要对适宜调解的信访问题优先运用调解方式解决。对长期不息访的疑难信访事项，以及越级访、集体访和重复访事项，坚持信访工作与人民调解、行政调解、司法调解有机结合，由信访部门牵头，以承办单位为主，相关职能部门配合调处解决。

**四、推行多元化调解机制，提升大调解工作实效**



（一）健全矛盾排查预警机制。各镇乡（街道）要依托社会治理“一张网”，由综治办组织落实村、组（自然村）、网格责任单元等有效开展情况排查，对排查出来的矛盾纠纷信息，要第一时间上报、预警，做到早发现、早预警、早解决。

（二）建立矛盾纠纷甄别机制。镇乡（街道）大调解工作平台应对照矛盾纠纷受理范围，认真开展源头甄别和疏导，实施综合研判、个案分流。对一时无法确定矛盾纠纷受理部门的，由镇乡（街道）大调解工作平台组织联合会审甄别后，确定责任部门移交处理，并对纠纷处置情况进行跟踪指导、督促办结，对承办结果进行适用依据、文本规范、处置效果等方面评估。

（三）落实依法就地化解机制。坚持源头预防，做到抓小、抓早、抓苗头、抓关键，落实定人定时包案制度，运用法治思维和法治方式，及时就地化解矛盾纠纷。坚持依法规范调解，维护当事人合法权益。

（四）完善调解衔接配合机制。按照“衔接顺畅、配合有力、协调联动、优势互补”要求，加强人民调解、行政调解、司法调解的相互衔接配合的工作流程、对接程序、效力确认等制度和机制建设，切实发挥社会矛盾“大调解”工作的综合优势和整体效能。

（五）探索创新调解工作载体。设置“暨阳老娘舅”专业电视栏目，利用新媒体、互联网，通过视频、QQ、微信等新型方式，探索由面对面、点对点调解向键对键转变，化解“网上怨气”，构建“网下和气”，探索“网上枫桥经验”。

## 五、加强大调解工作保障，提升大调解工作水平

（一）加强组织领导。按照“六联”机制要求，加强矛盾化解纵横双向的信息共享和资源整合，切实提高多元化矛盾纠纷化解的工作效率。市综治委及其办公室要加强对市、镇乡（街道）大调解工作平台的协调指导，市调解工作指导中心要加强对各专调委、镇乡（街道）大调解工作平台的业务指导。

（二）加强工作保障。将大调解工作经费、“以奖代补”经费列入市、镇乡（街道）财政预算，做到专款专用，及时拨付到位。市、镇、村三级综合调解工作平台和专业调处平台，要做到人员落实、经费保障、制度健全、场所规范。充分发挥平安通平台作用，并把涉及人民调解的工作业务信息录入省司法行政基层业务管理信息平台，用信息化来推动人民调解管理科学化、规范化、制度化。



（三）加强工作考核。对调解工作成绩突出的单位和人员，纳入统一表彰奖励；对组织领导不力、调解工作不落实，导致矛盾纠纷突出的镇乡（街道）、部门，要进行通报批评并限期整改；对发生严重影响社会稳定的重大案件和事件的，要实行责任倒查，严格追究责任领导和相关人员的责任。

# 诸暨市人民政府办公室
# 关于建立健全行政调解与人民调解衔接机制的意见

（诸政办发〔2015〕156号）

各镇乡人民政府，各街道办事处，市政府各部门：

为切实发挥行政调解与人民调解相互衔接、互为补充的综合调解优势，提高预防化解社会矛盾纠纷水平，全面推进“平安诸暨”“法治诸暨”建设，促进全市社会和谐稳定，经市政府同意，现就建立健全行政调解与人民调解衔接机制提出如下意见。

## 一、工作要求

（一）充分认识调解在解决行政争议中的重要作用。建立行政调解与人民调解相互衔接配合的工作机制，有利于整合调解资源，强化调解功能，形成工作合力，及时有效地化解社会矛盾纠纷；有利于减少群众诉求，节约化解矛盾纠纷社会成本。各镇乡（街道）和市级有关部门要从维护社会稳定、构建和谐社会、实现长治久安的高度，树立“调解优先”的理念，充分认识建立行政调解与人民调解衔接机制的重要性和必要性，发挥职能优势，抓住工作重点，为维护社会和谐稳定发挥更大的作用。

（二）切实加强对行政调解工作的组织保障。各镇乡（街道）和市级有关部门要成立相应的领导机构，明确本单位行政调解的承办机构。落实熟悉相关法律法规、热心调解的专（兼）职工作人员做好纠纷调解及行政调解与人民调解的衔接工作，并提供必要的经费保障。各单位要重点调解解决企业重组改制、劳动就业保障、国有土地上房屋征收、土地承包、环境保护、医疗卫生、道路交通事故处理以及消费者权益保护、社会公共服务等领域发生的矛盾纠纷。

（三）深化行政调解与人民调解的衔接配合。各镇乡（街道）和市级有关部门要主动做好与人民调解组织的衔接，充分运用行政优势，依法及时调处行政争议和与行政管理有关的民事纠纷。与人民调解组织进行衔接配合,既可建立化解某一类纠纷的长效工作机制,也可就化解一起社会难点热点纠纷建立临时的工作机制。要积极探索委托调解、邀请调解、联合调解等多种形式,对法律关系单一、一个职能部门能够解决的矛盾纠纷,可由该职能部门负责解决,或委托人民调解组织调解;对于交通事故、环境保护、产品质量等领域纠纷的处理,相关的职能部门可运用专业知识优势进行调解;对法律关系复杂、涉及多个部门的矛盾纠纷,由最初受理的部门邀请相关部门参与协调解决,协调不成的,提请专门协调机构组织有关部门共同解决。对已建立市级专业性人民调解组织的,相关行业主管部门要加强指导,更好发挥作用。

## 二、衔接方式

(一)委托调解。对于可以由人民调解组织调解的行政争议或与行政管理有关的民事纠纷,各镇乡(街道)和市级有关部门可以出具委托人民调解函,委托人民调解组织进行调解。人民调解组织收到委托人民调解函后,符合受理条件的应即时受理,并根据纠纷性质,指派辖区内的人民调解员或专家成员进行调解。经调解达成协议的,出具人民调解协议书,制作人民调解反馈函,函告委托的行政机关。



(二)邀请调解。对于可以由人民调解组织参与调解的行政争议或与行政管理有关的民事纠纷,各镇乡(街道)和市级有关部门可向相关人民调解组织出具邀请函,邀请人民调解员参与行政调解活动。经调解达成协议的,出具行政调解协议书。

(三)联合调解。对于重大的行政争议或与行政管理有关、社会影响广泛的民事纠纷,各镇乡(街道)和市级有关部门认为有必要与人民调解组织联合进行调解的,可向相关人民调解组织发出邀请函,邀请人民调解组织进行联合调解。经调解达成协议的,出具行政调解协议书。

(四)指定调解。行政调解过程中,争议一方对行政机关调解有异议并要求人民调解组织调解的,相关镇乡(街道)或市级有关部门可以根据当事人意愿指定有关人民调解组织进行调解。经调解达成协议的,由人民调解组织出具人民调解协议书,并函告指定的行政机关。

衔接的具体办法，由各行政机关根据行业特点与人民调解组织协商制定。

## 三、衔接程序

（一）接待受理。各镇乡（街道）和市级有关部门行政调解机构要严格实行接待登记制度。对属于应受理的行政调解案件，由行政机关立案处理；对可以进入调解程序的，由行政调解机构分类组织调解。

（二）行政告知。各行政机关在纠纷案件受理后应向当事人说明调解注意事项和正确途径，使当事人明确调解的有关要求，帮助当事人正确行使自己的权利，从而有效保护当事人的权益。

（三）分类调解。行政机关在受理案件后，应当依法进行调查询问，收集证据，在查明事实的基础上，在双方自愿的前提下进行现场（当面）协商。协商达不成一致意见的，行政机关除自行调解外，对于可以由人民调解组织参与或组织调解的行政争议或与行政管理有关的民事纠纷案件，视情可通过委托调解、邀请调解、联合调解、指定调解等方式与人民调解组织衔接配合，共同解决矛盾纠纷。

（四）监督履行。调解协议履行期满后三日内，行政机关调解机构应当了解协议履行情况。对已经履行调解协议的，应当及时结案；对未履行协议的，应当及时了解情况，查清原因。对无正当理由不履行协议的，依照相关法律、法规、规章的规定进行处理；对属于民事侵权纠纷的，告知当事人依法提起诉讼。对调解不成的矛盾纠纷，要引导当事人通过诉讼等法定途径解决。

# 诸暨市司法局
# 关于建立人民调解志愿者队伍
# 大力开展志愿服务活动的实施意见

（诸司〔2016〕12 号）

各镇乡党委、政府，各街道党工委、办事处，市级机关各责任部门：

调解志愿者队伍建设是省综治办开展多元化矛盾纠纷解决体系建设试点项目，人民调解志愿者队伍建设是其重要组成部分，通过建立人民调解志愿者队伍，广泛动员社会力量提供公益性的纠纷化解、法治宣传等志愿服务，推进治理体系和治理能力建设现代化。现就我市建立人民调解志愿者队伍，大力开展志愿服务活动提出如下实施意见。



## 一、指导思想和工作目标

为贯彻落实党的十八大和十八届四中、五中全会精神，坚持创新发展“枫桥经验”，做到依靠群众、发动群众、组织群众化解各类矛盾纠纷。把开展人民调解志愿服务与建设全覆盖多元化社会矛盾纠纷化解体系相结合，大力弘扬“奉献、友爱、互助、进步”的志愿精神，发挥共产党员、共青团员、各级干部、“两代表一委员”、乡贤、各类专业人才等在人民调解志愿服务活动中的作用，扎实开展形式多样的人民调解志愿服务活动。为群众提供矛盾纠纷调解、法律法规宣传、政策知识解答等志愿服务，提高我市社会矛盾纠纷的调处质效，不断推进“法治诸暨”“平安诸暨”建设。

## 二、组织队伍建设

（一）组织建设。在市司法行政法律服务中心（市调解工作指导中心）设立市人民调解志愿服务工作办公室，具体负责人民调解志愿者队伍建设和制定完善各项制度机制。市人民调解志愿服务工作办公室，具体承担人民调解志愿者队伍联系协调、对接派单、开展公益活动、评分评优等日常管理工作，接受诸暨市志愿服务工作办公室的指导和管理。

（二）队伍建设。建立人民调解志愿者信息库，实行注册登记，统一标识。人民调解志愿者要求能拥护中华人民共和国宪法，遵守国家法律法规，遵守社会公序良俗和社会公德，具有较好的思想政治素质、较强的社会责任感和奉献精神，热心公益事业、公道正派，并自愿参与纠纷调解、法治宣传等服务工作。人民调解志愿者应具备一定专业知识和能力，从事相关行业时间两年以上，且近两年内未受过行政处罚或行业处分，五年内无违法犯罪记录。

1. 市级层面。由各对口职能部门牵头，市人民调解志愿服务工作办公室协调招募各行业的专业人士，建立市级人民调解志愿服务总队，总队下设医疗卫生、道路交通、征地拆迁、婚姻家庭、劳动争议、山林土地、物业管理、消费金融、法律服务、心理咨询等领域的 10 支人民调解志愿服务中队，共 100 名志愿人员。市级人民调解志愿服务总队要求能体现专业性优势，人员在现职或退休党员干部及两新组织的专业人士中招募。主要是协助做好重大疑难纠纷的联合会商和指导化解工作。并试点探索在运行比较顺畅的袜业、珍珠、汽配、香榧等行业协会中招募人民调解志愿者，建立行业性人民调解志愿服务小分队。

2. 镇街层面。重点在德高望重的乡贤、各类“土专家”、具备一定调解技能的人民调解员中招募，建立镇、乡（街道）人民调解志愿服务中队（协会），队伍、人员要求能体现其综合性和威望性优势。主要是参与联合会商、矛盾纠纷甄别化解等工作，具体由镇乡（街道）综治办牵头落实，司法所组织协调，管理运行。

3. 村（社区）层面。体现群众性和广泛性，普及志愿精神，建立由在职或退休村干部、农村法律顾问、村级乡贤、老党员、老干部、村民代表、热心群众等组成的人民调解志愿服务小分队，由村人民调解委员会牵头组织协调。

## 三、志愿服务运行模式

（一）实体化运行。一是建立供需对接机制。建立人民调解志愿者信息库，按照人民调解志愿者登记的专业特长、服务意向、服务区域等进行分类，将信息库提供给各类调解组织，由调解组织和当事人双方根据需要“点单”或上报至市人民调解志愿服务工作办公室，由办公室“派单”。二是建立矛盾纠纷月分析会商制。各级调解组织逐级上报每月隐患苗头类问题，由市人民调解志愿服务工作办公室汇总，并定期对志愿服务需求进行调查，摸清需求重点和热点，做好案件梳理登记工作，在矛盾纠纷易发多发领域或发生重特大矛盾纠纷时，提前介入。实行派单制，指派相应专业的人民调解志愿者参与联合会商，协助制定调解方案，参与调解工作，并做好志愿服务记录。三是建立定期志愿服务日制度。对各专业人民调解志愿服务中队、小分队的志愿活动实行定期化，并做到人民调解志愿活动规范化。

（二）网上运行。一是人民调解志愿者在志愿云上进行注册，志愿服务项目在志愿云上公布，志愿服务信息网上记录。二是参与复杂敏感舆情联席会商、联动等工作，发挥人民调解志愿者的专业优势，为各镇街部门的网络发言人和网络评论员提供业务咨询，使其精准发声。三是引导人民调解志愿者成为网络评论员、发言人、联系人，在网络上解答当事人反映的一些矛盾纠纷化解的政策法律依据等，引导当事人依法依规化解矛盾纠纷。四是在人民调解志愿者与调解组织实体化对接的基础上，探索依托在诸暨在线、诸暨司法行政网等平台建立网上网下联动工作机制，人民调解志愿者通过网络交流平台收集到调解组织发布的矛盾纠纷信息，主动对接相关调解组织，参与化解矛盾纠纷。



### 四、建立保障机制

（一）做好服务记录和星级评定。人民调解志愿者纳入全市志愿服务体系，由市文明办组织开展星级推荐和评定工作，对优秀的志愿者个人和集体进行表彰和奖励，以激励更多的社会公众参与人民调解志愿服务。

（二）开展业务培训。在各级人民调解志愿者队伍成立后，举行人民调解志愿服务启动仪式和宣誓活动。在做好人民调解志愿者初任培训的基础上，每年定期分批进行政策法律和调解技能培训，组织人民调解志愿者与专职人民调解员定期开展经验交流会，以提高人民调解志愿者队伍的服务能力，并将人民调解志愿者的培训纳入年度工作计划。

（三）建立经费保障机制。市镇村三级领导做好人民调解志愿者服务经费保障工作，为开展调解志愿者培训和志愿活动提供必要的保障。

## 五、工作要求

（一）加强组织领导。市镇两级要加强组织领导，做到科学谋划、统筹安排，广泛动员和引导本部门人员及社会各界人士投身于人民调解志愿服务事业，为其充分发挥作用创造条件。

（二）强化配合协调。市综治办要做好牵头协调、督促检查工作，司法行政部门要加强对具体业务工作的指导和管理，其他职能部门要密切配合，各司其职，形成强大合力。

（三）加大工作力度。市级有关部门、各镇乡（街道）要充分认识开展调解志愿服务的重要性，采取有力措施积极推进这项工作。各市级牵头部门要在2016年3月28日组建完成市级人民调解志愿服务中队。各镇乡街道要在2016年4月15日前组建完成人民调解志愿者中队（协会），并组建好分队。各有关单位按要求及时将人民调解志愿者组织负责人和人员名册在4月30日前汇总上报市人民调解志愿服务办公室。

**附件1：**



### 人民调解志愿服务队伍建设各责任单位任务分解表

| 部　门 | 职　　责 |
|---|---|
| 市综治办 | 统筹做好人民调解志愿者组织队伍建设和志愿服务活动开展工作，做好各部门的协调对接工作；结合浙江省平安建设信息系统，实现网上矛盾纠纷化解的对接与指派。 |
| 市文明办 | 将人民调解志愿者纳入全市志愿服务体系，适时开展星级评定和推荐工作，对优秀人民调解志愿者个人和集体进行表彰和奖励。 |
| 市司法局 | 提供市人民调解志愿服务工作办公室的工作场所，负责做好办公室日常工作的指导和管理，组织开展好调解志愿者培训；牵头做好法律服务、心理咨询调解志愿者队伍组建和管理工作。 |
| 市财政局 | 做好调解志愿者服务经费保障工作。 |
| 市公安局 | 牵头做好道路交通调解志愿者队伍组建和管理工作。 |
| 市卫计局 | 牵头做好医疗卫生调解志愿者队伍组建和管理工作。 |

续表

| 部　门 | 职　　责 |
| --- | --- |
| 市建设局<br>市国土资源局 | 牵头做好征地拆迁、物业管理调解志愿者队伍组建和管理工作。 |
| 市妇联、市民政局 | 牵头做好婚姻家庭调解志愿者队伍组建和管理工作。 |
| 市人力社保局 | 牵头做好劳动争议调解志愿者队伍组建和管理工作。 |
| 市农林局 | 牵头做好山林土地权属、承包、经营等纠纷的人民调解志愿者队伍组建和管理工作。 |
| 市市场监督局 | 牵头做好消费纠纷人民调解志愿者队伍组建和管理工作。 |
| 市调解总会 | 协助做好调解志愿者的指导、培训等工作。 |
| 各镇乡街道 | 做好镇乡街道人民调解志愿者中队(协会)组建和管理工作,指导基础较好的村组建村级调解志愿者小分队,并做好日常管理运行工作。 |

# 中共诸暨市委办公室　诸暨市人民政府办公室 关于进一步加强司法所建设的意见

（市委办〔2016〕29号）

为贯彻落实《中共绍兴市委办公室　绍兴市人民政府办公室关于进一步加强基层司法所建设的意见》（绍市委办发〔2015〕16号），充分发挥基层司法所在建设“平安诸暨”“法治诸暨”中的基础性作用，结合我市实际，就进一步加强我市基层司法所建设提出如下意见。

## 一、切实加强司法所队伍建设

（一）理顺管理体制。司法所实行市司法局和镇乡（街道）双重管理、以市司法局为主的管理体制。司法所实行所长负责制，任务繁重、规模较大的所，经有关部门审批可设副所长，司法所所长、副所长的任免由市司法局商镇乡（街道）后决定并按照干部管理权限办理。司法所所长享受镇乡（街道）中层正职待遇，局编司法助理员应以司法行政工作为主，镇乡（街道）如安排另外工作的，须征得市司法局同意。

（二）加强队伍建设。严把司法所进人关口，优化队伍结构，稳定基层骨干力量。每年开展以法治理念、法律知识、业务技能和知识更新为主要内容的集中培训不少于一次，时间不少于一周，努力建设一支过硬的基层司法行政队伍。

（三）规范工作制度。健全所务管理制度，司法所工作职能、工作流程、工作规则公开。建立健全政治业务学习、岗位目标责任、请示报告、业务考核评比、登记检查统计、档案管理、廉洁自律等工作制度，做到法律文书统一、业务统计精确，确保各项业务工作实现制度化、规范化、科学化。

## 二、充分发挥司法所职能作用

（一）加强人民调解工作。建立以司法所为基础，依托社会服务管理中心平台,法庭、派出所、国土所、市场监管分局、人力社保所等基层站所共同参与的大调解工作模式,实现人民调解与行政调解、司法调解等多种调解手段的有效衔接,着力推进镇乡(街道)“大调解”体系建设。各镇乡(街道)应根据人口规模大小,在在编人员或既定编外用工控制限额内选配2—5名人民调解员,其中专职人民调解员不少于1名。镇乡(街道)要全面落实首席人民调解员制度,选定1名首席人民调解员主持调解疑难、复杂的矛盾纠纷。

(二)加强社区矫正和刑释人员安置帮教工作。建立健全管控帮教机制,努力实现与法院、检察院、监狱等相关单位的“无缝衔接”,确保无脱管、漏管和失控现象发生。通过政府购买服务的方式解决社区矫正协管力量,对近三年月平均在册社区服刑人员超过20人的,按20∶1比例通过政府购买服务的方式予以解决;不满20人的,原则上由各镇乡(街道)自行解决。切实加强社区矫正社会力量建设,按不低于1∶1的比例和每个社区服刑人员监管帮教小组不少于2名成员的要求组建社会志愿者队伍。落实刑释人员安置帮教工作保障措施,确保刑释人员帮教率达到90%以上,农村籍刑释人员安置率达到90%以上,城镇籍刑释人员安置率达到80%以上,本地籍五年内刑释人员当年重新犯罪率不超过2%。



(三)深化法治宣传和基层依法治理工作。树立“大普法”观念,突出主题、突出重点、突出效果,围绕中心、深化载体、普治并举,以“民主法治村(居、社区)”“诚信守法示范企业”等基层民主法治创建工作为载体,开展以法律进机关、进学校、进企业、进乡村、进社区、进单位为内容的“法律六进”活动,努力提高人民群众的法律素养和基层治理法治化水平,积极为基层政府依法行政、依法管理提供法律意见和建议。

(四)推进法律援助和法律服务工作。畅通农村法律援助绿色通道,降低援助门槛,做到“应援尽援”。深化“一村(居、社区)一法律顾问”制度,引导农村法律顾问为村级组织和广大群众提供优质法律服务。参与社会治安综合治理工作,协助做好矛盾纠纷处理和维护社会稳定相关工作。

### 三、加快完善司法所保障机制

(一)加快司法所业务用房和配套设施建设。加大对司法所基础设施建设的投入，通过单建、合建、调剂等途径，确保司法所拥有相对独立、集中、120 平方米以上的自有办公业务用房，保障“四室一库”设立，完善身份识别系统、现场监控系统等电子信息设备和相关办公设备，确保司法所职能作用充分发挥。通过 3 年时间努力，全市 90% 以上司法所创建成为省三星级规范化司法所。

（二）落实经费保障。认真落实司法所经费保障标准，将法治宣传、人民调解、社区矫正、安置帮教、法律援助、法律服务等专项业务经费列入市、镇二级财政预算。首席（专职）人民调解员补贴经费由市级财政予以保障，村（居、社区）人民调解委员会工作补助经费以每家每年不低于 1000 元标准由镇级财政予以保障。继续实施“以奖代补”政策，随经济发展情况适时调整。社区矫正协管员政府购买服务所需经费，由市镇二级财政各半负担。刑释人员安置帮教工作经费由同级财政按照在册人数人均 500 元标准安排落实。

## 四、加强对司法所建设的领导

（一）加强领导、落实责任。各镇乡（街道）要高度重视司法所建设，积极协调解决司法所建设中存在的困难和问题，全力支持司法所开展工作。市司法局要切实加强对司法所建设的指导管理职能，加强与镇乡（街道）及相关部门的联系协调，确保各项要求和措施落到实处。市编办、人力社保局、财政局、发改局、建设局等相关部门要对司法所建设予以支持，合力推进司法所建设。

（二）典型示范、全面推进。要注重从基层挖掘典型，对于扎根基层、成绩突出的司法所和工作人员要进行鼓励激励，形成奖优罚劣的良好氛围。要及时总结推广工作经验，发挥典型示范、引导和表率作用，以点带面推动司法行政事业全面进步。

# 后　记

本书是汪世荣主编《"枫桥经验"：基层社会治理的实践》（法律出版社2008年初版，2018年再版）一书的延续，主要研究近十年来"枫桥经验"的新变化、新发展。本书也是汪世荣、褚宸舸著《"枫桥经验"：基层社会治理体系和能力现代化实证研究》（法律出版社2018年版）的姊妹篇。

本课题主持人汪世荣，负责领导、组织调研、审定全书。课题负责人朱继萍，负责全书统稿及修改。课题秘书褚宸舸，负责调研、阶段性成果发表、学术研讨、财务报销、外联、出版环节中的具体事务性工作。

**全部课题组成员如下（以姓氏拼音为序）：**

褚宸舸，西北政法大学中华法系与法治文明研究院、行政法学院教授；

董青梅，西北政法大学中华法系与法治文明研究院、刑事法学院副教授；

樊晓丹，西北政法大学硕士研究生；

冯卫国，西北政法大学刑事法学院院长、教授；

季华慧，枫桥司法所所长；

李德旺，上海师范大学硕士研究生；

李桂勇，西北政法大学硕士研究生；

刘熊擎天，中南财经政法大学法学院博士研究生；

汪世荣，西北政法大学校长助理、中华法系与法治文明研究院院长、教授、博士生导师、最高人民法院司改办副主任（挂职）；

王斌通，中国政法大学博士研究生；

王东，西北政法大学马克思主义学院讲师；

王锋，诸暨市司法局基层科干部；

王皓焕，浙江农林大学暨阳学院教师；

王学平，诸暨市司法局局长；

薛永毅,陕西省西安市新城区检察院检察官;

杨建清,诸暨市司法局副局长;

尹芳元,西北政法大学硕士研究生;

郑燕冬,西北政法大学硕士研究生;

周永松,诸暨市司法局基层工作管理科科长;

朱继萍,西北政法大学中华法系与法治文明研究院、刑事法学院教授。

**本书各章初稿的具体分工是:**

导论:褚宸舸、李德旺

第一章:朱继萍、樊晓丹、郑燕冬

第二章:朱继萍、李桂勇

第三章:薛永毅、王斌通

第四章:王东

第五章:冯卫国

第六章:诸暨市司法局

第七章:薛永毅

第八章:薛永毅

第九章:冯卫国

第十章:王斌通

第十一章:董青梅、刘熊擎天

第十二章:薛永毅、尹芳元

结语:汪世荣

附录:朱继萍

各章作者写出初稿后,由汪世荣、朱继萍、褚宸舸、严存生轮流主持研究沙龙,对书稿逐章进行研讨、把关,并向作者提出进一步修改的具体意见和建议。

书稿的部分内容曾在以下期刊、集刊先期发表:

第一,课题组和《山东科技大学学报》(社会科学版)合作共建“法治与基层社会治理”专栏(汪世荣、褚宸舸担任专栏主持人),相继发表《人民调解组织介入轻微刑事案件和解的“诸暨实践”——基于浙江省诸暨市检察院刑事和解的实证分析》(2018 年第 1 期)、《乡贤调解:创新“枫桥经验”的传统文化资源》

(2018 年第 2 期)。

第二,《人民法治 · 法律实施》2018 年第 3—4 期合刊委托褚宸舸担任主持人,发表《人民调解"枫桥经验"的创新发展》《"在线调解"再塑新时代"枫桥经验"》两文。

第三,CSSCI 集刊《民间法》(第 21 卷)发表课题组四篇文章:《近十年人民调解"枫桥经验"研究的回顾与展望(2008—2017)》、《"在线矛盾纠纷多元化解"研究——以诸暨法院落实"枫桥经验"为例》、《历史与现代:人民调解的"枫桥经验"之形成与创新发展》和《品牌人民调解工作室:运行、功效及完善》。

第四,《法治社会》2018 年第 3 期发表《郭维德与杨光照:从调解模范看人民调解的经验传承及法治化转型》一文。

本书的顺利完成要感谢诸暨市司法局、中共诸暨市委政法委各位领导的鼎力支持,一些领导参与了课题组,并承担了前期的资料收集、整理工作。中共诸暨市委政法委委员陈善平、诸暨市司法局杨建清副局长、诸暨市司法局周永松科长、诸暨市"枫桥经验"发展研究中心董光泽主任、丁利培等同志对课题调研提供了具体帮助。西北政法大学研究生史凯强、王鹏等人,承担了课题部分事务性工作。对上述领导、专家、工作人员、学生的支持,谨表谢意。



汪世荣　朱继萍　褚宸舸

2018 年 7 月 20 日